vous et votre AQUARIUM

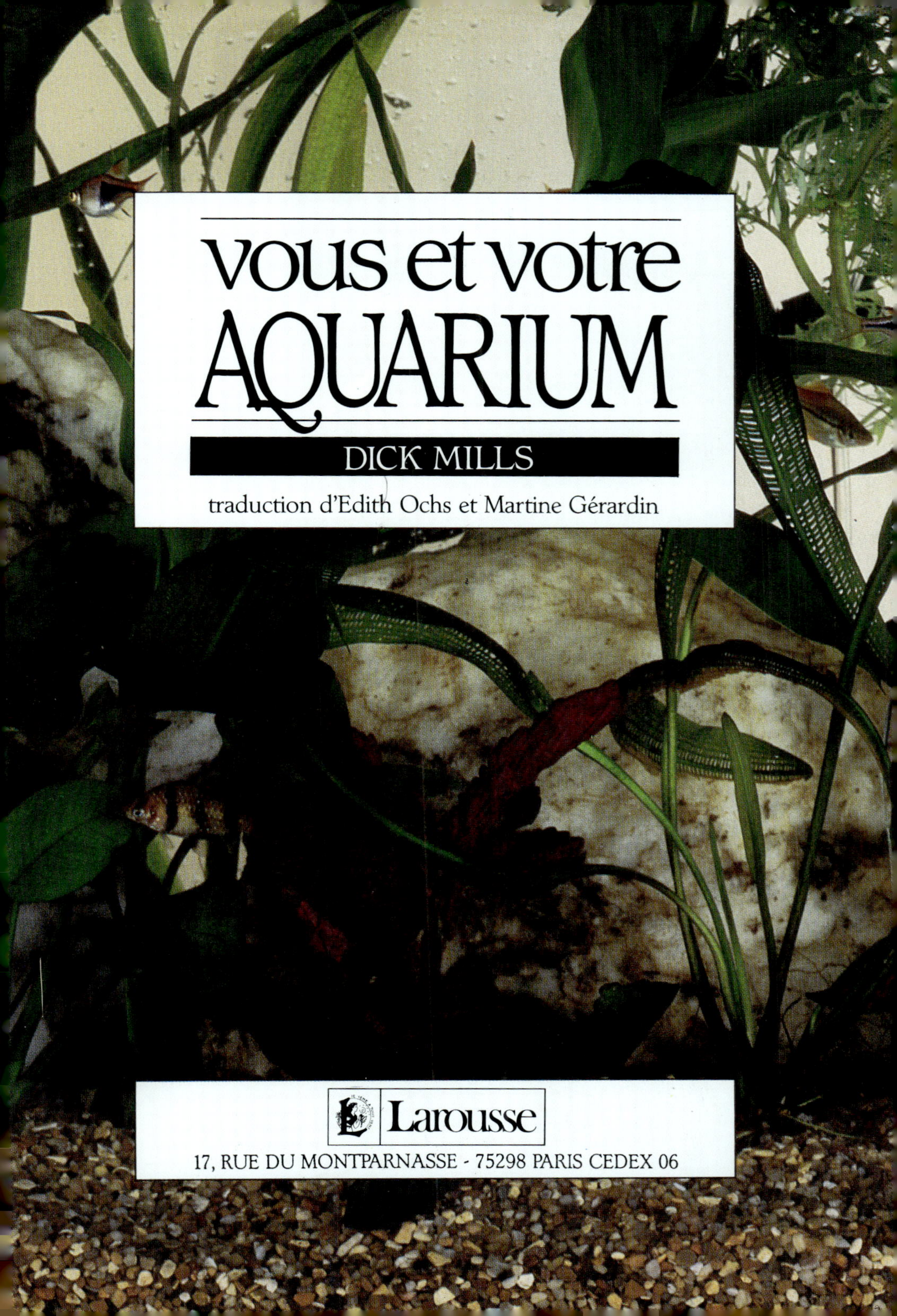

vous et votre AQUARIUM

DICK MILLS

traduction d'Edith Ochs et Martine Gérardin

Larousse

17, RUE DU MONTPARNASSE - 75298 PARIS CEDEX 06

Réalisation : Pierre Anglade

Nous exprimons notre reconnaissance à tous ceux qui ont contribué à la réalisation de cet ouvrage : François d'Aubenton, du laboratoire d'ichtyologie du Muséum national d'histoire naturelle, Docteur vétérinaire Robert Fleckinger, Directeur honoraire des Services vétérinaires de de la Seine-Maritime, membre de l'Académie vétérinaire de France, Roger Pourriau, de l'École normale supérieure, Maurice Chauche, du Killi Club de France, Martine Gérardin, Édith Ochs, François Salvatori.

Nous remercions également les Établissements Leveaux pour leur aide.

ISBN 2-03-512211-2

Sommaire

6 INTRODUCTION

1

L'ANATOMIE DU POISSON

14 Caractéristiques générales
16 L'enveloppe extérieure
17 Les nageoires
19 Les fonctions du corps

2

CHOISIR LES POISSONS

24 Les systèmes de l'aquariophilie
26 L'achat des poissons
30 Les poissons compatibles

3

GUIDE DES ESPÈCES

35 Poissons tropicaux d'eau douce
36 Cyprinidés
45 Characidés
53 Cichlidés
60 Anabantidés
66 Vivipares
70 Killies
73 Poissons-chats
78 Cobitidés
80 Autres espèces tropicales ovipares
83 Espèces d'eau douce froide
84 Poissons rouges
89 Koï (Carpes)
91 Autres espèces d'eau douce froide

95 Poissons tropicaux marins
96 Pomacentridés
98 Pomacanthinés et Chetodontinés
103 Autres espèces tropicales d'eau de mer
109 Espèces d'eau de mer froide

4

L'AQUARIUM

114 Les types d'aquarium
115 Choix d'un aquarium
117 La construction de l'aquarium
118 Achat et installation
121 Aération et filtration
122 Fonctionnement de l'aération et de la filtration
123 La pompe à air
124 Les filtres à air
126 Les filtres électriques
128 Filtration biologique
130 Le chauffage
131 Les résistances
133 Les thermostats
135 Conservation de la chaleur
136 L'eau
137 Qu'est-ce que l'eau ?
138 Eau et habitat
144 Les eaux
145 La qualité de l'eau
148 L'éclairage
149 L'installation de l'éclairage

5

L'AMÉNAGEMENT DE L'AQUARIUM

154 Le paysage aquatique
155 La garniture du fond
157 Les éléments du décor
158 Les plantes
160 Culture et emploi des plantes
162 Les types de plantes
172 L'installation de l'aquarium
173 La disposition du décor
174 L'aquarium tropical d'eau douce
180 L'aquarium d'eau douce froide
186 L'aquarium tropical d'eau de mer
192 L'aquarium d'eau de mer froide

6

L'ALIMENTATION

200 Le régime de base
202 Les aliments préparés
204 Les nourritures vivantes
206 Autres nourritures
207 Les méthodes d'alimentation
209 L'alimentation des alevins

7

LA SANTÉ

212 Un poisson sain
213 La prévention des maladies
214 Un aquarium en bonne santé
220 Tableaux de diagnostic
226 Maladies et affections
229 Affections internes
230 Affections externes
234 Isolement et traitement des malades

8

LA REPRODUCTION

238 Le processus
246 Le frai
248 L'aquarium de reproduction
251 La naissance des alevins
253 L'élevage des alevins

9

EXPOSITIONS ET CONCOURS

256 Qu'est-ce qu'une exposition ?
258 Qu'est-ce qu'un beau poisson ?
262 Comment participer à une exposition ?

10

LA PHOTOGRAPHIE D'AQUARIUM

266 L'appareil et les objectifs
269 La mise au point
270 L'éclairage
272 Prendre de bonnes photos

274 Glossaire
279 Appendices
282 Index
287 Crédits photographiques et illustrations

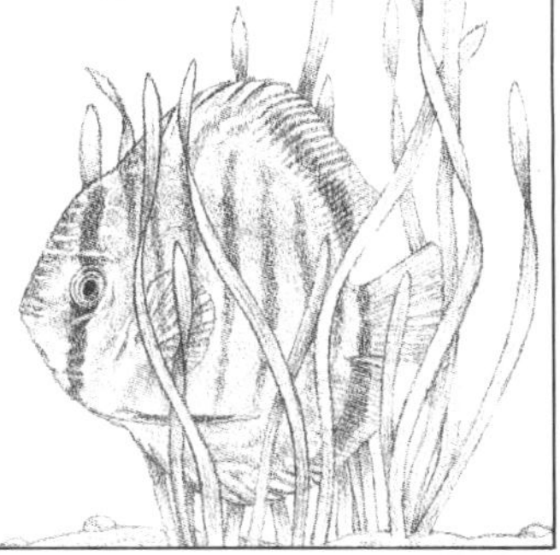

INTRODUCTION

La table et l'ornementation sont les deux grands courants d'intérêt que suscitent les poissons. Poussé par le besoin de disposer à tout moment d'une nourriture vivante, l'homme a d'abord été amené à garder les poissons en réserve dans les étangs et les douves. Si les anciens Égyptiens possédaient déjà de grands réservoirs en verre qui servaient à la décoration, c'est en Extrême-Orient que l'aquariophilie a vu le jour. La sélection des couleurs a probablement commencé en Chine, où les Cyprins dorés étaient déjà fort appréciés sous la dynastie Sung (970-1278 avant J.-C.). Au XVIe siècle, les boules de verre se sont multipliées en Europe, et les progrès de la science ont permis l'ouverture des premiers aquariums publics à partir du XIXe. Puis, vers la fin de ce siècle, on commença à importer en Europe

Estampe japonaise, vers 1820 (ci-dessous)
La sélection des espèces d'eau douce, comme les Cyprins dorés et les Carpes Koï, a commencé en Extrême-Orient. Ces poissons vivaient généralement au-dehors, dans des jardins aquatiques.

Gravure victorienne avec aquarium (à droite)
Au XIXe, la mode était aux aquariums d'intérieur. Les premiers, construits en fonte et en verre, étaient souvent très décorés. Des exemplaires comme celui représenté ci-contre, destiné à être la pièce maîtresse d'une grande serre, abritaient uniquement des poissons d'eau douce froide.

Un aquarium public vers 1873 (ci-dessous)
L'art d'élever les poissons se répandant dans le public, les aquariums, comme celui-ci à Brighton, se multiplièrent.

des spécimens tropicaux. Au début, pour réchauffer l'eau, on plaçait les lampes à pétrole ou à gaz directement sous l'aquarium ! Heureusement, l'avènement de l'électricité, au XXe siècle, a permis de contrôler d'une façon sûre et sans risques la température de l'eau. Avec la percée technologique des années 30, on vit naître en France les premières sociétés d'amateurs et, à la fin des années 40, des expositions ouvrirent leurs portes.

Des poissons d'appartement

Tout le monde peut avoir des poissons chez soi, quelles que soient les dimensions de son domicile. D'ailleurs, dans bien des immeubles modernes, il est difficile, voire impossible, de garder des chiens et des chats. Les poissons sont parfois même les seuls animaux autorisés. Ils présentent d'autres avantages encore : ils n'ont pas besoin d'exercice, ils ne disséminent pas partout poils ou plumes, ils ne peuvent s'échapper et ils sont le silence même. Il suffit de leur réserver un espace de 60 centimètres sur 30, et de 38 centimètres de haut !

L'aquarium ne réclame que peu de soins. Il ne vous prendra que quelques minutes par jour pour la nourriture et la routine, plus une heure environ chaque semaine, pour un nettoyage plus approfondi.

L'aquarium d'eau douce tropicale
Le système de l'eau douce tropicale, qui est le plus populaire, est aussi le plus facile pour le débutant, malgré l'équipement technique qu'il requiert. Le milieu peut accueillir une grande diversité de poissons, qui sont, pour la plupart, petits, assez résistants et vivement colorés, comme cet ensemble de Scalaires, Guppys, Platys et Tétras. Il leur faut moins d'espace qu'à d'autres espèces, et beaucoup se reproduiront dans l'aquarium.

L'aquarium marin tropical (ci-dessus)
Ces espèces, comme les Porte-enseigne, les Poissons-anges et les Poissons-papillons, sont très coûteuses et souvent assez fragiles.

L'aquarium d'eau douce froide (ci-dessus)
Contrairement aux espèces tropicales, celles vivant en eau froide, comme ces Queues-de-voile aux couleurs vives, n'ont pas besoin de chaleur. En revanche, il leur faut de l'espace.

L'aquarium marin d'eau froide (ci-contre)
Comme on peut récolter avec un équipement léger poissons et invertébrés, ce système est très économique.

Il n'est pas nécessaire, non plus, d'être bricoleur pour l'installer. L'aquarium, enfin, ne présente aucun danger. Tous les modèles doivent répondre aux normes de sécurité en vigueur pour pouvoir être commercialisés.

L'aquarium coûte-t-il cher ?

Les frais se répartissent en deux catégories : la mise de fonds initiale, d'une part, les frais de fonctionnement et de remplacement, d'autre part. Un aquarium pour poissons tropicaux, équipé d'un système de chauffage, coûte environ 15 pour cent de plus qu'un aquarium d'eau douce froide. L'aquarium tropical d'eau de mer représente l'investissement le plus onéreux, car les espèces qu'il accueillera seront plus chères à l'achat. Les prix des espèces d'eau douce, tropicales ou froides, sont sensiblement les mêmes. En revanche, les espèces tropicales marines sont très chères à cause des frais de transport aérien, de la difficulté de les attraper, de la manipulation, de la rareté des spécimens et parce qu'elles ne sont pas encore élevées à des fins commerciales.

D'autres frais d'installation augmentent encore le coût : le sable de corail est plus cher que le gravier ordinaire ; les coraux, même s'ils n'ont pas besoin d'être renouvelés, coûtent plus cher que les plantes, et il faut acheter des sels de mer synthétiques. En revanche, un aquarium d'eau de mer froide peut se concevoir avec un budget très restreint *(voir « L'aquarium d'eau de mer froide », p. 192).*

Par la suite, les frais d'entretien ne seront guère élevés, même pour un aquarium tropical. Le maintien de la température *(voir « Conservation de la chaleur », p. 135)* ne consomme pas beaucoup d'électricité, de même que pompes à air et filtres, qui pourtant

doivent rester branchés sans arrêt. Pendant la nuit, en revanche, vous pouvez éteindre la lumière. De plus, pour réduire les frais de nourriture, vous pouvez récolter ou cultiver vous-même de la nouriture vivante et utiliser vos restes pour compléter le régime alimentaire de vos poissons *(voir « L'alimentation », pp. 204-205)*.

Pourquoi élever des poissons ?

En apprenant à vous occuper de votre aquarium, vous allez acquérir de nouvelles connaissances. Ainsi, le comportement des poissons aiguisera votre intérêt pour la biologie et la psychologie. L'étude de leurs modes de vie dans leurs habitats d'origine vous permettra d'améliorer vos notions géographiques. L'aménagement d'un bac harmonieux contenant des plantes et des poissons d'un même milieu satisfera votre sens de l'esthétique. Même le calcul du nombre de poissons souhaitables pour le volume de l'aquarium constituera un bon exercice de maths ! En outre, si vous avez un enfant, le fait de s'occuper d'un animal contribuera d'une manière importante à son éducation, en le rendant responsable d'autres êtres vivants.

Achetez vos poissons chez un revendeur spécialisé (à gauche)
Pour l'amateur sérieux, le meilleur fournisseur est le vendeur spécialisé dans les poissons d'aquarium. Vous y trouverez un plus grand choix que dans une boutique dont ce n'est pas la spécialité, et les poissons seront en meilleure santé.

L'aquarium, un important élément du décor (à droite)
L'aquarium constituera un point d'attraction dans la pièce où il sera installé. Il faut donc qu'il s'harmonise avec le décor. Dans la photo ci-contre, c'est l'aquarium qui représente l'élément essentiel autour duquel on a conçu l'aménagement du salon. Il est installé sur un placard intégré, dans lequel on peut ranger aisément le matériel nécessaire à l'entretien. Il existe dans le commerce diverses solutions ingénieuses et décoratives.

1

L'ANATOMIE DU POISSON

Bien que les poissons soient des vertébrés comme nous, ils nous sont à d'autres égards totalement étrangers. Adaptés au milieu aquatique, ils s'équilibrent et se déplacent dans l'eau à l'aide de leurs nageoires, et ils se procurent leur oxygène grâce à leurs branchies. Comme la température de leur corps est à peu près égale à celle de l'eau où ils vivent, ils font partie des animaux à sang froid. Contrairement aux mammifères, dont nous sommes, qui s'adaptent à la température du milieu ambiant, ils ne peuvent modifier la leur. Ainsi, alors que nous sommes capables de survivre en milieu aquatique – avec un équipement adapté toutefois –, notre environnement ne convient pas aux poissons.

Caractéristiques générales

La classique forme de torpille ne reflète pas les multiples variantes qui existent. Les poissons viennent d'endroits fort divers, et leur corps s'est adapté aux différents milieux. La forme d'un poisson en dit long sur son mode de vie, son habitat, sa nourriture et sa façon de nager.

La bouche

La structure de la bouche révèle les habitudes alimentaires. On peut distinguer trois groupes : ceux qui cherchent leur nourriture à la surface, en pleine eau ou sur le fond.

Les nageurs de surface

Ils ont une surface dorsale horizontale, et une bouche dirigée vers le haut pour attraper les insectes flotteurs.

Les nageurs de pleine eau

Ces espèces ont une bouche terminale, située au bout du museau, et attrapent leur nourriture quand elle tombe dans l'eau. Quelques-uns ont une bouche surbaissée, bordée de replis, qui leur permet de brouter les algues.

Les nageurs de fond

Ils ont une bouche inférieure (dirigée vers le bas), une surface ventrale aplatie qui assure un contact étroit avec le fond, où ils trouvent leur nourriture.

Les branchies

Ces délicates membranes, qui servent de poumons aux poissons, diffusent l'oxygène dans le sang. Elles sont protégées des particules flottant dans l'eau par des opercules : les ouïes.

LA FORME DU CORPS A SES RAISONS

Le poisson fusiforme classique a évolué pour s'adapter aux conditions de vie dans l'habitat – telles que la vitesse du courant – et aux habitudes alimentaires.

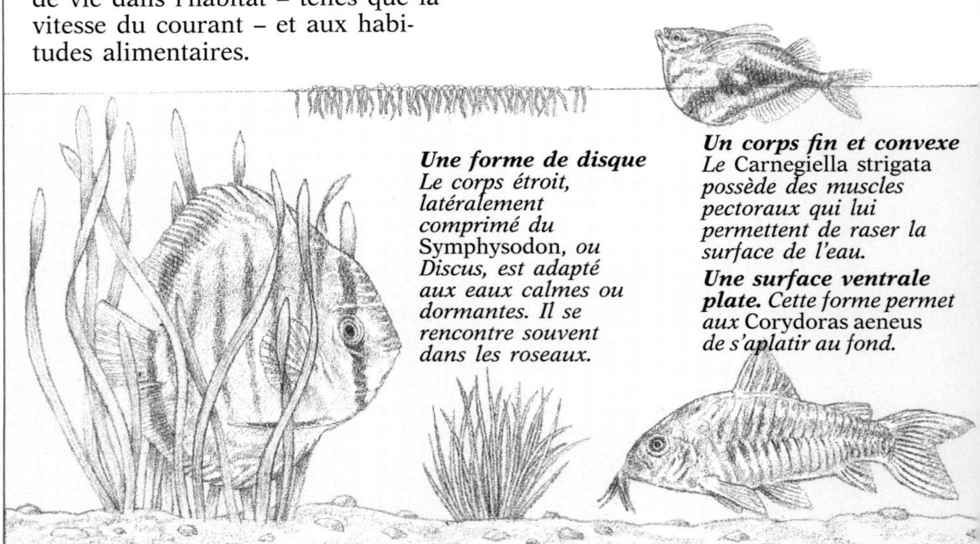

Une forme de disque *Le corps étroit, latéralement comprimé du* Symphysodon, *ou Discus, est adapté aux eaux calmes ou dormantes. Il se rencontre souvent dans les roseaux.*

Un corps fin et convexe *Le* Carnegiella strigata *possède des muscles pectoraux qui lui permettent de raser la surface de l'eau.*

Une surface ventrale plate. *Cette forme permet aux* Corydoras aeneus *de s'aplatir au fond.*

L'ANATOMIE D'UN POISSON

Ce croquis en coupe montre les principaux organes et la structure interne du poisson.

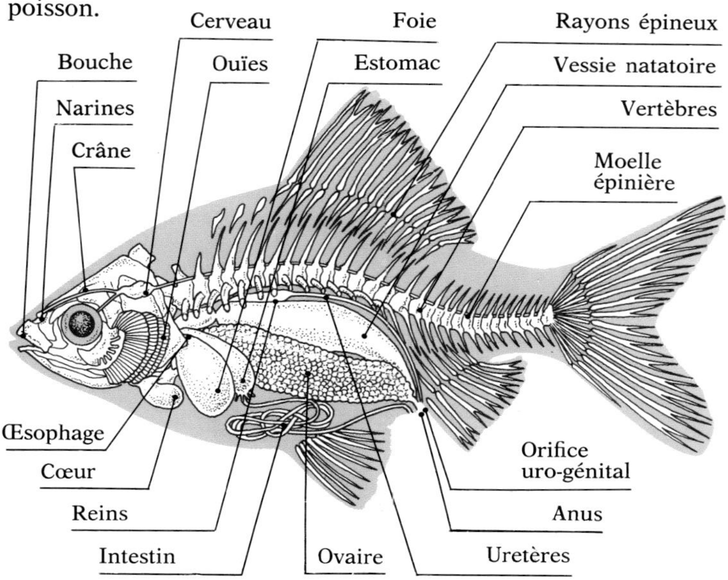

La position de la bouche
Elle varie selon que l'espèce se nourrit en surface, en pleine eau ou au fond.

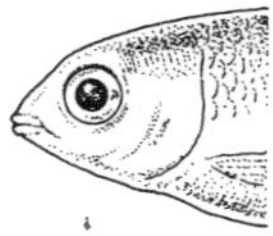

Bouche terminale

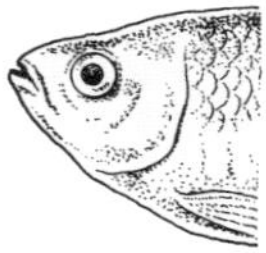

Bouche supérieure

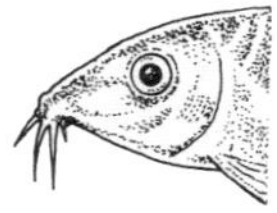

Bouche inférieure

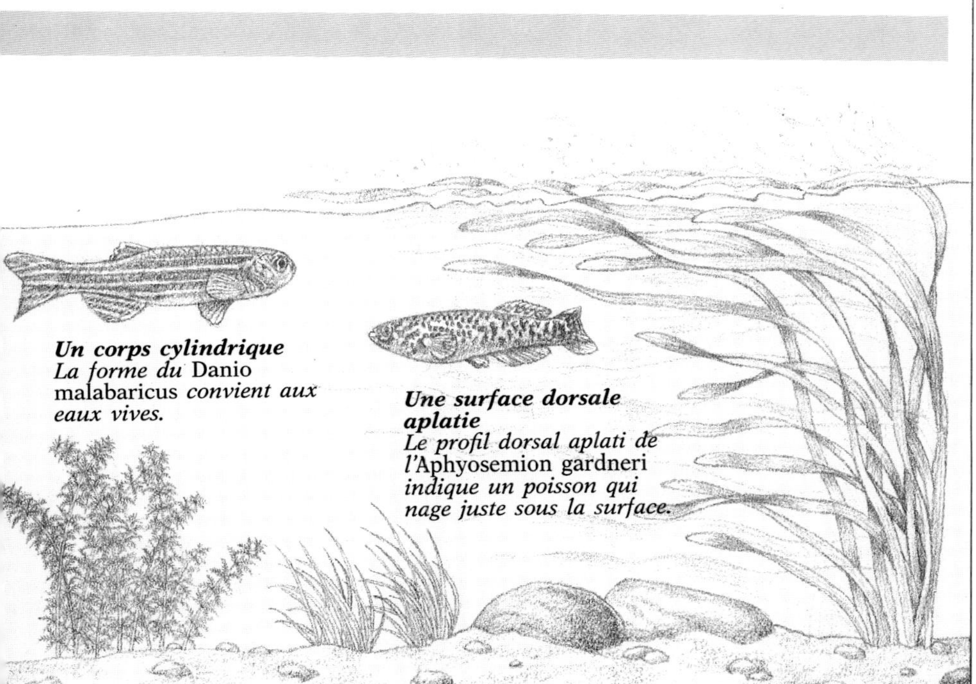

Un corps cylindrique
La forme du Danio malabaricus *convient aux eaux vives.*

Une surface dorsale aplatie
*Le profil dorsal aplati de l'*Aphyosemion gardneri *indique un poisson qui nage juste sous la surface.*

L'enveloppe extérieure

Les poissons ont deux couches de peau : une fine couche, l'épiderme, et une couche interne plus épaisse, le derme. Dans la plupart des cas, le corps est recouvert d'écailles. Ces plaques imbriquées, qui poussent dans la peau, assurent le profilage et la protection contre les blessures. Les écailles sont couvertes d'une fine couche de mucus qui isole des parasites et permet au poisson de « vous glisser entre les doigts ».

L'art du camouflage

Chez les poissons, les couleurs varient du haut en bas, allant du sombre vers le plus clair, en sorte qu'ils peuvent échapper aux prédateurs en se camouflant contre le lit de la rivière. D'autres types de coloration servent à distinguer les espèces et les sexes, permettent le camouflage dans l'habitat naturel ou signalent un individu vénéneux. Certaines espèces marines imitent l'habillage de leurs proies. Quelquefois, l'œil est dissimulé dans une zone sombre, tandis qu'un « faux œil », ailleurs sur le corps, offre une diversion salutaire en cas de danger.

TYPES D'ÉCAILLES

Les écailles sont « placoïdes » ou « élasmoïdes ». Les écailles placoïdes se trouvent chez les requins et les raies. Les poissons d'aquarium ont des écailles élasmoïdes qui sortent directement du derme, et qui appartiennent à deux types : « cténoïdes » ou « cycloïdes ». Certains poissons n'en possèdent qu'une sorte, d'autres ont les deux.

Écailles cténoïdes

Ces écailles portent des sortes de dents sur le bord extérieur.

Écailles cycloïdes

Ce type d'écaille est rond et lisse.

Plaques osseuses

Les Poissons-chats n'ont pas d'écailles, mais le corps est recouvert de deux ou trois rangées de plaques ossifiées qui se chevauchent.

Les poissons « nus »

Les Poissons-chats africains n'ont pas d'écailles ni de plaques osseuses. C'est pourquoi on les appelle souvent « Poissons-chats nus ».

Comment s'élabore la couleur ?

Elle a une double origine : la réfraction de la lumière et la pigmentation. Les poissons irisés doivent leur éclat à la réfraction de la lumière sur une couche de guanine se trouvant sous la peau.

Les variations de couleur, élaborées dans les cellules de la pigmentation, peuvent être déclenchées par l'excitation, la peur ou l'activité hormonale. Les Poissons-crayons ont une coloration nocturne différente de la coloration diurne.

Une coloration juvénile

La plupart des jeunes sont la version réduite de leurs parents. Pourtant, les jeunes Poissons-anges changent totalement de couleur et de dessin en devenant adultes.

Un jeune Poisson-ange empereur
Ce jeune Pomacanthus imperator *se distingue de l'adulte par la coloration et le dessin.*

Les nageoires

Les nageoires sont des rayons membranés de peau. Ces rayons peuvent être « durs » (non articulés et plutôt rigides) ou « mous » (avec plusieurs articulations ou branches). De petits muscles permettent de replier ou de déplier les nageoires.

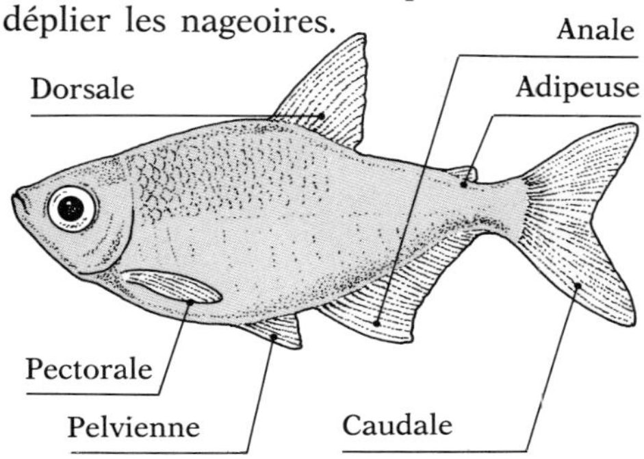

Types de nageoires
Un poisson possède généralement sept nageoires. Trois sont uniques : la dorsale, la caudale et l'anale. Les pelviennes et les pectorales sont appariées.

Les nageoires dorsale et anale
Les nageoires dorsale et anale servent à stabiliser le poisson en jouant le rôle d'une godille.

Chez certaines espèces, la nageoire anale s'est modifiée jusqu'à tenir lieu d'organe reproducteur. Chez le mâle vivipare *(voir p. 245)*, la nageoire anale est devenue un tube qui permet au sperme d'être déposé dans l'orifice de la femelle pendant la reproduction. La nageoire anale de certains Characidés comporte de minuscules crochets qui permettent, croit-on, de maintenir ensemble le mâle et la femelle au cours du frai.

La nageoire caudale
Souvent désignée comme la queue, cette nageoire donne le « coup de pouce final » pour faire avancer le poisson. Une succession de fortes contractions musculaires propulse le corps.

La nageoire adipeuse
Cette petite nageoire supplémentaire se trouve sur la surface dorsale de certaines espèces, entre la nageoire dorsale principale et la nageoire caudale. Le tissu graisseux ne comprend pas de rayons.

Les nageoires paires
C'est grâce à elles que le poisson se dirige. Ce sont les nageoires pectorales, situées juste derrière l'opercule des branchies, et les nageoires pelviennes, ou ventrales, qui se situent juste devant la nageoire anale. Elles correspondent d'une certaine façon aux membres des mammifères et peuvent avoir diverses utilisations.

FORMES DE NAGEOIRES CAUDALES

La forme de la queue indique souvent la façon dont le poisson nage.

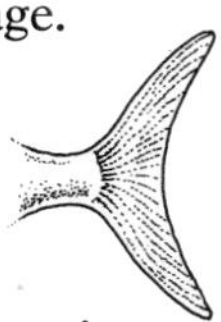

En croissant. *Chez certains nageurs très mobiles et rapides.*

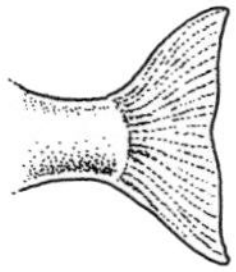

Émarginée. *Chez les poissons lents capables de mouvements vifs.*

Bifurquée. *Fréquente chez les grands nageurs très rapides.*

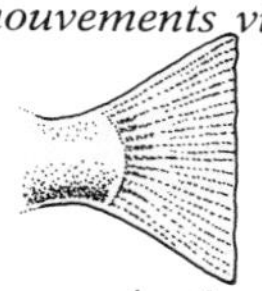

Tronquée. *Surtout chez les poissons lents, capables de mouvements vifs.*

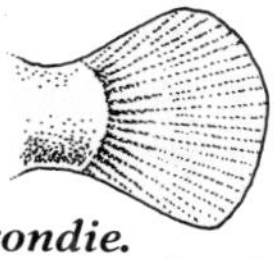

Arrondie. *Fréquente chez les espèces très lentes, élevées en aquarium.*

Pointue. *Chez quelques variétés à nage lente et d'élevage.*

Utilité des nageoires pectorales

- Elles permettent au poisson de tourner en vrille autour de son axe (il y parvient en bougeant une pectorale en sens inverse de l'autre).
- Elles servent de frein (le poisson fait saillir les deux pectorales en même temps).
- Elles ventilent doucement l'eau au-dessus des œufs.
- Elles délogent la nourriture dans le fond de l'aquarium.

Utilité des nageoires pelviennes

- Elles agissent comme des hydroplanes.
- Elles servent à transporter les œufs fertilisés jusqu'au nid, chez les Poissons-chats femelles du genre *Corydoras.*
- Elles permettent de menacer, chez les Scalaires, d'autres membres de la même espèce.
- Elles aident les Gouramis à explorer l'aquarium. Pourvues à leur extrémité de papilles gustatives, elles leur permettent de situer la nourriture.

CAUDALES DE FANTAISIE

Nombreux sont les Poissons rouges et les variétés tropicales produites en aquarium dotés de caudales surdéveloppées, comme le Comète et le Queue-de-voile. Ils sont généralement lents et ne se trouvent pas dans la nature.

Fantail
voir p. 86

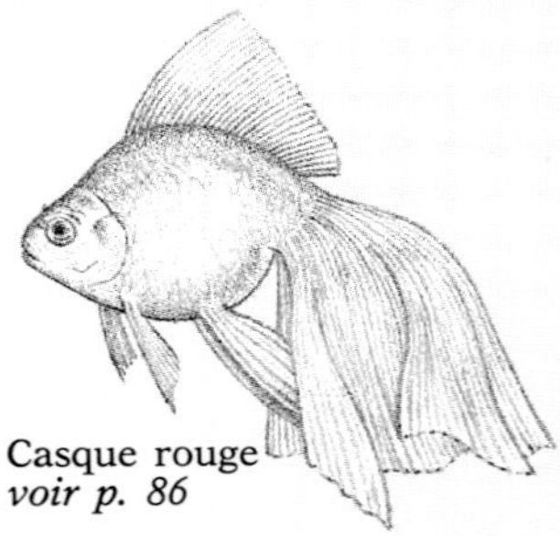

Casque rouge
voir p. 86

EXTENSIONS CAUDALES

Un rayon prolongé à la base de la nageoire caudale d'un Porte-épée ou d'un Tétra-empereur indique très probablement un mâle. Ces extensions, qu'on ne rencontre que chez les espèces sauvages, n'ont aucune fonction apparente.

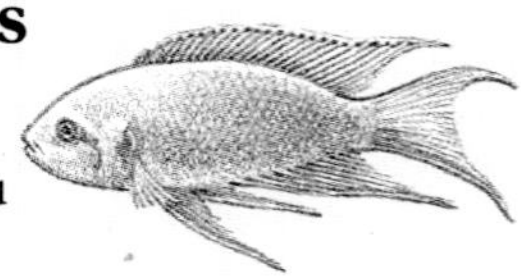

Lamprologus brichardi
voir p. 58

Nematobrycon palmeri
Tétra-empereur
voir p. 51

Xiphophorus helleri
Porte-épée
voir p. 68

NAGEOIRES DÉFENSIVES

Les longs piquants creux du *Pterois* sont venimeux et assurent son autodéfense. Le Baliste peut redresser sa nageoire et la bloquer dans cette position pour éviter de se faire prendre. Elle est normalement couchée devant la nageoire dorsale.

Pterois volitans
Poisson-scorpion
voir p. 107

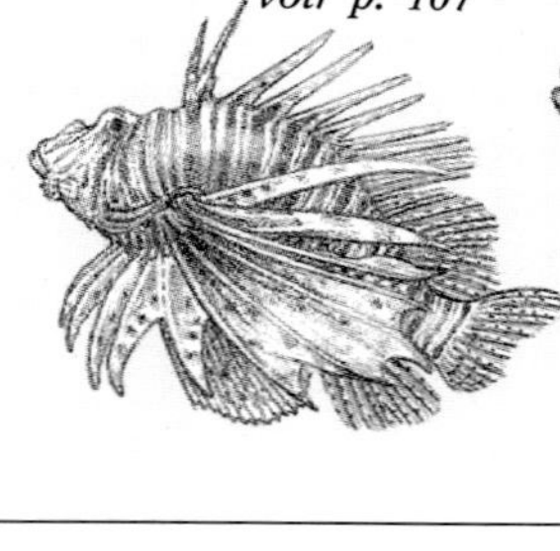

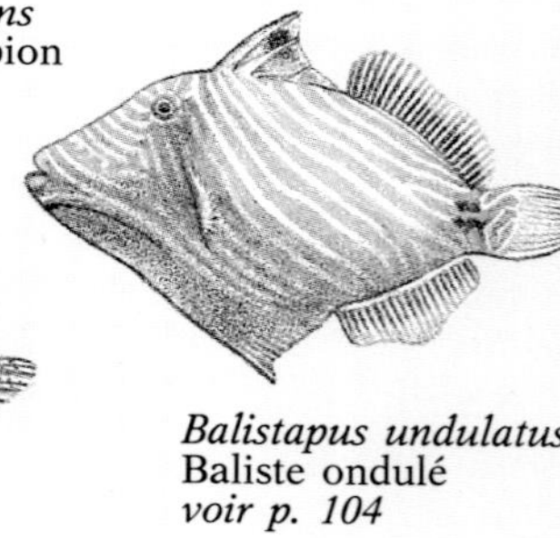

Balistapus undulatus
Baliste ondulé
voir p. 104

Les fonctions du corps

Il est nécessaire de connaître les fonctions vitales du poisson pour comprendre ses besoins et ses habitudes.

La respiration

Pour respirer l'oxygène dissous dans l'eau qui l'entoure, le poisson avale l'eau par la bouche et l'expulse par les ouïes. En traversant la membrane délicate des branchies, le sang absorbe l'oxygène et rejette le gaz carbonique. Une certaine quantité d'ammoniaque peut aussi être expulsée par les ouïes, ainsi qu'un peu d'eau chez les poissons d'eau douce.

Certains poissons, notamment les Anabantidés *(voir p. 60),* peuvent utiliser l'oxygène de l'air, grâce à une cavité spéciale, appelée « labyrinthe », située dans le crâne, derrière les ouïes. Chez d'autres, comme les Poissons-chats *Corydoras (voir p. 74),* une partie des intestins participe à la respiration.

Certains poissons suceurs, comme le Poisson-chat *Hypostomus (voir p. 76),* respirent à l'aide d'ouvertures supplémentaires situées juste derrière la tête, de sorte que la bouche se consacre à la nutrition et à la fonction d'adhérer à la paroi des rochers pour rester en place dans des eaux agitées.

LE LABYRINTHE

Cet organe, que l'on trouve chez les Anabantidés *(voir p. 60),* est irrigué de centaines de vaisseaux sanguins qui absorbent l'oxygène inspiré avec l'air.

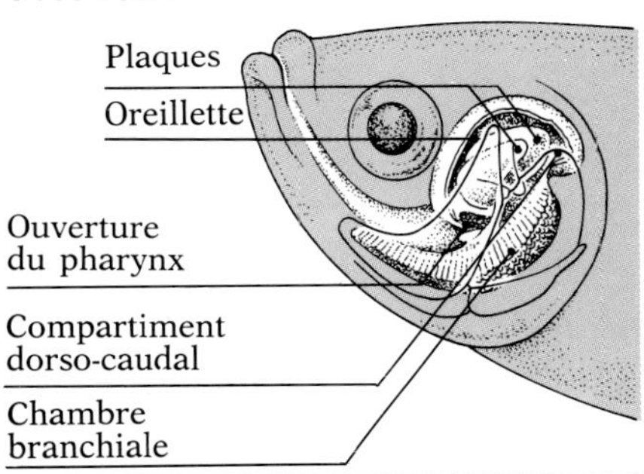

Les poissons dorment-ils ?

Faute de paupières, les poissons ne peuvent fermer les yeux, de sorte que l'on a du mal à croire qu'ils dorment. Pourtant, ils ont aussi besoin de repos, sous la forme d'un arrêt momentané des fonctions vitales : ils restent sans bouger des heures durant. Certaines espèces marines, comme les Labridés, peuvent s'enterrer dans du sable corallien ou se tisser chaque soir pour dormir de véritables cocons de mucus.

L'excrétion

En plus des déchets provenant de la fonction digestive, les poissons évacuent de l'ammoniaque par les ouïes. Les espèces d'eau douce éliminent aussi de l'eau par les ouïes. En outre, les poissons accumulent dans leur propre corps – juste sous la peau – des dépôts, comme la guanine. C'est elle qui contribue à leur coloration irisée.

Le liquide corporel

Aussi curieux que cela puisse paraître, bien qu'ils baignent en milieu aquatique, les poissons ont des problèmes d'eau.

Les poissons d'eau salée

Chez les espèces marines, la concentration de sel dans le sang est plus faible que celle de l'eau de mer. Par un phénomène d'osmose, les poissons subissent une perte continuelle en eau, et ils boivent pour compenser. En buvant sans arrêt, en éliminant de très petites quantités d'urine et en évacuant l'excès de sel avec les excréments, ils maintiennent leur équilibre osmotique.

Les poissons d'eau douce
La situation est inversée en eau douce, où la concentration sanguine est plus élevée que celle de l'eau. Dans ce cas, l'eau est toujours absorbée dans le corps. Aussi, pour ne pas éclater, les poissons doivent évacuer de fortes quantités d'eau (jusqu'à dix fois leur poids quotidiennement !). Ils le font de deux façons : par les ouïes et par l'urine.

L'odorat
Les poissons sentent par les narines qui, d'ailleurs, ne servent pas à respirer. Elles comprennent deux ou quatre ouvertures situées à l'avant du museau, directement reliées au lobe olfactif. Son sens de l'odorat aide le poisson à déceler les phéromones — qui provoquent par exemple dans un banc une réaction de peur quand un poisson du groupe a sécrété la phéromone de la peur.

Le goût
Les papilles gustatives sont principalement concentrées dans la bouche, sur la langue et sur les lèvres. Elles peuvent aussi se trouver sur les nageoires pelviennes des Gouramis ou les barbillons des fouilleurs de fond.

La vue
Chez la plupart des espèces, la vision est monoculaire : les poissons voient dans deux directions, sans pouvoir faire le point avec les deux yeux sur le même objet en même temps. Toutefois, la vision binoculaire est possible dans une certaine mesure quand les yeux sont situés très en avant. Si les poissons ne peuvent faire le point au-delà de 45 centimètres, leur « système de ligne latérale » leur permet de détecter des objets beaucoup plus éloignés. Les poissons réagissent à la couleur.

LA STRUCTURE DE L'ŒIL

Contrairement à l'homme, dont la courbure du cristallin se modifie pour que l'image se forme sur la rétine, la forme du cristallin ne change pas chez le poisson, c'est le cristallin qui avance ou recule.

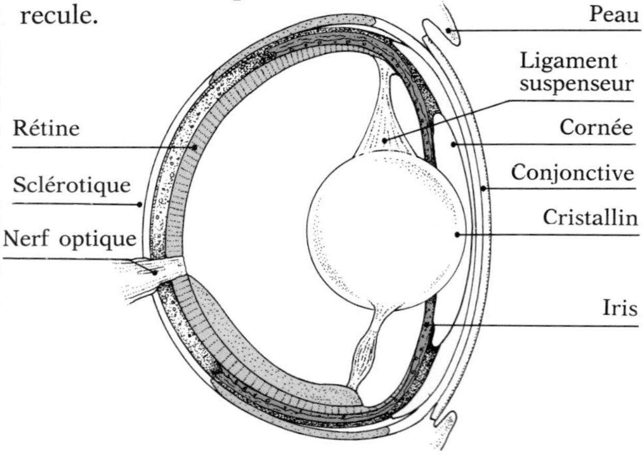

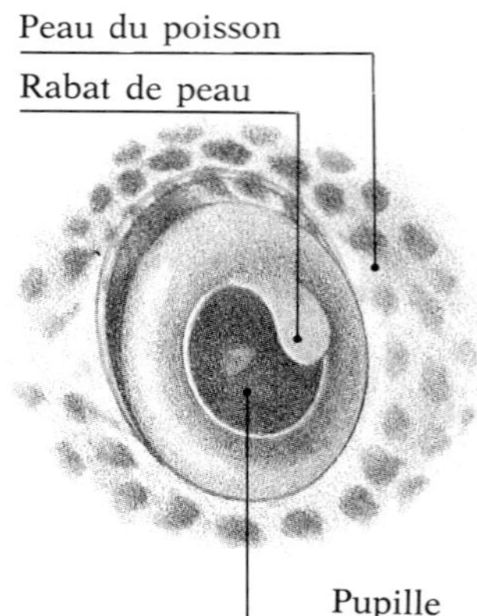

Le rabat
Les Poissons-chats suceurs (voir p. 76) *ont une caractéristique particulière : un rabat de peau en saillie peut s'étirer ou se contracter pour doser la luminosité pénétrant dans l'œil.*

La paupière
A l'inverse des animaux terrestres, les poissons, qui n'ont pas besoin d'humecter leurs yeux, n'ont pas de paupières.

L'audition
L'« oreille » du poisson est beaucoup moins compliquée que la nôtre. Elle correspond à notre oreille interne, les poissons n'ayant nul besoin de nos oreilles moyenne et externe. En effet, l'eau est un milieu très dense, dans lequel les sons et les vibrations — qui se déplacent cinq fois plus vite que dans l'air — sont détectés plus facilement.

Si les poissons peuvent entendre des sons ayant à peu près la même gamme de fréquences que ceux auxquels nous sommes sensibles, certaines espèces ne perçoivent qu'une partie de la gamme. En revanche, le poisson décèle les vibrations. Celles-ci peuvent être détectées par la vessie natatoire, puis transmises à l'oreille par la série d'osselets de Weber (un ensemble de petits os reliés entre eux) ou par la structure tubulaire, une sorte de stéthoscope qui va de la vessie natatoire à l'oreille.

Le système de la ligne latérale
Ce système correspond, pour le poisson, à un sixième sens, qui lui permet de détecter les vibrations et les courants. L'accès aux nerfs sensoriels forme, sur le flanc des poissons, de minuscules perforations. Ces pores, qui s'ouvrent entre une rangée d'écailles, suivent la ligne latérale. Souvent incomplète, cette ligne peut aussi aller jusqu'aux narines.

La vessie natatoire
A l'exception de quelques fouilleurs de fond, tels les Gobies, la plupart des espèces vivant en aquarium possèdent une vessie natatoire, ou vessie gazeuse. Cet organe leur permet de rester en équilibre à un niveau donné. Elle peut avoir d'autres fonctions chez certains poissons : amplifier un son émis par le poisson ou jouer un rôle auditif.

LA NAVIGATION

- Le système de la ligne latérale permet au poisson d'éviter les obstacles.
- Les poissons migrateurs peuvent naviguer d'après la position du soleil et des étoiles.
- Les poissons se servent de l'électricité. De faibles muscles produisant des impulsions électriques créent autour du poisson un champ qui est modifié par la présence d'un obstacle à proximité. Des variations dans l'intensité électrique permettent au poisson de se repérer et de localiser ses proies.

Naviguer par la ligne latérale
*Les poissons qui vivent dans des eaux sombres, boueuses, ou qui sont aveugles, comme l'*Astyanax mexicanus *(Tétra cavernicole), originaire des eaux souterraines* (voir p. 46), *naviguent parfaitement grâce au système de la ligne latérale qui leur signale les obstacles ou la présence de proies dans les parages.*

2

CHOISIR LES POISSONS

Pour vous permettre de choisir en toute connaissance de cause, ce chapitre aborde les quatre grands systèmes de l'aquariophilie : l'eau douce tropicale, l'eau douce froide, l'eau de mer tropicale et l'eau de mer froide. Un double choix s'impose : d'abord, vous devez opter pour l'un de ces quatre systèmes. Ensuite, il vous faudra sélectionner, parmi les espèces qui peuvent vivre dans le milieu choisi, celles qui vous plairont. Même si vous avez déjà une idée, il est bon d'avoir toutes les données avant de « plonger ». Aussi, lorsque vous aurez choisi votre système, consultez les renseignements sur les diverses espèces contenus dans le « Guide des espèces » *(voir p. 32 à 111)*, afin de faire un choix éclairé. N'oubliez pas, le moment venu, que vous devez sélectionner des animaux sains et compatibles, et ce livre a pour ambition de vous y aider.

Les systèmes de l'aquariophilie

Avant d'aller acheter vos poissons, vous devez opter entre un système d'eau douce ou salée et, dans ces deux catégories, vous pouvez préférer un aquarium d'eau froide ou un aquarium tropical.

Les aquariums d'eau douce
La grande majorité des poissons d'aquarium vivent en eau douce. Mais, pour ce qui concerne l'amateur, il faut distinguer deux groupes : les espèces d'eau froide et les espèces tropicales. Le tableau ci-contre vous donne un aperçu des principales différences entre les deux. L'aquarium d'eau froide est le plus ancien système, mais le plus apprécié aujourd'hui est le système tropical. En effet, les poissons tropicaux ont deux atouts : ils peuvent être plus nombreux dans un même espace, et ils sont plus vivement colorés. Longtemps, l'aquarium d'eau froide n'a accueilli qu'une seule espèce, le Poisson rouge, ainsi que ses variétés produites en aquarium.

Les aquariums d'eau salée
Dans l'aquarium d'eau salée ou de mer, la branche la plus jeune de l'aquariophilie, deux possibilités existent : l'eau froide ou l'eau tropicale. L'aquarium tropical connaît aujourd'hui le plus grand succès, car il offre un large choix d'espèces multicolores, plus séduisantes que celles des poissons d'eau froide, plus simples et moins variées. Les espèces tropicales proviennent des mers chaudes *(voir p. 95)*.

S'occuper d'espèces marines ou d'eau douce n'est guère différent, sauf sur un point : les poissons de mer ont besoin d'eau salée. Le mieux, pour y pourvoir, est d'ajouter à l'eau du robinet un mélange du commerce (disponible chez votre fournisseur habituel). Autre différence : vous ne pouvez pas mettre de plantes dans un aquarium marin. Mais cet inconvénient est vite oublié devant le vaste éventail de coraux très décoratifs dont on peut disposer.

Si, sans en avoir les moyens financiers, vous tenez absolument à posséder des espèces marines, vous pouvez mettre en aquarium des petits poissons d'eau froide, récoltés dans des fonds rocheux sur la plage. C'est là une solution intéressante pour les amateurs, d'autant qu'ils pourront se réapprovisionner gratuitement. Même l'eau de mer naturelle peut servir, à condition qu'elle ne soit pas polluée.

Si vous avez l'esprit d'aventure, et si vous ne vous laissez pas décourager par d'éventuels revers de fortune, l'aquariophilie marine est faite pour vous. Pourtant, mieux vaudrait vous faire la main avec l'aquarium d'eau douce, moins exigeant que l'aquarium marin.

AQUARIUM SANS POISSONS

Bien que cela paraisse contradictoire, certains amateurs ont chez eux un aquarium marin qui, au lieu de poissons, accueille des anémones de mer, des vers à panache, des crevettes et du corail vivant. On peut mettre dans ce type d'aquarium des espèces d'eau froide, capturées sur place, ou des spécimens importés.

Il ne faut toutefois pas y introduire de poissons, car ils mangeraient les invertébrés. Comme ceux-ci, pour la plupart, tirent leur nourriture directement du minuscule plancton se trouvant dans l'eau, mieux vaut arrêter le filtre quand on verse la nourriture et le remettre en route lorsqu'ils se sont alimentés.

AQUARIUMS D'EAU DE MER

Conditions	Eau de mer froide	Eau de mer tropicale
Taille et modèle d'aquarium	Assez grand ; en rapport avec la taille des poissons ; en verre collé	Assez grand ; en rapport avec la taille des poissons ; en verre collé
Eau	Eau de mer ou eau synthétique	Eau synthétique
Chauffage et température	Température ambiante	Une résistance et un thermostat sans partie métallique apparente ; 24° environ
Éclairage	Fluorescent/incandescent	Fluorescent/incandescent
Filtration	Puissante	Normale
Choix d'espèces	Ce que vous trouverez	Très grand
Nourriture	Industrielle ou vivante	Industrielle ou vivante
Soins des poissons	Sujets aux maladies s'ils viennent d'une eau polluée	Assez robustes
Coût des poissons	Le prix du transport	Assez élevé
Reproduction	Très rare en bac ; peu de dimorphisme sexuel	Très rare en bac ; peu de dimorphisme sexuel

AQUARIUMS D'EAU DOUCE

Conditions	Eau douce froide	Eau douce tropicale
Taille et modèle d'aquarium	Assez grand ; en rapport avec la taille des poissons ; n'importe quel modèle	En rapport avec la taille des poissons ; n'importe quel modèle
Eau	Eau de conduite	Eau de conduite
Chauffage et température	Température ambiante	Thermostat et résistance ; 24° environ
Éclairage	Fluorescent ou incandescent ; tube Grolux pour les plantes	Fluorescent ou incandescent ; tube Grolux pour les plantes
Filtration	Puissante	Normale
Choix d'espèces	Peu sont ornementales	Des centaines
Nourriture	Industrielle ou vivante	Industrielle ou vivante
Soins	Robustes ; soins particuliers pour certains	Robustes ; soins particuliers pour certains
Coût des poissons	Bon marché	Assez bon marché à élevé
Reproduction	Ovipares ; possible en aquarium ; sexes parfois reconnaissables	Ovipares et vivipares ; possible en aquarium ; sexes souvent reconnaissables

L'achat des poissons

Pour mettre, dès le départ, toutes les chances de votre côté, choisissez des sujets en bonne santé. C'est là un impératif d'importance pour votre premier aquarium, car il vous faudra – ainsi qu'à vos poissons – quelque temps pour vous adapter. Si vos nouveaux hôtes sont vigoureux, ils pourront résister à vos maladresses de novice. Ne vous laissez pas séduire, dès le départ, par des espèces exotiques. Elles sont chères et, à moins que vous n'ayez une solide expérience, vous risquez une amère déconvenue.

Choisir des animaux sains

Si vous fréquentez assidûment la boutique d'aquariophilie de votre quartier,

REPÉRER UN POISSON SAIN

Pour choisir un spécimen en bonne santé, il faut en prendre un qui ait l'air vif et alerte. Aussi, lorsque vous irez choisir ce nouvel hôte, vérifiez bien qu'il présente les différentes caractéristiques indiquées ci-dessous.

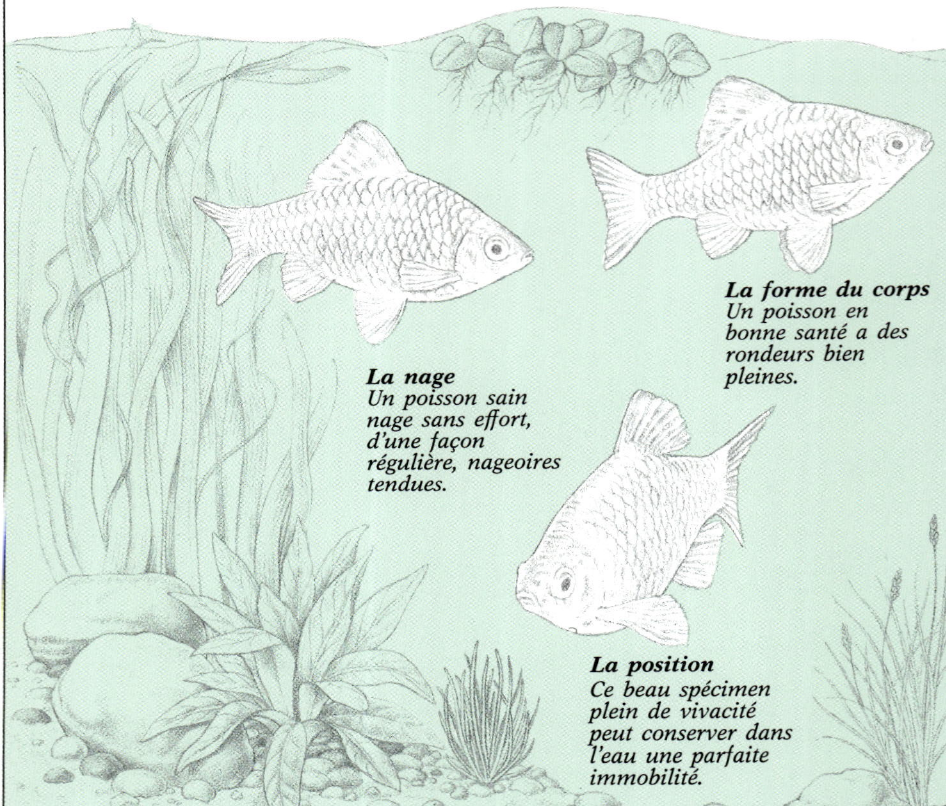

La forme du corps
Un poisson en bonne santé a des rondeurs bien pleines.

La nage
Un poisson sain nage sans effort, d'une façon régulière, nageoires tendues.

La position
Ce beau spécimen plein de vivacité peut conserver dans l'eau une parfaite immobilité.

vous allez repérer immédiatement les « nouveaux arrivants ». Avant d'en faire l'achat, il est préférable de vérifier si l'animal a été mis en quarantaine dans des bacs de stockage pendant deux ou trois semaines avant d'être proposé à la vente. Évitez de préférence ceux qui « descendent d'avion », car ils peuvent ne pas survivre au voyage. Un bon vendeur vous recommandera toujours d'attendre un peu avant d'acquérir un nouveau venu.

Que vérifier dans un poisson ?
Un certain nombre d'indices vous aideront à arrêter votre choix sur des animaux sains. La coloration de la robe doit être dense, et le dessin ne doit pas comporter de tache d'une autre couleur. Chez les espèces où le patron de coloration constitue une caractéristique particulière, le dessin doit être conforme à la norme reconnue. De même, la forme du corps doit répondre aux normes.

REPÉRER UN POISSON MALADE

Observez attentivement le candidat. Il faut savoir reconnaître les signes de maladie. Vous trouverez ci-dessous les plus courants. Pour de plus amples informations sur les maladies, voir p. 220 à 235.

Prenez garde de ne pas voir un signe de maladie dans un comportement sain. Ainsi, bien que les nageoires aplaties soient normalement un signe pathogène, certaines espèces marines gardent les nageoires pliées pour nager. Et il ne s'agit pas de confondre un poisson « décoloré » avec un Cardinal *(Apogon nematopterus),* qui se repose le jour parce que c'est un poisson nocturne.

La taille des poissons
Quand vous serez sûr d'avoir repéré des poissons sains, songez à la taille de votre aquarium. En effet, le poisson convoité peut vous paraître parfait au magasin, mais n'oubliez pas que tous les poissons sont jeunes et que leur taille risque au moins de doubler en devenant adultes. Ainsi, vous pouvez acheter un choix d'alevins d'espèces variées, tous de la même taille au départ, dont certains deviendront ensuite assez gros pour manger les autres. Pour éviter cette déconvenue, essayez toujours de savoir quelle taille le poisson atteindra en devenant adulte en aquarium. Un « truc » qui peut servir : les poissons aux gros yeux ou à écailles sont en principe des gros formats.

Vos sources d'approvisionnement
A moins d'appartenir à une association, votre seule source d'approvisionnement sera constituée par les revendeurs. Toutefois, parmi les revendeurs, il faut faire la distinction entre les centres de jardinage ou les magasins pour animaux domestiques ayant un secteur réservé aux poissons, et les boutiques spécialisées.

Si vous cherchez du matériel ou des aliments séchés, le magasin le plus proche conviendra parfaitement. En revanche, si vous voulez acheter des poissons, vous constaterez que les magasins de loisirs ne possèdent pas un choix très vaste, se limitant aux espèces les plus répandues. Pour trouver des espèces plus rares, il faudra vous adresser à un spécialiste. Les revendeurs s'approvisionnent chez des grossistes dont certains importent directement. Un bon vendeur doit pouvoir vous procurer n'importe quelle espèce.

LES ACHATS À NE PAS FAIRE

- N'achetez pas un poisson malade en vous imaginant que vous allez le guérir.
- N'achetez JAMAIS un poisson apparemment sain se trouvant dans le même bac que des poissons morts.
- Ne vous laissez pas tenter par des espèces rares si vous êtes un débutant.
- N'achetez pas les nouveaux venus : laissez-les s'habituer à leur eau chez le marchand.
- N'achetez pas de poissons ayant une bosse sur le dos : c'est souvent un signe de vieillesse.
- N'achetez pas d'alevins sans tenir compte de leur taille adulte.
- N'achetez pas un poisson isolé s'il appartient à une espèce grégaire.
- N'introduisez pas d'emblée un nouveau venu dans l'aquarium : appliquez la méthode préconisée ci-contre pour l'habituer au milieu.

Comment collecte-t-on les poissons ?
Dans les régions tempérées, on peut attraper assez facilement des poissons marins. Faites-le, armé de filets, dans des trous de rocher. En revanche, il est plus difficile d'attraper soi-même des espèces d'eau douce, car la pêche dans les rivières et les lacs est sévèrement réglementée. Mais on peut se procurer chez les marchands celles, peu coûteuses, qui vivent en eau froide.

Les poissons d'eau douce tropicale sont capturés au filet, en général à partir d'un bateau. Les espèces marines sont attrapées par des plongeurs.

TRANSPORT DES POISSONS

Le marchand met en général les poissons dans des sacs en plastique transparent remplis d'eau. Cette solution est également valable en été pour emporter vos poissons avec vous ou pour de courts déplacements. En hiver, toutefois, il serait préférable de les mettre dans une boîte isolante.

La boîte de transport
Fabriquez la carcasse avec du contreplaqué ou de l'aggloméré et du polyuréthanne pour l'étanchéité. Doublez l'intérieur avec du polystyrène et glissez vos aquariums en verre dans les compartiments.

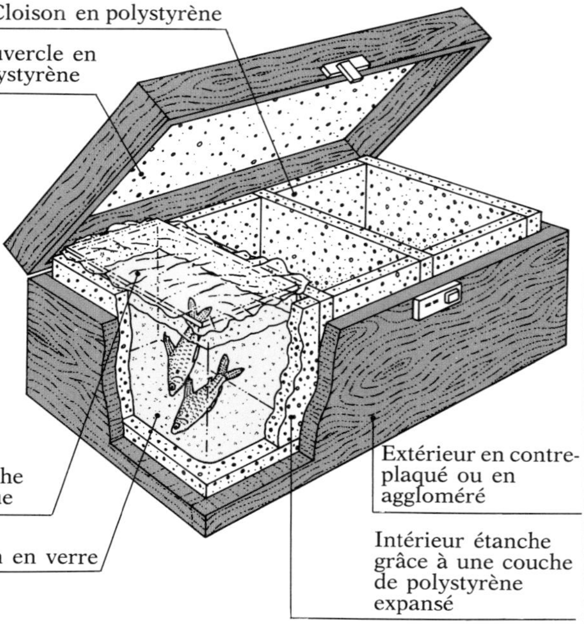

Comment introduire de nouvelles espèces dans l'aquarium ?
Lorsque vous rentrez chez vous avec votre nouvelle acquisition, il est bon de vous entourer de quelques précautions. Il ne règne probablement pas la même température dans le sac en plastique que dans l'aquarium, et tout changement brutal peut être néfaste pour les poissons.

Il faut laisser flotter le sac pendant dix à quinze minutes dans l'aquarium pour égaliser les températures. Entretemps, versez dans le sac contenant les poissons un peu d'eau de l'aquarium, au cas où la composition de l'eau entre les deux serait légèrement différente. En outre, s'il s'agit d'espèces marines que vous mettez dans un nouveau bac, éteignez les lumières de l'aquarium, mais laissez toutefois celles qui éclairent la pièce.

Sortie des poissons
***1.** Immergez le sac de 10 à 15 minutes pour équilibrer les températures.*

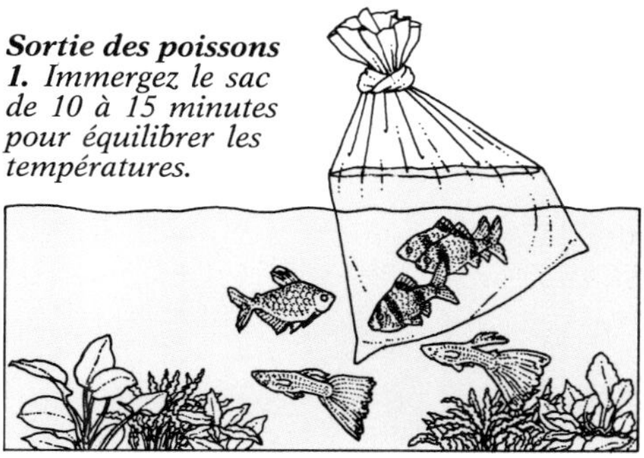

***2.** Détournez les anciens poissons en leur donnant à manger, puis libérez les nouveaux.*

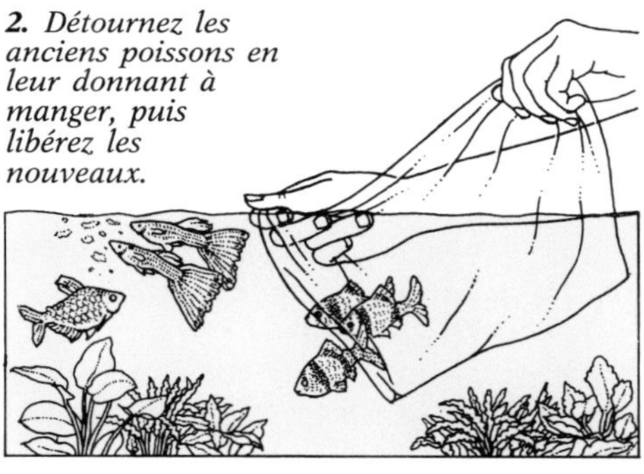

Les poissons compatibles

Tous les poissons n'ont pas besoin de compagnie, et certains sont franchement asociaux. C'est pourquoi, avant d'arrêter votre choix, il est indispensable de tenir compte de la compatibilité entre les groupes qui vont cohabiter. Vous trouverez dans le « Guide des espèces » des renseignements sur la sociabilité des diverses espèces *(voir p. 32 à 111)*.

Les sociables

Beaucoup de poissons sont grégaires et ont besoin de compagnons appartenant à la même espèce qu'eux. En ne prenant qu'un exemplaire d'une espèce de ce type, vous allez au-devant de difficultés, même si l'aquarium est plein. Ses couleurs risquent de ternir, il peut rester caché dans un coin ou, pis encore, devenir agressif et mordre les nageoires des autres poissons (ce qui peut être un signe d'ennui et non de méchanceté). Ces poissons ont besoin d'être en groupe pour se sentir en sécurité. De plus, un banc de poissons de la même espèce aura un meilleur effet visuel qu'un ou deux individus isolés. Vous obtiendrez un résultat beaucoup plus décoratif en peuplant votre aquarium d'une seule espèce.

Les asociaux

Certains poissons défendent âprement leur territoire, même contre les membres de leur propre espèce. Il peut arriver, surtout si le bac n'est pas assez grand pour que chacun ait son propre secteur, qu'ils se battent sans arrêt. Ces combats sont plus fréquents pendant la période de reproduction, et les mâles peuvent alors se montrer très batailleurs. Ainsi, avec les Combattants, il faut s'en tenir à un mâle par aquarium. Certaines espèces marines, tel *Abudefduf oxyodon* (Sergent-major à bandes bleues), sont à l'opposé du poisson grégaire : elles ne supportent pas même la présence d'un membre de leur propre espèce.

Les habitudes alimentaires ne sont pas sans importance. Les carnivores peuvent attaquer les autres, tandis que les espèces herbivores causeront des ravages dans l'aquarium. Mettez les carnivores avec des poissons de même taille ou plus gros, et n'introduisez pas de plantes décoratives avec des poissons végétariens.

La reproduction

Il est important de sélectionner des individus de qualité si vous voulez que vos poissons se reproduisent, car toute malformation chez l'adulte se retrouvera chez l'alevin.

Il est toujours possible, en période de reproduction, de distinguer les mâles des femelles, sauf lorsqu'on est en présence de jeunes. Mieux vaut alors acheter une demi-douzaine de chaque espèce, ce qui met la chance de votre côté.

La compatibilité de reproduction

La compatibilité peut aller très loin. Évitez donc de mélanger des poissons vivipares de même espèce mais de couleurs différentes si vous voulez maintenir des lignées pures, car les poissons se reproduiront sans souci des couleurs et des dessins.

LA LONGÉVITÉ

D'une manière générale, plus le poisson est gros, plus il vit longtemps. Les poissons en aquarium sont à l'abri des prédateurs et peuvent vivre plus longtemps qu'en liberté. La durée de vie varie d'une espèce à l'autre, allant de un à dix ans ou plus pour des poissons d'eau douce. On ne peut faire de prédiction sur la durée de vie des espèces marines, dont l'élevage en aquarium est trop récent.

UTILISATION DE L'ESPACE

Tous les poissons n'ont pas le même mode de vie. Certains sont adaptés pour chercher leur nourriture à la surface, d'autres circulent en pleine eau, alors que les troisièmes ont du mal à quitter le fond de l'aquarium. En sélectionnant des poissons appartenant à ces trois niveaux, vous tirerez le meilleur parti de l'espace et de la profondeur de l'eau. Les espèces réunies ci-dessous investissent au mieux l'espace disponible dans un aquarium.

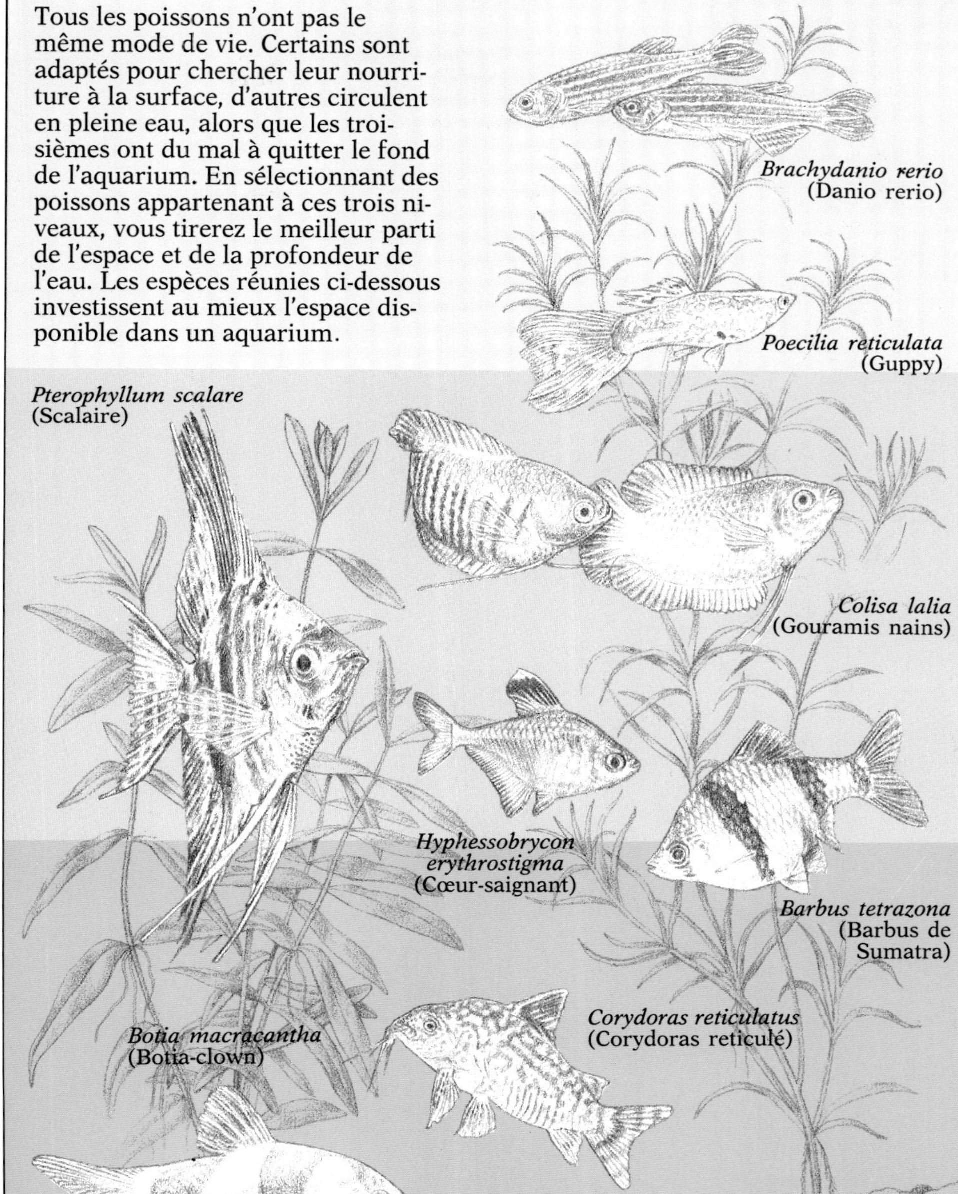

3

GUIDE DES ESPÈCES

L'amateur de poissons exotiques trouvera dans les magasins spécialisés un très grand nombre d'espèces. Il pourra acquérir des poissons de toutes les formes, de toutes les tailles et de toutes les couleurs, qu'il s'agisse de poissons d'eau tropicale ou d'eau froide, d'eau douce ou d'eau de mer. Quand vous choisissez un poisson, préoccupez-vous d'abord de savoir s'il convient au type d'aquarium que vous avez installé, et surtout s'il pourra vivre en bonne harmonie avec les autres occupants du bac. Ce chapitre vous aidera d'ailleurs à mieux connaître 121 des espèces les plus intéressantes et vous donnera toutes les informations pertinentes à leur sujet. Chacun pourra ainsi offrir aux poissons choisis les meilleures conditions de vie possibles et les plus adaptées à leurs besoins spécifiques.

Comment se servir du guide

Les 121 espèces présentées dans le guide sont classées en quatre catégories : poissons tropicaux d'eau douce, poissons d'eau douce froide, poissons exotiques d'eau de mer et poissons d'eau de mer froide. Chaque catégorie est subdivisée en groupes, à chacun desquels est attribuée une couleur spécifique *(voir le tableau ci-contre).*

Après une présentation d'ensemble du groupe, chaque espèce est décrite par ordre alphabétique de nom scientifique (*voir p. 279*). Chacune d'elles fait l'objet d'un texte descriptif et de tableaux récapitulant ses principales caractéristiques et les conditions nécessaires à une existence saine en aquarium.

Silhouette d'identification

Un croquis montrant les caractères morphologiques de chaque espèce accompagne la présentation générale de son groupe.

Lexique
Explication des termes utilisés dans les tableaux « Caractéristiques » et « Agencement du bac ».

- **Taille :** longueur du poisson, queue exclue.
- **Acclimatation :** le poisson s'adapte bien à la vie en aquarium.
- **Eau reconstituée :** type d'eau disponible dans le commerce.
- **Température :** degré optimum requis pour l'espèce.
- **Aquarium spécifique :** on ne peut y introduire qu'une seule espèce.
- **Aquarium communautaire :** il peut accueillir diverses espèces.
- **Nage :** hauteur à laquelle un poisson évolue de préférence dans un aquarium ; en surface, en pleine eau (à mi-hauteur), et près du fond.

POISSONS TROPICAUX D'EAU DOUCE

Cyprinidés

Characidés

Cichlidés

Anabantidés

Vivipares

Killies

Poissons-chats

Cobitidés

Autres espèces ovipares

POISSONS D'EAU DOUCE FROIDE

Poissons rouges

Koï

Autres espèces d'eau douce froide

POISSONS TROPICAUX MARINS

Pomacentridés

Pomacanthinés et chetodontinés

Autres espèces tropicales d'eau de mer

POISSONS D'EAU DE MER FROIDE

POISSONS TROPICAUX D'EAU DOUCE

La plupart des poissons décrits dans cette partie vivent dans les rivières et les lacs tropicaux d'Afrique, d'Asie et d'Amérique. Il faut donc les installer dans un aquarium chauffé dans lequel on maintiendra une température constante qui variera entre 21 et 27 degrés selon les espèces.

L'aquarium de poissons tropicaux d'eau douce est celui que l'on rencontre le plus fréquemment. Les poissons tropicaux, en effet, sont pour la plupart de petite taille. Presque tous s'adaptent aisément aux conditions de vie en aquarium, et l'on peut facilement en posséder plusieurs dans un même bac. Tous ces poissons sont en outre magnifiquement colorés et acceptent de se nourrir des aliments préparés trouvés dans le commerce. Beaucoup, par ailleurs, se reproduisent en captivité selon des modes très variés, qui sont tous passionnants à observer. Enfin, sauf différence de taille très prononcée, ils tolèrent très bien la présence de poissons appartenant à d'autres espèces dans le bac où ils évoluent.

Grâce aux moyens de transport modernes, on peut maintenant se procurer toutes sortes d'espèces de poissons. Lorsque vous comptez introduire un nouveau poisson dans votre aquarium, faites-lui subir une brève quarantaine dans un petit bac « infirmerie », afin qu'il ne risque pas de contaminer d'une façon ou d'une autre les poissons que vous possédez déjà (*voir p. 214*).

Cyprinidés

Les poissons de la famille des Cyprinidés vivent en Afrique, en Asie et en Amérique du Nord. Ils offrent à l'amateur un large éventail d'espèces robustes, de taille moyenne, et très colorées.

Les Cyprinidés ont une caractéristique unique : ils ne possèdent pas de dents buccales mais des dents broyeuses situées dans la gorge, sur les os pharyngiens.

Trois espèces s'adaptent parfaitement aux conditions de vie en aquarium : les Barbus, les Danios et les Rasboras.

Les Barbus sont des poissons actifs qui vivent de préférence près du fond ou en pleine eau. Ils tirent leur nom des barbillons qu'ils portent autour de la bouche et qui leur permettent de fouiller le sol pour trouver leur nourriture.

Les Danios sont également des poissons actifs, mais ils préfèrent nager en surface, où ils cherchent leur nourriture. Alors que les Barbus vivent heureux en eau dormante, les Danios viennent de cours d'eau assez froids et au courant rapide. Leur aquarium devra donc contenir une eau bien filtrée, bien oxygénée et peu profonde, où ils se développeront convenablement. Enfin, comme ils vivent naturellement en bancs, on devra acheter plusieurs spécimens.

Les Rasboras présentent les mêmes caractéristiques que les Barbus et les Danios réunis. Ils vivent en surface ou en pleine eau et sont très actifs. Comme les Danios, ils préfèrent vivre en bancs.

Barbus conchonius

Barbus rosé

Un des rêves de l'aquariophile, le Barbus rosé est robuste, actif, coloré et très prolifique. Le ventre des mâles devient rose sombre en période de frai. De nouvelles espèces à nageoires allongées ont été récemment créées.

Couple de Barbus rosés (mâle au-dessus de la femelle)

CARACTÉRISTIQUES

Taille : 10 cm
Origine : nord de l'Inde
Aspect : le mâle a la dorsale bordée de noir ; son ventre est cuivre-rose foncé en temps de frai
Acclimatation : bonne
Nourriture : omnivore
Frai : œufs dispersés
Reproduction : facile

AGENCEMENT DU BAC

Eau : douce à moyenne
Température : 24 degrés
Aquarium : communautaire
Nage : pleine eau et près du fond

Barbus cumingi

Barbus de Cuming

Ce petit Barbus élégant est brun-doré avec des taches noires sur les flancs. Le bord bien dessiné de ses écailles couvre son corps d'une sorte de filet. Cette espèce ne porte pas de barbillons. Il existe deux variétés : l'une aux nageoires rouges, l'autre aux nageoires jaunes.

Barbus de Cuming mâle

CARACTÉRISTIQUES

Taille : 5 cm
Origine : Sri Lanka
Aspect : femelle plus terne, rebondie en période de frai
Acclimatation : facile
Nourriture : omnivore
Frai : œufs dispersés
Reproduction : assez facile

AGENCEMENT DU BAC

Eau : douce à moyenne
Température : 24 degrés
Aquarium : communautaire
Nage : pleine eau et près du fond

Barbus nigrofasciatus

Barbus à tête pourpre

Comme le Barbus rosé mâle, le Barbus à tête pourpre revêt une splendide livrée au moment du frai. Son corps devient rouge foncé et sa tête pourpre. En temps normal, mâles et femelles ont le même aspect jaune pâle strié de bandes noires. Le mâle porte plus de marques noires sur le corps que la femelle ; sa dorsale est noire, celle de la femelle claire.

Barbus à tête pourpre mâle

CARACTÉRISTIQUES

Taille : 6,5 cm
Origine : Sri Lanka
Aspect : mâle rouge, presque noir en temps de frai ; femelle rebondie
Acclimatation : facile
Nourriture : omnivore
Frai : œufs dispersés
Reproduction : facile ; on peut élever la température de l'eau

AGENCEMENT DU BAC

Eau : douce à moyenne
Température : 24 degrés
Aquarium. : communautaire
Nage : pleine eau et fond

Barbus oligolepis

Barbus insulaire

Le corps de ce Barbus de petite taille aux nageoires orange forme une sorte de mosaïque en damier ; il est plus allongé et plus cylindrique que celui des autres Barbus. Les spécimens capturés dans la nature sont plus vivement colorés que ceux qui sont élevés en captivité. Dans les deux cas, le mâle est habituellement plus rouge et plus grand que la femelle.

Barbus insulaire femelle

CARACTÉRISTIQUES

Taille : 5 cm
Origine : Sumatra
Aspect : femelle plus terne et plus petite
Acclimatation : facile
Nourriture : omnivore
Frai : œufs dispersés
Reproduction : facile ; espèce prolifique

AGENCEMENT DU BAC

Eau : douce à moyenne
Température : 24 degrés
Aquarium : communautaire
Nage : pleine eau et près du fond

Barbus schwanenfeldi

Barbus de Schwanenfeld

Les écailles de ce très grand Barbus donnent un aspect chromé à l'ensemble de son corps, à l'exception de la dorsale qui est rouge. Poisson pacifique, le Barbus de Schwanenfeld peut toutefois incommoder ou intimider les espèces plus petites. Son appétit vorace le conduit à dévorer les plantes du bac.

AGENCEMENT DU BAC

Eau : douce à moyenne
Température : 24 degrés
Aquarium : communautaire, mais avec des poissons de grande taille
Nage : pleine eau et fond
Besoins : espace

CARACTÉRISTIQUES

Taille : 30 cm
Origine : Asie
Aspect : pas de différences sexuelles visibles
Acclimatation : facile
Nourriture : omnivore
Frai : œufs dispersés
Reproduction : assez difficile

Les Barbus de Schwanenfeld aiment nager en banc

Barbus tetrazona

Barbus de Sumatra

Le Barbus de Sumatra se caractérise par un corps brun rosé aux reflets argentés, strié de bandes verticales noires. Il existe deux variétés, l'albinos et le vert. Taquin, le Sumatra a tendance à mordiller les nageoires des autres espèces. On placera plusieurs spécimens dans le bac, afin de distraire leur attention.

Les Barbus de Sumatra nagent souvent près du fond

CARACTÉRISTIQUES

Taille : 6 cm
Origine : Sumatra
Aspect : les mâles ont un nez rouge brillant et des nageoires plus rouges que celles des femelles, au corps plus rebondi.
Acclimatation : facile
Nourriture : omnivore
Frai : œufs dispersés
Reproduction : assez facile

AGENCEMENT DU BAC

Eau : douce à moyenne
Température : 24 degrés
Aquarium : communautaire
Nage : pleine eau et fond
Besoins : nage en banc

Barbus titteya

Barbus titteya

Ce petit Barbus, un peu timide, porte une magnifique livrée argentée rehaussée par deux bandes horizontales noires et dorées. En période de frai, le mâle devient rouge éclatant. Les spécimens capturés dans la nature présentent des couleurs plus vives que celles des *B. titteya* élevés en captivité.

Couple de Barbus titteya *(mâle au-dessous de la femelle)*

CARACTÉRISTIQUES

Taille : 5 cm
Origine : Sri Lanka
Aspect : femelles plus ternes et plus rebondies
Acclimatation : facile
Nourriture : omnivore, y compris des algues
Frai : œufs dispersés
Reproduction : assez facile

AGENCEMENT DU BAC

Eau : douce à moyenne
Température : 24 degrés
Aquarium : communautaire
Nage : pleine eau et près du fond

Brachydanio albolineatus

Danio albo, Danio rosé, Danio perlé arc-en-ciel

On voit mieux les délicates couleurs irisées de ce Danio au corps bleu pastel, rehaussé de raies or, à la lumière naturelle, surtout si elle frappe la vitre frontale du bac. Ce poisson rapide et vif nage généralement en surface, en quête perpétuelle de nourriture. Une vitre de protection à la surface du bac l'empêchera de sauter hors de l'eau.

Couple de Danios albos (femelle au-dessus du mâle)

CARACTÉRISTIQUES

Taille : 6 cm
Origine : Birmanie
Aspect : femelles plus ternes et rebondies
Acclimatation : facile
Nourriture : omnivore
Frai : œufs dispersés ; frai en banc ou en couple
Reproduction : facile

AGENCEMENT DU BAC

Eau : douce à moyenne
Température : 24 degrés
Aquarium : communautaire
Nage : en surface et en pleine eau
Besoins : lumière, espace et vitre de protection en surface

Brachydanio frankei

Danio-truite

Léopard en anglais, truite en français, ce poisson justifie son nom par sa livrée mouchetée aux reflets d'or. Vif et élancé, avec une dorsale rejetée loin vers l'arrière, ce Danio se déplace rapidement en surface. On ne sait s'il s'agit d'une espèce naturelle ou d'une variété créée par des éleveurs. Quoi qu'il en soit, le Danio-truite vient d'Asie, où il vit dans des ruisseaux de montagne ou dans les bassins des pisciculteurs spécialisés en aquariophilie.

Danio-truite mâle

CARACTÉRISTIQUES

Taille : 6 cm
Origine : Asie
Aspect : femelles à l'abdomen plus rebondi
Acclimatation : facile
Nourriture : omnivore
Frai : œufs dispersés
Reproduction : facile

AGENCEMENT DU BAC

Eau : douce à moyenne
Température : 24 degrés
Aquarium : communautaire
Nage : en surface et en pleine eau

Brachydanio rerio

Danio rerio

Des raies horizontales bleu cobalt alternent avec des bandes argentées ou dorées, selon l'éclairage du bac, sur le corps fusiforme du Danio rerio. On retrouve ce motif sur la caudale ; les autres nageoires sont presque incolores. Le Danio rerio peut aisément se reproduire. On tapisse le fond du bac d'un lit de billes entre lesquelles tomberont les œufs, ainsi protégés de la voracité de leurs parents (*voir p. 248*). Quelques spécimens de ce poisson très vif animent l'aquarium.

Danio rerio femelle

CARACTÉRISTIQUES

Taille : 5 cm
Origine : Inde
Aspect : les femelles sont plus ternes et ont un abdomen rebondi
Acclimatation : facile
Nourriture : omnivore
Frai : œufs dispersés
Reproduction : facile, mais il faut protéger les œufs

AGENCEMENT DU BAC

Eau : douce à moyenne
Température : 24 degrés
Aquarium : communautaire
Nage : en surface et en pleine eau

Danio malabaricus

Danio malabar

Comme son nom l'indique, le Danio malabar est le plus grand de tous les Danios. Il lui faut donc un vaste bac. Son dos est gris-bleu et son ventre légèrement rosé. Les étroites bandes horizontales bleues et or de ses flancs rappellent celles du Danio albo (*voir page ci-contre*). Le Danio malabar aime la compagnie et s'adapte mieux s'il vit en banc dans l'aquarium.

Danio malabar mâle

CARACTÉRISTIQUES

Taille : 10 cm
Origine : Sri Lanka
Aspect : les raies horizontales s'arrêtent à la base de la caudale chez la femelle ; elle a l'abdomen rebondi
Acclimatation : facile
Frai : œufs dispersés
Reproduction : facile

AGENCEMENT DU BAC

Eau : douce à moyenne
Température : 24 degrés
Aquarium : communautaire
Nage : en surface

Tanichthys albonubes

Cardinal, Faux Néon, Poisson de Tan

Robuste, joliment coloré, le Cardinal porte une livrée brun olive striée de bandes longitudinales d'un bleu et d'un rouge iridescent. Sa bouche, orientée vers le haut, ne porte pas de barbillons. Il supporte des températures beaucoup plus basses que les autres Cyprinidés. On peut même l'installer dans un bac extérieur en été (*voir p. 279*).

Couple de Cardinaux (femelle au-dessus du mâle)

CARACTÉRISTIQUES

Taille : 4,5 cm
Origine : Chine
Aspect : abdomen rebondi chez la femelle
Acclimatation : facile
Nourriture : omnivore
Frai : œufs dispersés
Reproduction : facile, mais il faut protéger les œufs de la voracité de leurs parents

AGENCEMENT DU BAC

Eau : douce à moyenne
Température : 24 degrés
Aquarium : communautaire
Nage : en surface et en pleine eau

Rasbora heteromorpha

Rasbora

Les Anglais appellent ce poisson Arlequin en raison du triangle noir bleuté qui orne son flanc, de la dorsale à la queue. Le reste du corps s'irise de reflets dorés et roses. La ponte s'effectue d'une façon différente de celle des autres Cyprinidés. En général, le Rasbora fixe ses œufs sous une large feuille. Ce poisson affectionnera donc un aquarium bien planté. On lui adjoindra plusieurs compagnons de son espèce, car il aime la compagnie.

Rasbora femelle

CARACTÉRISTIQUES

Taille : 4 cm
Origine : Thaïlande, Malaisie, Indonésie
Aspect : le triangle de la femelle est moins net
Acclimatation : facile
Nourriture : omnivore
Frai : œufs pondus sur substrat
Reproduction : assez difficile

AGENCEMENT DU BAC

Eau : douce à moyenne
Température : 24 degrés
Aquarium : communautaire
Nage : tous les niveaux
Besoins : aquarium bien planté

Rasbora maculata

Rasbora pygmée, Rasbora tacheté

Deux points noirs, un seul chez la femelle, ponctuent un corps brun-rouge, virant à l'orange sur le ventre. Il faut garder ce Rasbora nain avec des poissons de taille semblable dans le bac pour éviter qu'il ne devienne la proie d'espèces plus grandes.

Le bac doit être garni de bois pétrifié et tapissé de gravier sombre pour que les ravissantes couleurs du Rasbora prennent tout leur éclat. La femelle, très féconde pour sa taille, peut pondre un nombre surprenant d'œufs, jusqu'à 200 en une seule fois.

Rasbora tacheté

CARACTÉRISTIQUES

Taille : 2,5 cm
Origine : Malaisie, Sumatra
Aspect : pas de différences sexuelles visibles
Acclimatation : facile
Nourriture : omnivore
Frai : œufs dispersés
Reproduction : assez difficile ; il faut protéger les œufs des parents

AGENCEMENT DU BAC

Eau : douce, légèrement acide
Température : 24 degrés
Aquarium : communautaire
Nage : en surface et en pleine eau

Rasbora trilineata

Poisson-ciseaux, Rasbora-verre

Ce Rasbora a l'habitude de contracter très souvent sa nageoire caudale, l'ouvrant et la refermant comme une paire de ciseaux, particularité d'où il tire son nom. Ce mouvement est encore accentué par les taches noires qui ornent chacun des lobes de sa queue. Le reste de son corps est finement argenté. Le Poisson-ciseaux est l'un des plus grands Rasboras mais, en aquarium, sa taille n'atteint jamais celle de ses congénères vivant en milieu naturel. Néanmoins, il sera plus à l'aise dans un grand bac, car il se montre actif et très bon nageur.

Poisson-ciseaux mâle

CARACTÉRISTIQUES

Taille : 10 cm
Origine : Malaisie, Sumatra, Bornéo
Aspect : abdomen rebondi chez la femelle
Acclimatation : facile
Nourriture : proies vivantes et insectes
Frai : œufs dispersés
Reproduction : assez facile

AGENCEMENT DU BAC

Eau : douce à moyenne
Température : 20 à 25°
Aquarium : communautaire
Nage : en surface
Besoins : beaucoup d'espace

Epalzeorhynchus kallopterus

Pas de nom commun français

Deux bandes – une or brillant et une noire – courent le long des flancs de ce poisson « torpille ». L'abdomen est blanc rosé et le dos brun. Les nageoire dorsale, anale et pelviennes sont tiquetées de blanc. *L'E. kallopterus* aime passer de longs moments au fond du bac, reposant sur ses nageoires pelviennes en grignotant les algues. Soudain, on le verra bondir sur quelque nourriture passant à sa portée avant de revenir à sa position favorite. Il règne parfois une certaine animosité entre les *E. kallopterus.*

CARACTÉRISTIQUES

Taille : 14 cm

Origine : Sumatra, Bornéo

Aspect : pas de différences sexuelles apparentes

Acclimatation : facile, mais comportement douteux avec sa propre espèce

Nourriture : omnivore, y compris les algues

Frai : inconnu

Reproduction : inconnue

AGENCEMENT DU BAC

Eau : douce à moyenne

Température : 24 degrés

Aquarium : communautaire

Nage : pleine eau et fond

Epalzeorhynchus kallopterus

Labeo bicolor

Labeo, Requin noir à queue rouge

Le Labeo est l'un des princes de l'aquarium, avec sa taille élancée, sa livrée de velours noir rehaussée par une queue écarlate. Tantôt endormi, tantôt vif, on le voit soudain faufiler son corps de requin miniature entre les plantes et les pierres sur lesquelles il grignote sa nourriture.

Un Labeo, véritable petit requin par la forme

CARACTÉRISTIQUES

Taille : 12 cm

Origine : Thaïlande

Aspect : pas de différences sexuelles visibles

Acclimatation : facile ; parfois agressif

Nourriture : omnivore, y compris des algues

Frai : œufs dispersés

Reproduction : difficile

AGENCEMENT DU BAC

Eau : douce à moyenne

Température : 24 degrés

Aquarium : communautaire

Nage : pleine eau et près du fond

Besoins : aquarium bien planté

Characidés

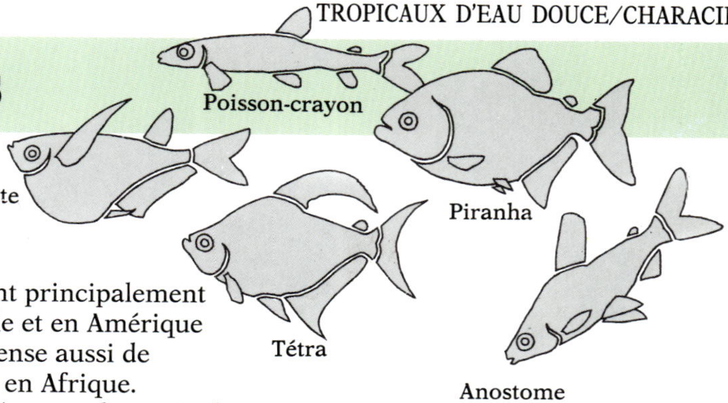

Les Characidés vivent principalement en Amérique centrale et en Amérique du Sud, mais on recense aussi de nombreuses espèces en Afrique.

Les Characidés présentent la particularité de posséder une toute petite nageoire dorsale supplémentaire, appelée adipeuse, dont on ne connaît pas encore très bien l'utilité. On distingue également, sur les mâles de certaines espèces, un minuscule crochet sur la nageoire anale.

Les Characidés sont de taille relativement modeste, à l'exception toutefois de celle du terrible Piranha, presque aussi imposante que sa réputation de monstre sanguinaire.

La plupart des Characidés s'adaptent très bien aux conditions de vie en aquarium, dont ils occupent tous les niveaux de nage *(voir p. 31)*.

Les Poissons-hachettes vivent en surface, en quête constante de nourriture. Les Poissons-crayons préfèrent également les eaux de surface. Les Tétras aiment nager en pleine eau, alors que les Anostomes, tête orientée vers le fond, occupent les niveaux inférieurs.

Anostomus anostomus

Anostome strié

Ce grand Characidé a l'habitude de rester de longs moments immobile, tête inclinée vers le bas. C'est un poisson d'une rare élégance, avec ses rayures or et noires qui courent le long de son corps fusiforme brun-rouge, et ses nageoires dorsale et caudale argentées et ponctuées de taches écarlates.

CARACTÉRISTIQUES

Taille : 14 cm
Origine : Amérique du Sud et Am. centrale
Aspect : pas de différences sexuelles visibles
Acclimatation : facile
Nourriture : omnivore
Frai : œufs dispersés
Reproduction : difficile

AGENCEMENT DU BAC

Eau : douce à moyenne
Température : 24 degrés
Aquarium : communautaire
Nage : tous les niveaux
Besoins : cachettes

Anostome strié, dans sa position oblique caractéristique

Astyanax mexicanus

Tétra cavernicole

Rose pâle, presque albinos, ce Characidé aux nageoires incolores ou rougeâtres, selon les variétés, ne possède pas d'yeux. Il nage cependant avec une extraordinaire agilité, même dans un bac très peuplé, grâce à un système de guidage situé sur sa ligne de flottaison (*voir p. 21*) qui lui permet de détecter, par vibrations, les obstacles.

Tétra cavernicole femelle

CARACTÉRISTIQUES

Taille : 9 cm
Origine : Amérique centrale
Aspect : abdomen rebondi chez la femelle
Acclimatation : facile
Nourriture : omnivore
Frai : œufs dispersés
Reproduction : assez difficile

AGENCEMENT DU BAC

Eau : douce à moyenne
Température : 24 degrés
Aquarium : communautaire ou spécifique
Nage : pleine eau et près du fond.

Carnegiella strigata

Poisson-hachette rayé, Hachette volante

Poisson-hachette rayé

Ce Poisson-hachette porte une livrée argentée, émaillée de marbrures brunes sur l'abdomen, barrée longitudinalement par une ligne dorée qui unit l'œil à la caudale. Comme le Strigata a tendance à sauter hors de l'eau, il faut couvrir le bac d'une vitre. Le Poisson-hachette aime l'ombre. Pour son confort, on plantera dans le bac de grandes plantes à larges feuilles traînantes.

CARACTÉRISTIQUES

Taille : 3,5 cm
Origine : Amérique du Sud
Aspect : pas de dimorphisme sexuel
Acclimatation : facile
Nourriture : nourriture flottante
Frai : œufs dispersés
Reproduction : assez difficile

AGENCEMENT DU BAC

Eau : douce à moyenne
Température : 24 degrés
Aquarium : communautaire
Nage : en surface
Besoins : bac bien planté ; vitre de surface

Cheirodon axelrodi

Néon cardinalis, Néon rouge

Le docteur Herbert Axelrod, un des plus grands experts mondiaux, a découvert ce merveilleux petit poisson, l'un des plus séduisants qui soient : abdomen rouge vif, dos brun-rouge, corps ourlé d'une ligne bleue longitudinale luminescente, nageoires translucides : un joyau. Comme les Néons aiment nager en banc, c'est un nuage extrêmement coloré que l'on voit se déplacer dans l'aquarium d'un mouvement rapide. Les femelles sont habituellement plus grandes que les mâles.

Néon cardinalis femelle

CARACTÉRISTIQUES

Taille : 4 cm
Origine : Amérique du Sud
Aspect : femelle plus grande et rebondie que le mâle, qui peut avoir un petit crochet sur la nageoire anale
Acclimatation : facile
Nourriture : omnivore
Frai : œufs dispersés
Reproduction : assez difficile

AGENCEMENT DU BAC

Eau : douce à moyenne
Température : 24 degrés
Aquarium : communautaire
Nage : tous les niveaux

Chilodus punctatus

Chilodus, Tête-en-bas

Le Chilodus porte livrée argentée, mouchetée de sombre, rehaussée par une ligne horizontale presque noire. Son œil est ourlé de rouge. Ce poisson, comme l'Anostome, affectionne la position inclinée, tête en bas. Bien qu'on considère le Chilodus comme un Characidé, il appartient en fait à la famille des Curimatidés.

Chilodus dans sa position caractéristique, tête inclinée vers le bas

CARACTÉRISTIQUES

Taille : 7,5 cm
Origine : Amérique du Sud
Aspect : pas de différences sexuelles visibles
Acclimatation : assez facile
Nourriture : omnivore, y compris de la verdure (épinards ou laitue)
Frai : œufs dispersés
Reproduction : assez difficile

AGENCEMENT DU BAC

Eau : douce à moyenne
Température : 24 degrés
Aquarium : communautaire
Nage : pleine eau et fond

Copella arnoldi

Pas de nom commun français

Poisson jaune uni au corps élancé, le *Copella arnoldi* a une façon très originale de se reproduire. Pour protéger ses œufs, la femelle saute hors de l'eau et les dépose sous une feuille surplombant la surface. Le mâle les asperge ensuite en battant l'eau de sa queue. Dans un aquarium, le *Copella arnoldi* pond souvent sous le couvercle vitré. Veillez à ce que l'espace entre la vitre et la surface de l'eau soit assez important pour qu'il puisse sauter aisément.

Copella arnoldi *mâle*

CARACTÉRISTIQUES

Taille : 8 cm
Origine : Amérique du Sud
Aspect : nageoires moins effilées et corps plus petit chez la femelle
Acclimatation : assez facile
Nourriture : omnivore
Frai : œufs déposés sur substrat
Reproduction : assez difficile

AGENCEMENT DU BAC

Eau : douce à moyenne
Température : 24 degrés
Aquarium : communautaire
Nage : tous les niveaux
Besoins : vitre de protection

Hemigrammus rhodostomus

Rhodostomus, Nez-rouge

Le séduisant Nez-rouge promène timidement entre les plantes son corps argenté, terminé par une caudale blanche rayée de noir. Son flanc, de la dorsale à la caudale, est orné d'une bande noire. Chez le mâle, la nageoire anale porte un mince crochet. Le Rhodostomus tire son surnom du masque rouge qu'il porte sur son museau et son front. Il est très sensible aux changements de composition de l'eau.

Un banc de Nez-rouges

CARACTÉRISTIQUES

Taille : 5,5 cm
Origine : Amérique du Sud
Aspect : corps plus mince chez la femelle
Acclimatation : difficile ; ne cohabite qu'avec des espèces tranquilles
Nourriture : omnivore
Frai : œufs dispersés
Reproduction : difficile

AGENCEMENT DU BAC

Eau : douce
Température : 24 degrés
Aquarium : communautaire
Nage : tous les niveaux

Hyphessobrycon erythrostigma

Cœur-saignant

Ce Tétra tire son nom de la tache rouge sang qu'il porte derrière son opercule. Le corps, brun sur le dos et orangé sur le ventre, est rayé par une ligne bleu-mauve, de la tête à la caudale. Sa nageoire dorsale, imposante, est rouge et noire. Sa caudale est marquée de bleu et de blanc. L'*H. erythrostigma* aime nager en banc. A l'âge adulte, il peut devenir très nerveux et s'agiter frénétiquement si on l'introduit dans un nouveau bac.

Cœur-saignant mâle

CARACTÉRISTIQUES

Taille : 7 cm
Origine : Amérique du Sud
Aspect : dorsale plus longue chez le mâle ; ventre plus rebondi de la femelle
Acclimatation : assez facile
Nourriture : omnivore
Frai : œufs dispersés
Reproduction : difficile

AGENCEMENT DU BAC

Eau : douce à moyenne
Température : 24 degrés
Aquarium : communautaire
Nage : tous les niveaux
Besoins : aquarium bien planté

Hyphessobrycon pulchripinnis

Tétra-citron

La coloration jaune argenté de ce Tétra est rehaussée par la bande jaune clair, au bord citron vif, qui ourle sa nageoire caudale et les reflets jaune pâle de sa dorsale adipeuse. L'œil est cerclé de rouge vif dans sa partie supérieure. Il existe une variété albinos, moins prisée. Les couleurs délicates du Tétra-citron prendront toute leur valeur dans un décor sombre.

Tétra-citron mâle

CARACTÉRISTIQUES

Taille : 5 cm
Origine : Amérique du Sud
Aspect : abdomen rebondi chez la femelle ; le mâle porte un petit crochet sur la nageoire anale
Acclimatation : facile
Nourriture : omnivore
Frai : œufs dispersés
Reproduction : assez facile

AGENCEMENT DU BAC

Eau : douce à moyenne
Température : 24 degrés
Aquarium : communautaire
Nage : tous les niveaux

Micralestes interruptus

Phénaco, Tétra du Congo

Les écailles de ce poisson offrent mille reflets sous une lumière latérale *(voir p. 280)*. Le turquoise et l'or dominent chez le mâle, alors que la femelle est plus terne. La nageoire dorsale du mâle adulte est si allongée qu'elle rejoint parfois la caudale, qui présente deux saillies centrales. Pour les deux sexes, les nageoires sont de tonalité gris-brun bordé de blanc. Les reflets prendront plus de relief dans un décor de racines sombres. Le Phénaco doit être introduit dans un grand bac peuplé de poissons de sa taille.

Phénaco mâle

CARACTÉRISTIQUES

Taille : 9 cm
Origine : Zaïre
Aspect : nageoires plus longues chez le mâle
Acclimation : assez facile
Nourriture : omnivore
Frai : œufs dispersés
Reproduction : assez difficile

AGENCEMENT DU BAC

Eau : douce et acide
Température : 24 degrés
Aquarium : communautaire
Nage : en surface et en pleine eau

Moenkhausia pittieri

Pas de nom commun français

Avec ses écailles mauves aux reflets verts et or, ce poisson est un vrai diamant. Ses nageoires sont gris-mauve bordé de blanc, sauf les pectorales qui sont translucides. Le mâle porte une grande nageoire dorsale en forme de faux.

Moenkhausia pittieri *mâle*

CARACTÉRISTIQUES

Taille : 6 cm
Origine : Amérique du Sud
Aspect : nageoires plus grandes chez le mâle
Acclimatation : assez facile
Nourriture : omnivore
Frai : œufs dispersés
Reproduction : assez facile

AGENCEMENT DU BAC

Eau : douce à moyenne
Température : 24 degrés
Aquarium : communautaire
Nage : tous les niveaux

Nannostomus unifasciatus

Pas de nom commun français

Le corps brun clair est rayé d'une bande longitudinale noire qui surmonte un ventre argenté. Comme tous les *Nannostomus,* l'*unifasciatus* se mouchète de taches noires la nuit.

CARACTÉRISTIQUES

Taille : 7 cm
Origine : Amérique du Sud
Aspect : nageoire anale arrondie chez le mâle, droite chez la femelle
Acclimatation : facile
Nourriture : omnivore ; en petites quantités
Frai : œufs dispersés
Reproduction : assez facile

AGENCEMENT DU BAC

Eau : douce à moyenne
Température : 26 degrés
Aquarium : communautaire avec des poissons de petite taille
Nage : en surface

Nannostomus unifasciatus *mâle*

Nematobrycon palmeri

Tétra-empereur

Ce Tétra a l'œil cerclé d'un bleu brillant, la nageoire anale jaune clair, la dorsale en forme de faux et la caudale armée d'un petit éperon. Une ligne longitudinale sombre barre son corps brun olive. Les nageoires dorsale et caudale de la femelle sont moins développées. On réussit sa reproduction dans une eau légèrement acide et de dureté modérée.

AGENCEMENT DU BAC

Eau : douce à moyenne
Température : 24 degrés
Aquarium : communautaire
Nage : tous les niveaux

CARACTÉRISTIQUES

Taille : 6 cm
Origine : Amérique du Sud
Aspect : nageoire caudale plus longue chez le mâle
Acclimatation : facile
Nourriture : omnivore
Frai : œufs dispersés
Reproduction : assez facile

Jeune Tétra-empereur mâle

Paracheirodon/Hyphessobrycon innesi

Néon, Tétra-néon

Dans les années 30, ce ravissant Characidé fit sensation. Un rouge luminescent orne ses flancs barrés d'une ligne bleu-vert électrique. Depuis, d'autres espèces, comme le Néon cardinalis *(voir p. 47)*, ont terni sa renommée.

Ce poisson minuscule aime la compagnie de ses semblables. Il se peut que, tout à coup, il meure, victime de l'incurable maladie des Néons, après la décoloration de la ligne lumineuse située sous la nageoire dorsale.

Nuage de Néons

CARACTÉRISTIQUES

Taille : 4,5 cm
Origine : Amérique du Sud
Aspect : abdomen rebondi chez la femelle
Acclimatation : facile
Nourriture : omnivore
Frai : œufs dispersés
Reproduction : assez facile dans de petits aquariums ; poisson peu prolifique

AGENCEMENT DU BAC

Eau : douce à moyenne
Température : 24 degrés
Aquarium : communautaire, mais avec de petits poissons seulement
Nage : tous niveaux

Serrasalmus nattereri

Piranha rouge

Le corps ramassé de ce poisson blanc argenté est tacheté de noir et rougeoyant dans sa partie inférieure. Mais la principale caractéristique du Piranha est son impressionnante denture. Sa réputation d'agressivité est quelque peu exagérée. Mais, lorsqu'il sent l'odeur du sang, il n'hésite pas à attaquer. Choisissez des sujets jeunes pour peupler votre aquarium.

Piranha rouge

CARACTÉRISTIQUES

Taille : 30 cm
Origine : Amérique du Sud
Aspect : pas de dimorphisme sexuel
Acclimation : assez facile
Nourriture : carnée (insectes, larves, poissons vivants)
Frai : œufs dispersés
Reproduction : rare en aquarium

AGENCEMENT DU BAC

Eau : douce à moyenne
Température : 24 degrés
Aquarium : spécifique
Nage : tous niveaux

Cichlidés

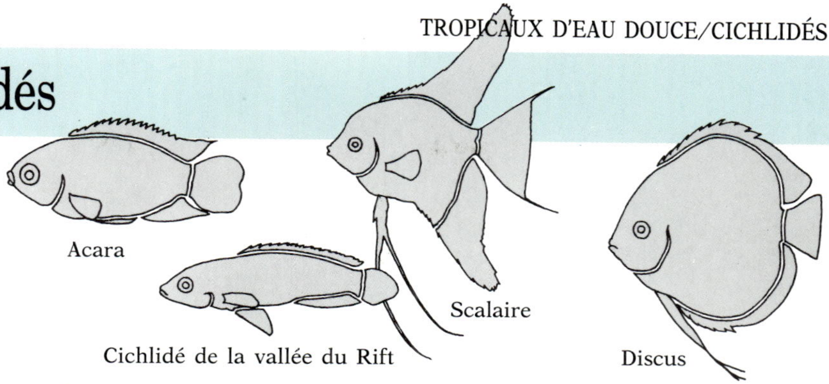

Parmi tous les poissons tropicaux d'aquarium, la famille des Cichlidés est sans conteste la plus variée. Elle comporte de nombreuses espèces, toutes différentes quant à leur forme, leur taille, leur nage, leur couleur et leur mode de reproduction.

Certains, originaires du bassin de l'Amazone, comme les Scalaires ou les Discus, ont une forme de disque. D'autres, comme le *Julidochromis* d'Afrique, ont un corps cylindrique. Enfin, les Acaras et les *Cichlasoma* sont plutôt ramassés.

Leur livrée est magnifiquement colorée mais difficile à décrire, car changeante.

Certaines espèces atteignent des tailles imposantes. Il leur faut donc un bac spécifique. D'autres s'accommodent fort bien d'un bac communautaire. Mais toutes défendent férocement leur territoire en période de frai.

Leurs mœurs sont toujours passionnantes à observer.

Aequidens curviceps

Pas de nom commun français

Ce petit Cichlidé au dos brun-vert a un ventre délicatement moucheté de bleu brillant. Sa nageoire caudale, de couleur brune, est tachetée de bleu. Il a besoin de roches plates pour déposer ses œufs.

Aequidens curviceps *mâle*

CARACTÉRISTIQUES

Taille : 7,5 cm
Origine : Amérique du Sud
Aspect : les nageoires du mâle sont longues et pointues
Acclimatation : facile
Nourriture : omnivore
Frai : œufs pondus sur substrat
Reproduction : assez facile, dans un bac à part

AGENCEMENT DU BAC

Eau : douce à moyenne
Température : 24 degrés
Aquarium : communautaire, mais petits poissons seulement
Nage : tous niveaux

Aequidens maronii

Acara maroni

De livrée brun-beige, il est aisément reconnaissable grâce à la tache brune en forme de trou de serrure de son flanc et à la raie verticale marron qui traverse son œil. A l'âge adulte, les nageoires dorsale et anale du mâle s'effilent. C'est un poisson calme qui se reproduit volontiers en aquarium communautaire.

Acara maroni mâle

CARACTÉRISTIQUES

Taille : 10 cm
Origine : Amérique du Sud
Aspect : nageoires dorsale et anale plus longues chez le mâle
Acclimatation : facile
Nourriture : omnivore
Frai : œufs pondus sur substrat
Reproduction : assez facile
Besoins : roches plates

AGENCEMENT DU BAC

Eau : douce à moyenne
Température : 24 degrés
Aquarium : communautaire
Nage : tous niveaux

Apistogramma ramirezi

Apistogramma ramirezi

Ce charmant Cichlidé nain est très coloré. Une lumière indirecte révèle mieux ses reflets irisés, jaunes et violets. A la différence d'autres Cichlidés qui déposent souvent leurs œufs sur des roches, il pond dans un trou creusé dans le gravier *(voir p. 280)*. Sensible aux changements de la composition de l'eau, il est fragile.

AGENCEMENT DU BAC

Eau : douce
Température : 24 degrés
Aquarium : communautaire
Nage : tous niveaux

CARACTÉRISTIQUES

Taille : 7 cm
Origine : Amérique du Sud
Aspect : le mâle a le troisième rayon de la dorsale plus développé
Acclimatation : assez difficile
Nourriture : omnivore
Frai : œufs pondus sur substrat
Reproduction : assez facile

Apistogramma ramirezi *mâle*

Cichlasoma festivum

Cichlasoma festivum

Sa livrée est changeante, mais il porte toujours une bande noire oblique qui part de la base de son œil rouge vif et rejoint sa nageoire dorsale. Ses nageoires pelviennes sont filamenteuses.

Timide au premier abord, il ne tardera pas à s'enhardir pour venir manger dans votre main.

Couple de Cichlasoma festivum

CARACTÉRISTIQUES

Taille : 15 cm
Origine : Amérique du Sud
Aspect : nageoires plus effilées chez le mâle
Acclimatation : facile
Nourriture : omnivore
Frai : œufs pondus sur substrat
Reproduction : facile

AGENCEMENT DU BAC

Eau : douce à moyenne
Température : 24 degrés
Aquarium : communautaire
Nage : tous niveaux

Cichlasoma meeki

Cichlidé à gorge rouge

Ce ravissant poisson bleu-gris est taché de noir, avec des nageoires brunes mouchetées de bleu, tandis que sa gorge et sa partie ventrale sont incandescentes. A l'époque du frai, la couleur rouge vif s'intensifie chez le mâle. Le Cichlidé à gorge rouge est tout à fait pacifique, mais il s'attaque volontiers aux plantes de l'aquarium.

Cichlidé à gorge rouge mâle

CARACTÉRISTIQUES

Taille : 15 cm
Origine : Amérique centrale
Aspect : gorge plus rouge, nageoires plus effilées, dorsale plus longue chez le mâle
Acclimatation : facile
Nourriture : omnivore
Frai : œufs pondus sur substrat
Reproduction : assez facile ; prolifique ; aime les cachettes

AGENCEMENT DU BAC

Eau : douce à moyenne
Température : 24 degrés
Aquarium : communautaire ; poissons de même taille
Nage : pleine eau et fond

Crenicara filamentosa

Pas de nom commun français

Son corps cylindrique présente un damier bleu intense et brun orangé. Ses nageoires dorsale, caudale et anale sont rouge et bleu. A l'âge adulte, le mâle voit sa nageoire caudale s'orner de longs filaments. Le *C. filamentosa* apprécie les cachettes nombreuses et passe la plupart de son temps au fond du bac.

AGENCEMENT DU BAC

Eau : douce à moyenne
Température : 24 degrés
Aquarium : communautaire
Nage : près du fond
Besoins : cachettes ; eau bien filtrée

CARACTÉRISTIQUES

Taille : 7,5 cm
Origine : Amérique du Sud
Aspect : nageoires plus longues et caudale filamenteuse chez le mâle
Acclimatation : assez difficile ; sensible aux conditions de l'eau
Nourriture : omnivore ; apprécie les vers
Frai : œufs déposés sur substrat ou entre les roches
Reproduction : assez facile

Crenicara filamentosa *mâle*

Etroplus maculatus

Cichlide doré

D'origine asiatique, ce Cichlidé jaune d'or, de forme ovale, est moucheté de rouge et trois fois barré de noir. Des taches bleues marquent sa face, dont l'œil présente un iris rouge. Un peu de sel marin dans l'eau du bac le protégera de la saprolégniose, maladie à laquelle il est facilement sujet.

Cichlide doré mâle

CARACTÉRISTIQUES

Taille : 9 cm
Origine : Inde, Sri Lanka
Aspect : pas de différences entre les sexes
Acclimatation : assez facile
Nourriture : omnivore
Frai : œufs déposés sur substrat
Reproduction : assez facile

AGENCEMENT DU BAC

Eau : dure et saumâtre
Température : 24 degrés
Aquarium : communautaire
Nage : pleine eau et près du fond

Julidochromis marlieri

Pas de nom commun français

On ne peut le trouver que dans les eaux du lac Tanganyika, à l'est de l'Afrique. Sa coloration dominante est marron foncé, avec des taches plus claires, disposées en damier. Sa forme cylindrique est particulièrement adaptée à son milieu ambiant, essentiellement constitué de roches anfractueuses dans lesquelles il dépose ses œufs.

AGENCEMENT DU BAC

Eau : dure
Température : 24 degrés
Aquarium : spécifique
Nage : près du fond
Besoins : cachettes

CARACTÉRISTIQUES

Taille : 11 cm
Origine : lac Tanganyika
Aspect : femelles plus petites
Acclimatation : assez facile
Nourriture : omnivore ; nourriture végétale
Frai : œufs déposés sur substrat
Reproduction : assez difficile

Julidochromis marlieri *femelle*

Labeotropheus trewavasae

Pas de nom commun français

Sa livrée est changeante, mais le plus souvent bleue avec une nageoire dorsale liserée de rouge. Ce poisson de tempérament agressif vit dans des eaux sombres et rocheuses. Sa bouche comporte de fines dents avec lesquelles il racle les algues sur les roches. La dureté de l'eau de son habitat naturel le fera s'adapter facilement à l'eau de conduite.

AGENCEMENT DU BAC

Eau : dure
Température : 24 degrés
Aquarium : spécifique
Nage : tous niveaux
Besoins : cachettes

CARACTÉRISTIQUES

Taille : 15 cm
Origine : lac Malawi
Aspect : femelles mouchetées de jaune-brun
Acclimatation : assez facile
Nourriture : omnivore ; apprécie la nourriture végétale
Frai : incubation buccale
Reproduction : assez facile

Labeotropheus trewavasae *mâle*

Lamprologus brichardi

Pas de nom commun français

Il est facile à reconnaître, avec sa robe beige, ses nageoires ourlées de blanc, sa queue-lyre et ses yeux bleu vif. Il se reproduit dans les anfractuosités des roches, qui devront être nombreuses dans son bac.

Couple de Lamprologus brichardi *(mâle au-dessus)*

CARACTÉRISTIQUES

Taille : 10 cm
Origine : lac Tanganyika
Aspect : nageoires dorsale et anale plus effilées chez le mâle
Acclimatation : assez difficile
Nourriture : omnivore
Frai : œufs déposés sur substrat
Reproduction : assez difficile

AGENCEMENT DU BAC

Eau : dure
Température : 24 degrés
Aquarium : spécifique
Nage : tous niveaux
Besoins : cachettes

Pelvicachromis pulcher

Pelmato

Le Pelmato est revêtu d'une robe délicate, de base brune, nuancée d'iridescences bleuâtres, orangées et rouges. Une large zone pourpre orne chacun de ses flancs. A l'époque du frai, la livrée de la femelle devient sombre. Ne vous étonnez pas de voir un couple disparaître pendant quelques jours. Il réapparaîtra peut-être entouré de sa nombreuse progéniture.

Pelmato mâle

CARACTÉRISTIQUES

Taille : 10 cm
Origine : Afrique de l'Ouest
Aspect : dorsale pointue, anale tachetée chez le mâle ; femelle plus sombre en période de frai
Acclimatation : facile
Nourriture : omnivore
Frai : œufs déposés sur substrat
Reproduction : assez facile

AGENCEMENT DU BAC

Eau : douce à moyenne
Température : 24 degrés
Aquarium : communautaire
Nage : tous niveaux
Besoins : cachettes

Pterophyllum scalare

Scalaire

Ce gracieux Cichlidé en forme de disque est habillé d'argent strié de noir. De nombreuses variétés sont apparues, parmi lesquelles le Scalaire noir, le fumé, le blanc, qui peuvent se présenter sous la forme dite de Scalaire-voile, aux nageoires allongées et vaporeuses *(voir p. 18)*.

Scalaire mâle

CARACTÉRISTIQUES

Taille : 11 cm
Origine : Amérique du Sud
Aspect : tube de ponte chez la femelle
Acclimatation : facile
Nourriture : omnivore
Frai : œufs déposés sur substrat
Reproduction : assez facile

AGENCEMENT DU BAC

Eau : douce à moyenne
Température : 24 degrés
Aquarium : communautaire ; poissons de taille moyenne seulement
Nage : tous niveaux
Besoins : bac bien planté

Symphysodon discus

Discus, Pompadour, Poisson-disque

Ce merveilleux poisson, très proche du disque parfait, d'un doux brun rehaussé d'iridescences bleu-turquoise pâle, est très fragile. Il ne survit que dans une eau douce, légèrement acide, bien filtrée, et à température constante.

Discus

CARACTÉRISTIQUES

Taille : 15 cm
Origine : Amérique du Sud
Aspect : tube de ponte chez la femelle
Acclimatation : difficile
Nourriture : vivante, carnée
Frai : œufs déposés sur substrat
Reproduction : assez difficile

AGENCEMENT DU BAC

Eau : très douce ; acide
Température : 28 degrés
Aquarium : communautaire
Nage : tous niveaux
Besoins : excellentes conditions d'eau

Anabantidés

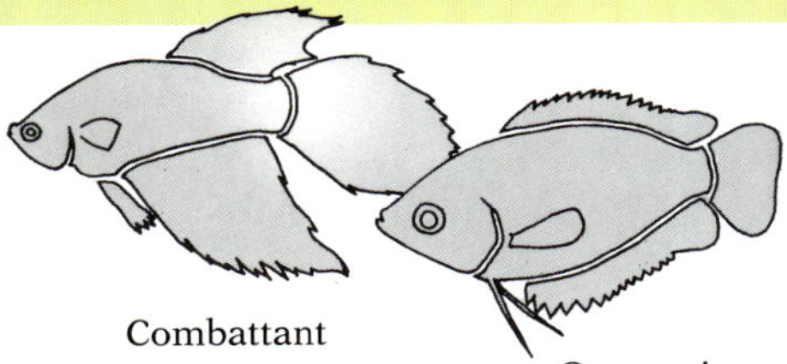

Ce groupe de poissons d'eau douce de taille moyenne est originaire d'Afrique et d'Asie du Sud. L'un de ses représentants, le Combattant, est connu pour son agressivité envers les autres mâles. Les combats sans merci qui en résultent font d'ailleurs l'objet de paris dans certains pays. D'autres espèces, tels les Gouramis, sont plutôt pacifiques, bien que ceux-ci puissent devenir très agressifs en période de frai.

Tous les membres de cette famille possèdent un organe respiratoire secondaire, le labyrinthe, situé dans la cavité branchiale *(voir p. 19)*. Il se compose de lamelles aux replis multiples et leur permet d'utiliser l'air atmosphérique pour respirer dans les eaux pauvres en oxygène ou polluées des régions tropicales.

Le mode de reproduction des Anabantidés est digne d'intérêt. Dans la plupart des espèces, le mâle construit à la surface de l'eau un nid de bulles d'air. La parade nuptiale se déroule sous le nid. Le mâle nage en cercles autour de la femelle et la retourne sur le dos, ce qui conduit cette dernière à pondre ses œufs. Ceux-ci sont aussitôt fécondés et déposés dans le nid par le mâle, qui les veillera jalousement. Plus tard, il défendra les alevins tout aussi férocement contre les autres poissons, quelle que soit leur taille. Si les œufs éclosent souvent en aquarium, il est difficile d'élever les alevins en raison de leur taille minuscule.

Belontia signata

Pas de nom commun français

Jeune femelle Belontia signata

On dirait ce poisson couvert d'un filet délicat, car chacune de ses écailles jaunes est bordée de brun-rouge. Ses nageoires sont bleutées. Plus il avance en âge, plus sa coloration vire au rouge. Les anglophones l'ont surnommé Poisson-peigne parce que certains rayons médians de sa nageoire caudale en dépassent le bord. En raison de son comportement douteux, il vaut mieux le faire cohabiter avec des poissons de grande taille.

CARACTÉRISTIQUES

Taille : 12,5 cm
Origine : Sri Lanka
Aspect : nageoires plus pointues et caudale prolongée chez le mâle
Acclimatation : assez facile
Nourriture : omnivore
Frai : construit un nid de bulles
Reproduction : assez facile ; son nid n'est pas aussi solidement construit que celui d'autres espèces

AGENCEMENT DU BAC

Eau : tous types d'eau
Température : 24 degrés
Aquarium : communautaire ; avec de gros poissons
Nage : tous niveaux
Besoins : bac bien planté

Betta splendens

Combattant

Les couleurs les plus communes sont le rouge et le bleu, mais il existe une vaste palette de coloris, comprenant même des spécimens bicolores. Les individus élevés en aquarium ont des nageoires plus développées que leurs cousins sauvages. Le mâle est connu pour sa redoutable agressivité à l'encontre de ses semblables. Face à son adversaire, il déploie ses nageoires et ouvre ses opercules en signe d'intimidation, puis une violente bagarre s'ensuit, à l'issue de laquelle le vainqueur est parfois si épuisé qu'il en meurt. Il faut donc séparer les mâles. Les femelles sont assez pacifiques.

Combattant mâle

CARACTÉRISTIQUES

Taille : 6 cm
Origine : Thaïlande
Aspect : nageoires longues et flottantes
Acclimatation : facile
Nourriture : omnivore
Frai : construit un nid de bulles
Reproduction : facile, mais les mâles doivent être enlevés du bac rapidement

AGENCEMENT DU BAC

Eau : tous types d'eau
Température : 24 degrés
Aquarium : communautaire, mais avec un seul mâle
Nage : tous niveaux
Besoins : bac bien planté

Colisa chuna

Gourami miel

C'est un petit Gourami de couleur miel, aux nageoires dorsale et ventrale dorées. Il existe une variété rouge aux nageoires turquoise. La femelle, d'aspect plus terne, porte une rayure transversale sombre. En période de frai, le mâle voit sa gorge, son ventre et une partie de sa nageoire caudale devenir turquoise foncé. Les alevins, quoique minuscules, se développent mieux que ceux du *Colisa lalia* *(voir p. 62)*.

Gourami miel mâle

CARACTÉRISTIQUES

Taille : 4,5 cm
Origine : Inde
Aspect : femelle plus terne, avec une ligne sombre ; gorge turquoise au moment du frai chez le mâle
Acclimatation : facile
Nourriture : omnivore
Frai : construit un nid de bulles
Reproduction : assez facile

AGENCEMENT DU BAC

Eau : tous types d'eau
Température : 24 degrés
Aquarium : communautaire, mais poissons de taille semblable
Nage : tous niveaux
Besoins : bac bien planté

Colisa labiosa

Gourami à grosses lèvres

Ce Gourami de taille moyenne, à la lèvre supérieure charnue, porte une robe gris-rouge marquée de bleu pâle. Sa nageoire dorsale est ourlée de rouge sombre, alors que ses nageoires pectorales sont orangées. En période de frai, le mâle devient chocolat uni. Son nid de bulles est moins élaboré que celui des autres Gouramis. Après la ponte, il convient de placer la femelle dans un autre bac, pour la mettre à l'abri de la brutalité du mâle.

Gourami à grosses lèvres femelle

CARACTÉRISTIQUES

Taille : 8 cm
Origine : Birmanie
Aspect : nageoires pointues chez le mâle, qui devient brun foncé en période de frai ; femelle plus petite
Acclimatation : facile ; enlever la femelle après la ponte
Nourriture : omnivore
Frai : construit un nid de bulles
Reproduction : facile ; très prolifique

AGENCEMENT DU BAC

Eau : tous types d'eau
Température : 24 degrés
Aquarium : communautaire
Nage : tous niveaux

Colisa lalia

Gourami nain

Couple de Gouramis nains (mâle au-dessus)

C'est le plus chatoyant des Gouramis et l'un des plus colorés de tous les poissons d'aquarium, avec ses striures diagonales alternées, rouge vif et turquoise, sa nageoire dorsale bordée de rouge, ses nageoires pectorales orange brillant. En dépit de sa petite taille, il peut se montrer agressif avec les autres espèces. Il lui arrive également d'attaquer sa femelle, si elle n'est pas prête à pondre. Après le frai, il faut absolument retirer la femelle.

CARACTÉRISTIQUES

Taille : 6 cm
Origine : nord-est de l'Inde
Aspect : femelle plus terne et rebondie
Acclimatation : facile
Nourriture : omnivore
Frai : construit un nid de bulles
Reproduction : assez facile ; alevins très petits ; beaucoup de perte

AGENCEMENT DU BAC

Eau : tous types d'eau
Température : 24 degrés
Aquarium : communautaire
Nage : tous niveaux

Ctenopoma acutirostre

Pas de nom commun français

Cet amusant poisson or est tout taché de noir. Il offre, par ailleurs, une curieuse particularité : il peut allonger sa bouche en une sorte de tube faisant appel d'air et happant tout ce qui passe à sa portée. Voilà pourquoi il vaut mieux ne pas lui faire côtoyer de petits poissons. Il apprécie l'ombre et les abris, et se plaira dans un bac bien planté, peu éclairé, avec des plantes flottantes et des passages rocheux.

Ctenopoma acutirostre

Gros plan de la bouche en forme de tube

CARACTÉRISTIQUES

Taille : 15 cm
Origine : Afrique
Aspect : pas de dimorphisme sexuel
Acclimatation : facile
Nourriture : carnée
Frai : construit un nid de bulles
Reproduction : assez facile

AGENCEMENT DU BAC

Eau : douce de préférence
Température : 24 degrés
Aquarium : communautaire ; gros poissons ; bac bien planté ; cachettes
Nage : tous niveaux

Ctenopoma ansorgei

Pas de nom commun français

Son corps cylindrique présente des bandes iridescentes jaunes et brunes alternées, se prolongeant sur les nageoires dorsale et anale. Les nageoires du mâle sont plus effilées que celles de la femelle. Cette dernière porte une livrée moins chatoyante. Moins agressif que certains autres membres de la famille des Anabantidés, il sait cependant fort bien défendre son territoire, en période de frai notamment. Le frai peut se produire la nuit. Son adaptabilité aux conditions de vie de l'aquarium et sa reproduction facile en font un sujet passionnant pour l'aquariophile.

Ctenopoma ansorgei *mâle*

CARACTÉRISTIQUES

Taille : 7 cm
Origine : Afrique
Aspect : nageoires pointues chez le mâle ; femelle plus terne
Acclimatation : facile
Nourriture : carnée
Frai : construit un nid de bulles
Reproduction : assez facile ; alevins minuscules

AGENCEMENT DU BAC

Eau : relativement douce
Température : 28 degrés
Aquarium : communautaire ; poissons de même taille seulement
Nage : pleine eau et près du fond

Helostoma temmincki

Kissing Gourami, Gourami embrasseur

Il existe deux variétés de Kissing Gouramis : l'une vert olive, l'autre d'un rose délicat. Ces curieux poissons amusent par les longs baisers qu'ils aiment à se donner. Mais ne croyez pas qu'il s'agit là d'une manifestation d'affection ! C'est bien plutôt une épreuve de force. Leurs lèvres protubérantes leur servent également à décoller les algues dont ils sont très friands. Il leur arrive parfois de s'accrocher au flanc des autres habitants du bac.

Deux Kissing Gouramis « s'embrassant »

Le « baiser »

CARACTÉRISTIQUES

Taille : 20 cm
Origine : Asie
Aspect : pas de dimorphisme sexuel
Acclimatation : assez facile
Nourriture : omnivore ; apprécie la nourriture végétale
Frai : laisse flotter ses œufs ; ne construit pas de nid de bulles
Reproduction : difficile

AGENCEMENT DU BAC

Eau : tous types d'eau
Température : 24 degrés
Nage : tous niveaux
Besoins : plantes de surface et ombre

Macropodus opercularis

Poisson-paradis, Macropode

De coloration générale brun orangé, il arbore des bandes verticales rouges, bleues et brunes à reflets verts. Il existe une variété albinos d'élevage. Les nageoires dorsale, anale et caudale du mâle sont très effilées. Il les déploie largement pour séduire les femelles ou menacer ses rivaux. Le Poisson-paradis est peu exigeant sur la nature et, surtout, sur la température de l'eau. Il peut même passer les mois d'été dans un bassin *(voir p. 279)*.

Couple de Macropodes (mâle au-dessous)

CARACTÉRISTIQUES

Taille : 7,5 cm
Origine : Asie
Aspect : nageoires plus longues chez le mâle
Acclimatation : assez facile, mais agressif
Nourriture : omnivore
Frai : construit un nid de bulles
Reproduction : assez facile dans une eau plus chaude

AGENCEMENT DU BAC

Eau : tous types d'eau
Température : 16 à 24 degrés
Aquarium : spécifique
Nage : tous niveaux

Trichogaster leeri

Leeri, Gourami-mosaïque, Gourami perlé

Couple de Gouramis perlés (mâle au-dessus)

Ce magnifique poisson, dont les perles scintillantes nacrent le corps et les nageoires, est parcouru transversalement par une ligne sombre. La livrée du mâle, de base brune, est orangée dans la partie ventrale, tandis que celle de la femelle est argentée. Le mâle possède en outre une longue nageoire dorsale qui surplombe parfois sa caudale. En période de frai, les nageoires pelviennes, la gorge et la naissance de la nageoire anale du mâle s'irisent d'orange vif. Un Gourami perlé n'atteint sa taille adulte qu'en trois ans. C'est un merveilleux spectacle que de voir les Gouramis perlés fendre calmement l'eau d'un bac plein de verdure.

CARACTÉRISTIQUES

Taille : 11 cm
Origine : Asie
Aspect : nageoires plus longues chez le mâle et gorge rouge en période de frai
Acclimatation : assez facile
Nourriture : omnivore
Frai : construit un nid de bulles
Reproduction : facile ; prolifique

AGENCEMENT DU BAC

Eau : tous types d'eau
Température : 24 degrés
Aquarium : communautaire, avec poissons calmes seulement
Nage : tous niveaux

Trichopsis pumilus

Pas de nom commun français

Le *Trichopsis* est marron glacé, moucheté de turquoise, avec des nageoires bleues aux reflets rouges. Son œil bleu vif est souligné de rouge. Assez semblable au Combattant, il a toutefois des nageoires plus courtes. Le mâle porte des nageoires pointues, la longue anale étant rehaussée par une fine bande rouge. En période de frai, le mâle et la femelle entonnent un chant nuptial rauque parfaitement audible.

Trichopsis pumilus *femelle*

CARACTÉRISTIQUES

Taille : 4 cm
Origine : Asie
Aspect : nageoires plus effilées chez le mâle ; raie rouge à la base de la nageoire anale ; femelle terne
Acclimatation : assez facile
Nourriture : omnivore
Frai : construit un nid de bulles, ou pond près du fond
Reproduction : assez facile

AGENCEMENT DU BAC

Eau : douce, plutôt acide
Température : 25 degrés ou plus
Aquarium : communautaire, à condition que les poissons soient petits
Nage : tous niveaux

Vivipares

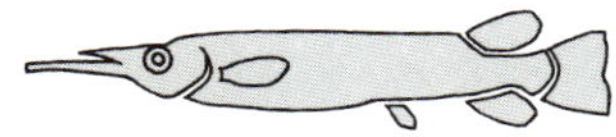

Pour la plupart originaires d'Amérique centrale, les vivipares font l'enchantement des aquariophiles. Par la variété de leurs coloris, leur comportement actif et leur caractère prolifique, ils animent d'une vie chatoyante tous les niveaux de l'aquarium.

Leur goût et leur facilité à se reproduire peut entraîner, si l'on n'y prend garde, des croisements malheureux. Aussi, si vous désirez assurer la pureté des lignées, il vous faudra au moins quatre bacs : un pour les mâles, un pour les femelles, un pour la reproduction, et un autre pour les alevins. A la différence des autres poissons, les femelles sont vivipares et fécondées de façon interne par le mâle, au moyen d'un gonopode conducteur de sperme.

Ce groupe comprend les Porte-épée, ainsi dénommés en raison de la forme de la nageoire caudale du mâle, les Guppys multicolores, les Platys à la queue arrondie, les Mollys parés de voiles, et le Demi-bec lutteur à la mâchoire inférieure fixe et très longue.

Dermogenys pusillus

Demi-bec lutteur

On reconnaît d'emblée le Demi-bec lutteur au fait que sa mâchoire inférieure fixe est beaucoup plus longue que la supérieure. Son corps est coloré de reflets jaune-vert. En raison de l'étrange conformation de sa mâchoire, il importe qu'il puisse trouver une nourriture disponible à fleur d'eau *(voir p. 208).* On veillera à planter abondamment le bac pour ménager des abris aux alevins et éviter que ce poisson ne se blesse contre les parois du bac, en les heurtant de sa longue mâchoire.

Demi-bec lutteur mâl

CARACTÉRISTIQUES

Taille : 6,5 cm
Origine : Asie
Aspect : nageoire anale du mâle modifiée en gonopode
Acclimatation : assez difficile
Nourriture : insectes, vers
Frai : vivipare
Reproduction : assez difficile

AGENCEMENT DU BAC

Eau : tous types d'eau ; 1 cuillère à café de sel pour 5 litres
Température : 24 degrés
Aquarium : spécifique
Nage : en surface
Besoins : bac bien plant

Poecilia hybrides

Black Molly

Sa robe de velours, d'un noir de jais, lui confère une élégance particulière. Dans un aquarium suffisamment vaste, la nageoire dorsale du mâle trouvera à se développer majestueusement. Ce poisson actif est malheureusement sensible aux changements de condition de l'eau.

Black Molly mâle

CARACTÉRISTIQUES

Taille : 7 cm
Origine : Mexique
Aspect : gonopode et grande dorsale chez le mâle ; femelle plus grosse
Acclimatation : assez facile
Nourriture : omnivore, apprécie la verdure, les algues
Frai : vivipare
Reproduction : facile

AGENCEMENT DU BAC

Eau : moyenne à dure ; 1 cuill. à café de sel/5 l.
Température : 24 degrés
Aquarium : communautaire
Nage : tous niveaux

Poecilia reticulata

Guppy

Cette espèce comporte de nombeuses variétés à la robe multicolore et la caudale multiforme *(voir p. 18)*. La coloration de la femelle est beaucoup plus pâle que celle du mâle, quoique sa nageoire caudale soit souvent très vive. Ce petit poisson vif-argent préfère un bac bien planté, où les femelles gravides peuvent se soustraire aux ardeurs des mâles, et les petits à la voracité de leurs parents.

AGENCEMENT DU BAC

Eau : moyenne à dure
Température : 24 degrés
Aquarium : communautaire
Nage : tous niveaux

CARACTÉRISTIQUES

Taille : 3 cm
Origine : Trinité
Aspect : gonopode chez le mâle ; femelle plus terne et plus grosse
Acclimatation : facile
Nourriture : omnivore ; apprécie la verdure
Frai : vivipare
Reproduction : facile ; prolifique ; besoin d'un bac très planté

Guppy mâle

Poecilia velifera

Pas de nom commun français

Son corps aux reflets bleu-vert, acier ou blancs et or est magnifiquement constellé de points irisés. Le mâle est surmonté d'une impressionnante dorsale en voilure, qu'il déploie pour séduire sa compagne ou éloigner ses rivaux.

Poecilia velifera *mâle*

CARACTÉRISTIQUES

Taille : 12 cm
Origine : Amérique centrale
Aspect : gonopode et grande dorsale chez le mâle
Acclimatation : assez facile
Nourriture : omnivore ; apprécie les algues
Frai : vivipare
Reproduction : facile

AGENCEMENT DU BAC

Eau : dure ; 1 cuillère de sel de mer/5 litres
Température : 24 degrés
Aquarium : communautaire
Nage : tous niveaux

Xiphophorus hybrides

Porte-épée hybride

Il existe de nombreuses variétés hybrides de ce poisson, mais le plus connu est le Porte-épée rouge. Certaines se distinguent par des nageoires démesurées et une double épée. C'est la nageoire caudale prolongée qui forme, chez le mâle, l'épée caractéristique. La queue des femelles, quant à elle, est en forme d'éventail. Il n'est pas rare que les femelles changent de sexe, notamment lorsqu'elles sont âgées ou atteintes de parasites.

Porte-épée hybride mâle

CARACTÉRISTIQUES

Taille : 10 cm
Origine. : Amérique centrale
Aspect : gonopode et « épée » chez le mâle ; femelle rebondie avec anale en forme d'éventail
Acclimatation : facile
Nourriture : omnivore ; apprécie la verdure
Frai : vivipare
Reproduction : facile ; prolifique

AGENCEMENT DU BAC

Eau : moyenne à dure
Température : 24 degrés
Aquarium : communautaire
Nage : tous niveaux

Xiphophorus maculatus hybrides

Platy hybride

Les multiples variétés de Platys se croisent entre elles, permettant d'obtenir des hybridations à l'infini. Parfois, le corps et les nageoires sont de couleur unie ; dans d'autres cas, les nageoires sont noires. Souvent, les poissons sont multicolores. Court, robuste et pacifique, le Platy ne porte pas d'épée, et les rayons de sa dorsale sont nettement dessinés.

Platy hybride femelle

CARACTÉRISTIQUES

Taille : 5 cm

Origine : Amérique centrale

Aspect : gonopode chez le mâle

Acclimatation : facile

Nourriture : omnivore

Frai : vivipare

Reproduction : facile ; prolifique

AGENCEMENT DU BAC

Eau : moyenne à dure

Température : 24 degrés

Aquarium : communautaire

Nage : tous niveaux

Xiphophorus variatus hybrides

Platy varié hybride

Pour la plupart, les Platys variés présentent des marques verticales et une nageoire caudale rouge orangé. Croisés avec les Porte-épée *(Xiphororus helleri)*, ils offrent une grande variété de coloris éclatants. Bien que leur bouche soit orientée vers le haut, ils peuvent se nourrir à n'importe quel niveau dans l'aquarium.

CARACTÉRISTIQUES

Taille : 6,2 cm

Origine : Mexique

Aspect : gonopode chez le mâle ; femelle plus terne, avec nageoire anale en forme d'éventail

Acclimatation : facile

Nourriture : omnivore ; apprécie la verdure

Frai : vivipare

Reproduction : facile ; prolifique

AGENCEMENT DU BAC

Eau : moyenne à dure

Température : 24 degrés

Aquarium : communautaire

Nage : tous niveaux

Platy varié hybride mâle

Killies

Killi

La famille des Killies comprend de très nombreuses espèces, dont l'une des plus remarquables est celle des poissons dits « annuels » en raison de la brièveté de leur existence. Ceux-ci vivent en effet dans des régions d'Afrique, d'Asie et d'Amérique du Sud soumises à de fortes sécheresses qui mettent fin à leur vie. Pour se perpétuer, ces ingénieux poissons enfouissent leurs œufs fécondés dans la boue, où ils restent en état de léthargie jusqu'à la prochaine saison des pluies, celles-ci les faisant éclore.

En dépit de la brièveté de leur existence, les Killies présentent un grand intérêt pour de nombreux aquariophiles. Ils sont incomparablement colorés, leur façon de se reproduire est passionnante et, comme ils sont en général de petite taille, voire nains, ils n'ont pas besoin d'un bac très volumineux pour évoluer.

Les œufs des Killies peuvent se conserver en état de déshydratation presque complète pendant plusieurs mois. Il suffit de les installer dans un bac pour voir se développer presque instantanément les alevins. Cette capacité de conservation permet des échanges d'œufs entre aquariophiles, parfois même à l'échelon international. Dans la nature, la plupart des Killies dispersent leurs œufs adhésifs, qui s'agglutinent sur les feuilles des plantes touffues. En aquarium, un buisson artificiel que vous pourrez fabriquer vous-même *(voir p. 250)* servira de substitut.

La plupart des Killies nagent en surface. Beaucoup ont une tendance marquée à l'agressivité.

Aphyosemion gardneri

Pas de nom commun français

Sous un même nom, cette espèce comprend un grand nombre de variétés différenciées par leur couleur. On a même souvent cru que des variétés étaient de nouvelles espèces non répertoriées. Mais la tonalité générale de l'*Aphyosemion* type est bleue avec des taches et des lignes verticales à dominante rouge vif. Les nageoires dorsale, anale et caudale sont bordées de jaune. L'*Aphyosemion gardneri* est agressif et il s'attaque volontiers aux petits poissons.

Aphyosemion gardneri *mâle*

CARACTÉRISTIQUES

Taille : 7,5 cm
Origine : Afrique occidentale
Aspect : femelle plus terne
Acclimatation : facile
Nourriture : omnivore
Frai : œufs dispersés
Reproduction : facile

AGENCEMENT DU BAC

Eau : douce, filtrée par de la tourbe
Température : 20 degrés
Aquarium : spécifique
Nage : en surface
Besoins : beaucoup d'ombre

Aplocheilus dayi

Pas de nom commun français

L'*Aplocheilus dayi* ressemble à un brochet miniature, mais habillé de rouge et de reflets bleu-vert. Chacune des écailles iridescentes semble sertie dans un ensemble scintillant dont la lumière du jour, frappant la vitre de face, révèle mieux la délicatesse. Quand ils sont jeunes, les individus des deux sexes sont tachetés de noir. Le mâle perd ses taches à l'âge adulte. La ponte s'effectue dans la tourbe, au fond du bac ou sur un buisson artificiel *(voir p. 250)*.

Aplocheilus dayi *mâle*

CARACTÉRISTIQUES

Taille : 7 cm

Origine : Sri Lanka

Aspect : femelle plus terne, avec des points noirs

Acclimatation : assez facile

Frai : enfouit les œufs ou les disperse

Reproduction : assez facile

AGENCEMENT DU BAC

Eau : douce, filtrée par de la tourbe

Température : 24 degrés

Aquarium : communautaire, avec de gros poissons, ou spécifique

Nage : en surface

Jordanella floridae

Jordanelle de Floride

La livrée d'un beau vert olive de la Jordanelle de Floride est rehaussée de marques rouges et bleu-vert. Bien que ce poisson court et assez trapu soit très différent d'aspect des autres Killies, il appartient aux Cyprinodontidés. Il pond généralement dans une dépression du gravier, mais aussi dans les plantes touffues. Les mâles se révèlent souvent très agressifs.

Jordanelle de Floride mâle

CARACTÉRISTIQUES

Taille : 7 cm

Origine : Floride, Mexique

Aspect : tache sombre à l'arrière de la nageoire dorsale chez la femelle

Acclimatation : assez facile ; peut rester à l'extérieur en été

Nourriture : omnivore ; apprécie les algues

Frai : dépose les œufs ou les disperse

Reproduction : facile

AGENCEMENT DU BAC

Eau : tous types d'eau

Température : 18 à 24°

Aquarium : communautaire

Nage : tous niveaux

Nothobranchius rachovi

Pas de nom commun français

Ce petit joyau orangé est tout tigré de turquoise et de rouge, avec une nageoire caudale présentant de brillantes bandes rouges, turquoise, orange et noires. Il vaut mieux ne pas l'installer dans un aquarium communautaire en raison de son comportement social douteux. Il enfouit ses œufs, qui doivent rester de six à huit semaines dans la tourbe humide avant d'être immergés *(voir p. 251)*.

AGENCEMENT DU BAC

Eau : douce, filtrée par de la tourbe

Température : 22 à 26°

Aquarium : spécifique

Nage : en surface et en pleine eau

CARACTÉRISTIQUES

Taille : 5 cm

Origine : Afrique

Aspect : femelle plus terne

Acclimatation : assez facile

Nourriture : vivante et sèche

Frai : enfouit ses œufs

Reproduction : assez difficile

Nothobranchius rachovi *mâle*

Pachypanchax playfairi

Pas de nom commun français

Ce poisson au dos brun, au ventre jaunâtre et aux flancs vert émeraude ornés de taches rouges s'adapte facilement à la vie en aquarium. L'aquariophile débutant risque toutefois d'être déconcerté par le comportement du mâle, qui, en période de frai, hérisse ses écailles, ce qui, chez d'autres espèces, est un symptôme de maladie. Le *Pachypanchax playfairi* pond dans des plantes flottantes *(Najas* ou *Myriophyllum)* ou dans des buissons artificiels.

Pachypandax playfairi *mâle*

CARACTÉRISTIQUES

Taille : 7,5 cm

Origine : Afrique orientale, Madagascar, Zanzibar

Aspect : femelle plus terne

Acclimation : assez facile

Nourriture : omnivore

Frai : œufs dispersés

Reproduction : facile

AGENCEMENT DU BAC

Eau : tous types d'eau

Température : 24 degrés

Aquarium : communautaire ou spécifique

Nage : en surface

Besoins : bac bien planté

Poissons-chats

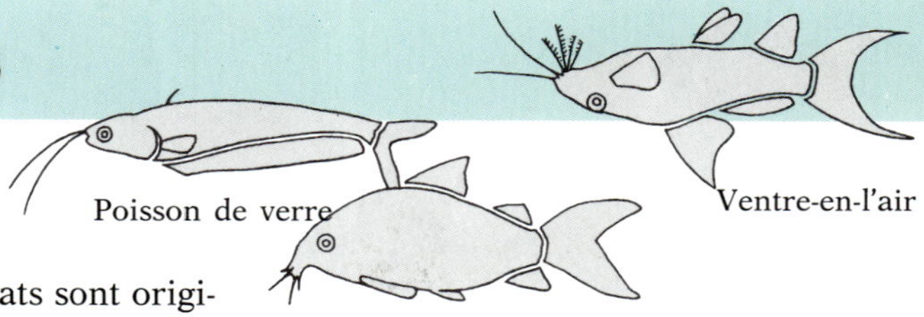

La plupart des Poissons-chats sont originaires d'Amérique du Sud et d'Afrique. De taille moyenne, ils s'acclimatent très bien à la vie en aquarium.

A la différence de presque tous les autres poissons, leur corps n'est pas recouvert d'écailles. Certains sont pourvus d'une carapace protectrice constituée de plaques osseuses ; d'autres, comme le Synodontis, n'ont pas de protection apparente sur la peau et sont considérés comme des Poissons nus.

Beaucoup de Poissons-chats respirent l'air atmosphérique en surface, mais, dans l'ensemble, ce sont plutôt des poissons de fond qui, à l'aide de leurs barbillons, fouillent le sol en quête de nourriture. En dépit de leur réputation, les Poissons-chats ne sont pas de véritables nettoyeurs. N'attendez pas d'eux qu'ils se contentent des restes des autres. Ils préfèrent de vrais repas.

Certaines espèces nocturnes devront être nourries le soir, avec des aliments qui tombent vite au fond. Ces poissons ont une mauvaise vue et détectent la nourriture avec leurs barbillons. Il convient donc de disposer au fond du bac un gravier rond bien poli pour ne pas endommager leurs délicats organes sensoriels.

Brochis splendens

Pas de nom commun français

Ce Poisson-chat peut apparaître bleu métallique ou vert émeraude selon la nature de la lumière. On le confond souvent avec le *Corydoras aeneus (voir p. 74),* avec lequel il présente pourtant de nettes différences. Sa nageoire dorsale est plus longue, son corps plus ramassé et sa tête plus effilée.

Banc de Brochis splendens

CARACTÉRISTIQUES

Taille : 7,5 cm
Origine : Amérique du Sud
Aspect : femelle plus grosse et rebondie
Acclimatation : facile
Nourriture : omnivore ; nourriture végétale
Frai : dépose ses œufs
Reproduction : assez difficile

AGENCEMENT DU BAC

Eau : tous types d'eau
Température : 24 degrés
Aquarium : communautaire
Nage : près du fond
Besoins : gravier rond

Corydoras aeneus

Corydoras, Fouilleur, Femme de ménage

De coloration générale brunâtre à iridescences vert-bronze, ce fouilleur est facilement reconnaissable à ses deux rangées de plaques osseuses et à sa façon désopilante de rouler des yeux. Il aime la compagnie de ses semblables et il ne faut pas le laisser seul de son espèce dans l'aquarium. Le mâle féconde les œufs recueillis par la femelle dans ses nageoires pelviennes. Celle-ci ira ensuite les déposer dans un endroit de son choix.

Couple de Corydoras aeneus

CARACTÉRISTIQUES

Taille : 7,5 cm
Origine : Amérique du Sud
Aspect : femelle plus rebondie derrière les nageoires pectorales
Acclimatation : facile
Nourriture : omnivore
Frai : dépose ses œufs
Reproduction : assez difficile

AGENCEMENT DU BAC

Eau : tous types d'eau
Température : 24 degrés
Aquarium : communautaire
Nage : près du fond
Besoins : gravier rond

Corydoras julii

Corydoras-léopard

Sa robe grise relevée d'irisations mauves est tachetée comme celle d'un léopard. Beaucoup de Corydoras présentent un dessin semblable et sont vendus à tort comme des léopards. Le *Corydoras julii* se caractérise, par rapport aux espèces voisines, par le dessin à points noirs de sa tête, alors que les autres ont un motif réticulé.

Jeune Corydoras-léopard

CARACTÉRISTIQUES

Taille : 6,5 cm
Origine : Amérique du Sud
Aspect : femelle plus rebondie derrière les nageoires pectorales
Acclimatation : facile
Nourriture : omnivore
Frai : dépose ses œufs
Reproduction : assez difficile ; ajouter de l'eau froide pour stimuler l'accouplement

AGENCEMENT DU BAC

Eau : tous types d'eau
Température : 20 à 24 degrés
Aquarium : communautaire
Nage : près du fond
Besoins : gravier rond

Corydoras melanistius

Pas de nom commun français

Ce Corydoras, difficile à distinguer du *Corydoras julii (voir ci-contre, en bas),* se différencie par sa coloration générale beige-jaune et par les taches noires qu'il porte au-dessus des yeux et à la base de la nageoire dorsale. Le sujet représenté ici est jeune et n'a pas encore sa coloration définitive.

Jeune Corydoras melanistius *femelle*

CARACTÉRISTIQUES

Taille : 6,5 cm
Origine : Amérique du Sud
Aspect : femelle plus rebondie *derrière* les nageoires pectorales ; mâle plus large *aux* nageoires pectorales
Acclimatation : facile
Nourriture : omnivore
Frai : dépose ses œufs
Reproduction : assez difficile ; ajouter de l'eau froide pour stimuler l'accouplement

AGENCEMENT DU BAC

Eau : tous types d'eau
Température : 24 degrés
Aquarium : communautaire
Nage : près du fond
Besoins : gravier rond

Corydoras reticulatus

Corydoras réticulé

Réticulé de noir, ce Corydoras n'arbore sa robe définitive qu'à l'âge adulte. La femelle reste toutefois toujours plus terne que le mâle. Le dos du Corydoras réticulé est brun iridescent avec des reflets foncés, alors que le ventre est beaucoup plus pâle. Comme les autres poissons de son espèce, il possède deux paires de barbillons très courts. Nourrissez-le régulièrement pour l'empêcher de creuser le gravier.

Corydoras réticulé femelle

CARACTÉRISTIQUES

Taille : 6 cm
Origine : Amérique du Sud
Aspect : femelle plus rebondie derrière les nageoires pectorales
Acclimatation : facile
Nourriture : omnivore
Frai : dépose ses œufs
Reproduction : assez difficile

AGENCEMENT DU BAC

Eau : tous types d'eau
Température : 24 degrés
Aquarium : communautaire
Nage : près du fond
Besoins : gravier rond

Dianema urostriata

Pas de nom commun français

Brun, au corps allongé, le *Dianema urostriata* a pour principales caractéristiques de longs barbillons, ainsi qu'une nageoire caudale rayée de noir et de blanc. Son ventre est moins plat que celui des autres Poissons-chats.

Dianema urostriata

CARACTÉRISTIQUES

Taille : 12 cm
Origine : Amérique du Sud
Aspect : pas de dimorphisme sexuel
Acclimatation : facile
Nourriture : omnivore
Frai : inconnu
Reproduction : jamais réussie en aquarium

AGENCEMENT DU BAC

Eau : tous types d'eau
Température : 24 degrés
Aquarium : communautaire
Nage : pleine eau et près du fond

Hypostomus

Pleco

Ce Poisson-chat de taille importante a un corps brun effilé et tacheté, une tête large et aplatie terminée par une bouche caractéristique en forme de ventouse. Il sera particulièrement utile dans votre aquarium, qu'il débarrassera de ses algues. Toutefois, si vous ne lui procurez pas assez de nourriture végétale, il dévorera également les tendres pousses dans le bac.

Pleco

CARACTÉRISTIQUES

Taille : 25 cm
Origine : Amérique du Sud
Aspect : pas de dimorphisme sexuel
Acclimatation : assez facile
Nourriture : végétale
Frai : inconnu
Reproduction : jamais réussie en aquarium

AGENCEMENT DU BAC

Eau : tous types d'eau
Température : 24 degrés
Aquarium : communautaire
Nage : près du fond

Kryptopterus bicirrhus

Poisson de verre, Silure de verre indien, Silure transparent

Un seul coup d'œil permet de comprendre le surnom de ce poisson : il est presque totalement transparent. Sa nageoire dorsale, très rudimentaire, se réduit à un seul trait. Le poisson de verre aime vivre en banc, dans une eau agitée par un courant. Vous pourrez créer celui-ci en prolongeant la sortie du tube de filtration *(voir p. 127)*.

Poisson de verre

CARACTÉRISTIQUES

Taille : 9 cm
Origine : Asie
Aspect : pas de dimorphisme sexuel
Acclimatation : assez difficile
Nourriture : apprécie la nourriture vivante
Frai : inconnu
Reproduction : jamais réussie en aquarium

AGENCEMENT DU BAC

Eau : tous types d'eau
Température : 24 degrés
Aquarium : communautaire
Nage : pleine eau
Besoins : eau en mouvement dans le bac

Synodontis nigriventris

Synodontis, Ventre-en-l'air

Ce poisson brun nage à l'envers, le ventre en l'air, pour se protéger des prédateurs qui peuvent difficilement le voir avec son ventre sombre et son dos clair, l'inverse de la coloration habituelle des poissons. Ventre en l'air, il absorbe les nourritures flottant en surface. Ses nageoires dorsale et pectorales hérissées de piquants érectiles le rendent difficile à attraper.

Synodontis nigriventris

CARACTÉRISTIQUES

Taille : 6 cm
Origine : Afrique centrale
Aspect : pas de dimorphisme sexuel
Acclimatation : assez facile
Nourriture : omnivore
Frai : inconnu
Reproduction : jamais réussie en aquarium

AGENCEMENT DU BAC

Eau : tous types d'eau
Température : 24 degrés
Aquarium : communautaire
Nage : en surface

Cobitidés

La famille des Cobitidés vit principalement en Europe et en Asie. Ses membres sont généralement de petite taille, parfois de taille moyenne, et s'adaptent très bien aux conditions de vie en aquarium.

Beaucoup d'espèces, comme les Botias, ont le ventre plat, ce qui leur permet d'épouser étroitement le fond des cours d'eau et de résister aux courants qui pourraient les entraîner. D'autres espèces affectent une forme de serpent et peuvent ainsi explorer toutes les anfractuosités des roches ou les moindres recoins des massifs végétaux.

Quelques poissons, comme le Kuhli, ont une épine érectile sur le front semblable à celle de nombreux poissons de mer, mais elle n'est pas venimeuse. Comme les Poissons-chats, les Cobitidés portent des barbillons sensibles qui suppléent la vue à l'occasion. En effet, ils habitent des eaux boueuses où la visibilité est souvent réduite, surtout près du fond.

A l'exception du petit *Botia sidthimunki,* les Cobitidés sont timides et ne deviennent actifs que dans la pénombre et la nuit. Si vous voulez pouvoir en jouir, réduisez l'intensité de l'éclairage dans le bac. Ils sortiront de leur cachette, pensant que la nuit vient. Vous pouvez aussi les attirer en leur donnant des vers, dont ils raffolent. Les Cobitidés, en raison de leur mode de vie essentiellement nocturne, sont difficiles à étudier, et l'on sait peu de choses sur leur mode de reproduction.

Acanthopthalmus kuhli

Kuhli

Malgré son curieux corps serpentiforme annelé de raies noires et brun-or, le Kuhli est bien un poisson, avec des nageoires dorsale et anale rejetées loin vers la queue et quatre paires de barbillons dont il fouille sans cesse le sol, en quête de nourriture.

Un couple de Kuhlis

CARACTÉRISTIQUES

Taille : 11 cm
Origine : Asie du Sud-Est
Aspect : pas de dimorphisme sexuel
Acclimatation : assez facile
Nourriture : omnivore ; apprécie les vers
Frai : œufs dispersés
Reproduction : rare en aquarium

AGENCEMENT DU BAC

Eau : tous types d'eau
Température : 24 degrés
Aquarium : communautaire
Nage : près du fond
Besoins : cachettes, plantes

Botia macracantha

Botia, Botia-clown, Loche-clown

Botia-clown

Le plus beau des Cobitidés : un corps orangé, lisse comme la peau, tant ses écailles sont fines, paré de trois raies d'un noir velouté, l'une masquant l'œil. Le Botia-clown aime la compagnie de ses semblables. Achetez plusieurs spécimens : un seul dépérirait.

CARACTÉRISTIQUES

Taille : 12,5 cm

Origine : Asie du Sud-Est

Aspect : pas de dimorphisme sexuel

Acclimatation : assez facile, mais sujet aux points blancs *(voir p. 231)*

Nourriture : omnivore ; apprécie les vers

Frai : inconnu

Reproduction : jamais réussie en aquarium

AGENCEMENT DU BAC

Eau : tous types d'eau, après acclimatation

Température : 24 degrés

Aquarium : communautaire ou spécifique

Nage : près du fond, parfois en pleine eau

Besoins : bac bien planté, cachettes

Botia sidthimunki

Pas de nom commun français

Un motif brun sombre en forme de chaîne emprisonne le corps doré de ce Botia nain. Son ventre rebondi montre qu'il ne hante pas seulement les fonds. En fait, moins timide que les autres Botias, il nage souvent en pleine eau avec ses congénères, dont il apprécie la compagnie. Effrayé, il dresse une épine effilée devant ses yeux. Comme on le voit sur l'illustration, il aime reposer sur ses nageoires pelviennes.

Botia sidthimunki

CARACTÉRISTIQUES

Taille : 5,5 cm

Origine : Asie du Sud-Est

Aspect : pas de dimorphisme sexuel

Acclimatation : assez facile

Nourriture : omnivore ; apprécie les vers

Frai : inconnu

Reproduction : jamais réussie en aquarium

AGENCEMENT DU BAC

Eau : douce à moyenne

Température : 24 degrés

Aquarium : communautaire avec petits poissons, ou spécifique

Nage : pleine eau ou près du fond

Besoins : bac bien planté ; aires de repos (feuilles ou racines où il aime reposer sur ses nageoires pelviennes)

Autres espèces tropicales ovipares

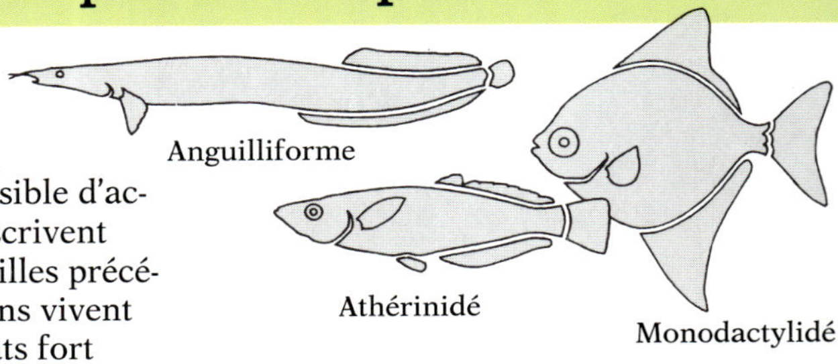

Plusieurs espèces qu'il est possible d'acclimater en aquarium ne s'inscrivent dans aucune des grandes familles précédemment décrites. Ces poissons vivent dans des régions et des habitats fort étendus et divers. Ils affectent des formes et revêtent des couleurs fascinantes pour nombre d'aquariophiles qui veulent posséder des poissons peu banals et dont les facultés d'adaptation aux conditions de vie en aquarium représentent souvent un défi.

Vous trouverez ici trois types de poissons : deux anguilliformes, deux Athérinidés et un Monodactylidé.

Les anguilliformes sont des poissons qui aiment s'enfouir dans le sable, ne laissant dépasser que leur museau effilé.

Les Athérinidés présentent la caractéristique de posséder deux nageoires dorsales à rayons.

Les Monodactylidés vivent dans les estuaires et les eaux salées d'Extrême-Orient. Ces poissons rappellent étrangement les Scalaires *(voir p. 59)*, mais ils n'ont pas de nageoires pelviennes filamenteuses et leurs évolutions ne sont pas aussi gracieuses.

Betodia geayi

Betodia, Athérine

Poisson remarquablement proportionné, le Betodia joue des couleurs : vous le verrez nager en banc, en livrée brun-jaune, mais aussi en bleu-vert. Ses longues nageoires anale et seconde dorsale sont teintées de rouge avec un liseré noir. Il porte habituellement la première dorsale rabattue. Sa bouche orientée vers le haut montre qu'il aime nager et se nourrir en surface. Comme les jeunes sujets préfèrent une nourriture « animée », on créera un courant dans le bac *(voir p. 123)*.

Betodia

CARACTÉRISTIQUES

Taille : 10 cm
Origine : Madagascar
Aspect : femelle plus terne
Acclimatation : facile
Nourriture : nourriture flottante
Frai : œufs dispersés
Reproduction : assez facile

AGENCEMENT DU BAC

Eau : dure
Température : 24 degrés
Aquarium : communautaire ou spécifique
Nage : en surface

Macrognathus aculeatus

Pas de nom commun français

C'est une anguille typique, avec une tête étroite et un long museau. La couleur est brune, avec quatre ou cinq ocelles qui ornent la base de la dorsale. Ce poisson a essentiellement une activité nocturne.

Macrognathus aculeatus

CARACTÉRISTIQUES

Taille : 35 cm
Origine : Inde, Asie
Aspect : pas de dimorphisme sexuel
Acclimatation : assez facile
Nourriture : vers
Frai : œufs dispersés
Reproduction : jamais réussie en aquarium

AGENCEMENT DU BAC

Eau : tous types d'eau ; ajouter 1 cuillère de sel/5 litres
Température : 24 à 26 degrés
Aquarium : spécifique
Nage : pleine eau et près du fond

Mastacembelus argus

Pas de nom commun français

Le Mastacembelus argus, au corps moucheté, vit la nuit. Ses nageoires dorsale, anale et caudale se réunissent souvent pour former une sorte de nageoire unique qui lui donne une grande mobilité et permet des mouvements vers l'avant et l'arrière.

Mastacembelus argus

CARACTÉRISTIQUES

Taille : 25 cm
Origine : Asie
Aspect : pas de dimorphisme sexuel
Acclimatation : assez facile
Frai : inconnu
Reproduction : jamais réussie en aquarium

AGENCEMENT DU BAC

Eau : dure ; ajouter 1 cuillère à café de sel/5 litres
Température : 26 degrés
Aquarium : spécifique
Nage : près du fond

Melanotaenia nigrans

Melanotaenia

Des écailles bleu-mauve aux bords ombrés enserrent dans un délicat filet le corps du *Melanotaenia nigrans*. Ce poisson qui ne vit qu'en eau saumâtre porte en outre de très belles nageoires effilées, teintées de rouge, les deux dorsales et l'anale venant se mêler à la caudale.

AGENCEMENT DU BAC

Eau : dure ; ajouter une cuillère à café de sel/5 litres
Température : 24 degrés
Aquarium : communautaire
Nage : en surface et pleine eau
Besoins : espace

CARACTÉRISTIQUES

Taille : 10 cm
Origine : Australie
Aspect : nageoires ourlées de sombre chez le mâle
Acclimatation : facile
Nourriture : omnivore
Frai : œufs dispersés
Reproduction : assez facile

Melanotaenia nigrans

Monodactylus argenteus

Monodactyle, Poisson-lune

Un corps d'argent aux nageoires orange barrées de deux bandes noires : l'un des plus élégants habits de l'aquarium. Adulte, le Monodactyle doit vivre en eau saumâtre.

Monodactyle

CARACTÉRISTIQUES

Taille : 15 cm
Origine : côtes de l'océan Indo-Pacifique
Aspect : pas de dimorphisme sexuel
Acclimatation : assez facile
Nourriture : omnivore
Frai : inconnu
Reproduction : jamais réussie en aquarium

AGENCEMENT DU BAC

Eau : dure ; ajouter 1 à 2 cuillères de sel/5 litres
Température : 24 degrés
Aquarium : spécifique
Nage : tous niveaux

ESPÈCES D'EAU DOUCE FROIDE

Les espèces que l'on peut garder dans des aquariums non chauffés vivent à l'état naturel dans les rivières d'Europe et d'Extrême-Orient. Ces poissons furent les premiers à être élevés en captivité, mais ils n'étaient alors considérés que comme un produit alimentaire. Néanmoins, il s'agit là de la plus ancienne forme de l'aquariophilie.

Même si le Poisson rouge est encore la plus populaire des espèces d'eau froide, d'autres poissons, comme les Carpes Koï, connaissent une grande faveur.

L'aquariophilie d'eau douce froide présente la très intéressante particularité de pouvoir sortir des limites forcément étroites de l'aquarium. En effet, un certain nombre de poissons atteignent une taille beaucoup trop importante pour pouvoir être gardés dans un bac, mais ils s'acclimateront parfaitement dans un bassin extérieur. De plus, ces espèces se reproduisent très bien dans ces conditions et acceptent de se nourrir avec les aliments préparés disponibles dans le commerce. Un aquarium qui abrite de telles espèces n'a pas besoin d'être chauffé, mais la température de l'eau doit rester relativement constante, surtout en été, quand la chaleur ambiante réduit la teneur en oxygène de l'eau. Il faut alors augmenter l'aération et remplacer une partie de l'eau par de l'eau froide. N'oubliez pas que les poissons d'eau douce froide ont besoin de plus d'espace que les poissons tropicaux. Choisissez un bac de grande dimension ou peuplez votre aquarium de quelques spécimens seulement.

Poissons rouges

Les Poissons rouges ont tous une souche commune, le *Carassius carassius,* poisson de couleur bronze à l'origine, dont les éleveurs asiatiques, par sélections successives et croisements, ont tiré les variétés que nous connaissons. Chinois et Japonais créèrent ainsi de nombreuses variétés aux corps et aux nageoires étranges qui se sont répandues dans le monde entier.

Si les Poissons rouges ont été les premiers poissons à être l'objet des soins des aquariophiles, ils ont fort bien résisté à l'engouement qui se manifesta par la suite pour les poissons tropicaux.

Cette popularité qui ne s'est jamais démentie est due au fait que ces poissons peuvent être élevés dans des aquariums puis transférés dans les bassins qui ornent parcs et jardins. De plus, leur robustesse naturelle leur permet de vivre dans des conditions plus rudimentaires que celles des poissons tropicaux.

Les variétés décrites ici vont de la plus commune à la plus exotique, du Shubunkin, encore très proche du *Carassius,* aux aériens Queues-de-voile et autres Têtes-de-lion ou Yeux-au-ciel. Les écailles de ces variétés présentent différentes tonalités, de la métallique à la perlée aux reflets nacrés. Les Poissons rouges occupent tous les niveaux de l'aquarium et acceptent la plupart des nourritures. Il faut cependant leur donner une alimentation variée et équilibrée.

Poisson rouge commun

De constitution robuste, le Poisson rouge commun est orange-rouge métallique sans reflet argenté. Il présente une nageoire dorsale très évasée à la base et une nageoire caudale échancrée aux lobes arrondis. Une variété bleue, le London Shubunkin, a des écailles moins métalliques.

Couple de Poissons rouges communs

CARACTÉRISTIQUES

Taille : jusqu'à 20 cm
Origine : Chine
Aspect : boutons de noce sur l'opercule chez le mâle
Acclimatation : facile
Nourriture : omnivore
Frai : œufs dispersés
Reproduction : facile

AGENCEMENT DU BAC

Eau : tous types d'eau
Température : 0 à 20°
Aquarium : communautaire
Nage : tous niveaux

Bristol Shubunkin

Shubunkin

Cette variété présente des écailles nacrées qui mêlent le bleu, le pourpre, le brun, le jaune, l'orange et le noir. Plus petit que le Poisson rouge, il a des nageoires plus développées. Il porte sa caudale aux larges lobes dressée. Sa dorsale doit être aussi haute que son corps est large.

Groupe de Bristol Shubunkins

CARACTÉRISTIQUES

Taille : jusqu'à 12,5 cm
Origine : Chine
Aspect : boutons de noce sur l'opercule et la tête chez le mâle
Acclimatation : facile
Nourriture : omnivore
Frai : œufs dispersés
Reproduction : facile

AGENCEMENT DU BAC

Eau : tous types d'eau
Température : 0 à 20°
Aquarium : communautaire
Nage : tous niveaux

Comète

Le Comète est habituellement rouge-orange avec des reflets métalliques. Il existe une variété argentée qui porte une tache d'un rouge profond sur la tête. Plus petit que le Poisson rouge commun, il est orné d'une caudale très échancrée, presque aussi longue que le corps. Les longues nageoires pelviennes et dorsale sont pointues. Nageur rapide, le Comète se fatigue vite.

CARACTÉRISTIQUES

Taille : 11 cm
Origine : Chine
Aspect : boutons de noce sur l'opercule et la tête chez le mâle
Acclimatation : facile
Nourriture : omnivore
Frai : œufs dispersés
Reproduction : facile

Comète

AGENCEMENT DU BAC

Eau : tous types d'eau
Température : 8 à 20 degrés
Aquarium : communautaire
Nage : tous niveaux

Fantail

Queue-de-voile

Le corps rond, en forme d'œuf, du Fantail est nacré ou orange métallique. Chez les plus beaux spécimens, le bord supérieur de la nageoire caudale est tenu dressé et ne doit pas descendre sous l'horizontale.

Fantail

CARACTÉRISTIQUES

Taille : jusqu'à 9 cm
Origine : Chine
Aspect : boutons de noce sur l'opercule et la tête chez le mâle
Acclimatation : facile ; garder à l'intérieur en hiver
Nourriture : omnivore
Frai : œufs dispersés
Reproduction : facile

AGENCEMENT DU BAC

Eau : tous types d'eau très propre
Température : 8 à 20°
Aquarium : communautaire
Nage : tous niveaux

Casque rouge

Il existe deux variétés – l'une nacrée, l'autre métallique – et une sous-variété coiffée de rouge de ce poisson orange. Le double lobe de la caudale pend gracieusement, alors que pelviennes et pectorales flottent de façon aérienne.

Casque rouge

CARACTÉRISTIQUES

Taille : jusqu'à 9 cm
Origine : Chine
Aspect : boutons de noce sur l'opercule et la tête chez le mâle
Acclimatation : facile ; garder à l'intérieur en hiver
Nourriture : omnivore
Frai : œufs dispersés
Reproduction : facile

AGENCEMENT DU BAC

Eau : tous types d'eau très propre
Température : 8 à 20°
Aquarium : communautaire
Nage : tous niveaux

Télescope noir

Cette variété, semblable au Queue-de-voile par le corps et les nageoires, en diffère sur deux points : les yeux sont bulbeux et le corps est noir velouté. Les jeunes portent quelques traces d'or dans leur robe, mais les beaux spécimens adultes ne doivent en présenter aucune.

Télescope noir

CARACTÉRISTIQUES

Taille : jusqu'à 12 cm
Origine : Chine
Aspect : boutons de noce sur l'opercule et la tête chez le mâle
Acclimatation : facile ; garder à l'intérieur en hiver
Nourriture : omnivore
Frai : œufs dispersés
Reproduction : facile

AGENCEMENT DU BAC

Eau : tous types d'eau très propre
Température : 8 à 20°
Aquarium : communautaire
Nage : tous niveaux

Oranda « Tête-de-lion »

Cette variété porte un bouquet nasal en forme de fraise qui couvre la tête. Les Orandas sont rouges, avec parfois des taches blanches. Une variété blanche a un petit bouquet nasal rouge.

Oranda « Tête-de-lion »

CARACTÉRISTIQUES

Taille : jusqu'à 12 cm
Origine : Chine
Aspect : boutons de noce sur l'opercule et la tête chez le mâle
Acclimatation : facile ; garder à l'intérieur en hiver
Nourriture : omnivore
Frai : œufs dispersés
Reproduction : facile

AGENCEMENT DU BAC

Eau : tous types d'eau très propre
Température : 8 à 20°
Aquarium : communautaire
Nage : tous niveaux

Tête-de-lion

La tête rouge-orange et le corps sont très proches de ceux de l'Oranda. Toutefois, cette variété n'a pas de dorsale. Les nageoires anale et caudale sont courtes et tenues raides.

Banc de jeunes Têtes-de-lion

CARACTÉRISTIQUES

Taille : jusqu'à 12 cm
Origine : Chine
Aspect : boutons de noce sur l'opercule et la tête chez le mâle
Acclimatation : facile ; garder à l'intérieur en hiver
Nourriture : omnivore
Frai : œufs dispersés
Reproduction : facile

AGENCEMENT DU BAC

Eau : tous types d'eau très propre
Température : 8 à 22°
Aquarium : communautaire
Nage : tous niveaux

Yeux-au-ciel/Uranoscope/Céleste

Ce poisson orange métallique n'a pas de nageoire dorsale. La nageoire anale est rudimentaire. Les yeux exorbités, tournés vers le ciel, caractérisent cette variété assez agressive.

Uranoscope

CARACTÉRISTIQUES

Taille : jusqu'à 11 cm
Origine : Chine
Aspect : boutons de noce sur l'opercule et la tête chez le mâle
Acclimatation : facile ; garder à l'intérieur en hiver
Nourriture : omnivore
Frai : œufs dispersés
Reproduction : facile

AGENCEMENT DU BAC

Eau : tous types d'eau très propre
Température : 8 à 22°
Aquarium : une seule variété
Nage : tous niveaux

Koï

Koï

Les Koï, d'un strict point de vue scientifique, sont des Carpes (*Cyprinus carpio*). Cependant, on parle souvent de ces poissons en employant l'expression japonaise « Nishiki Koï », c'est-à-dire carpe qui porte une livrée de brocart.

Bien que la forme du corps des Carpes Koï soit très proche de celle des Poissons rouges, elles sont beaucoup plus grosses. En outre, elles portent une paire de barbillons de chaque côté de la bouche. Les éleveurs de Carpes Koï ont toujours produit des individus devant être vus de dessus. Les couleurs étant en effet beaucoup plus vives sur le dos, la Carpe Koï est le poisson de bassin idéal. On l'élève d'ailleurs dans ce but au Japon, où l'on pratique depuis longtemps l'art des jardins aquatiques.

Il existe des variétés unicolores, bicolores, tricolores et multicolores de Carpes Koï. On distingue également celles-ci par les écailles, larges chez le *Doitsu,* au dessin semblable à une pomme de pin chez le *Matsuba,* ou encore à reflets métalliques dorés *(Kin-Rin)* ou argentés *(Gin-Rin).* Les plus beaux spécimens peuvent atteindre 1 mètre de long.

De tels poissons, hormis les tout jeunes, ne peuvent être élevés en aquarium. Dès qu'une Carpe Koï atteint 12 centimètres, il faut l'installer dans un bassin, qui est en fait son habitat naturel. Celui-ci doit avoir une profondeur de 1,50 à 2 mètres afin de préserver le poisson du gel et des rigueurs de l'hiver.

Koï bicolore

Kohaku et Hariwaki

La variété blanche à taches rouges est un Kohaku. Le poisson or et argent est un Hariwaki. Les deux ont la forme caractéristique de la Carpe, avec un évasement marqué du corps à la naissance de la longue nageoire dorsale. La bouche inférieure montre qu'il s'agit de poissons de fond. Ils acceptent toutefois très bien les nourritures flottantes.

Carpes Koï Kohaku (au-dessus) et Hariwaki

CARACTÉRISTIQUES

Taille : jusqu'à 25 cm
Origine : Japon
Aspect : boutons de noce sur les pectorales chez le mâle ; femelle plus ronde
Acclimatation : facile
Nourriture : omnivore
Frai : œufs dispersés
Reproduction : facile

AGENCEMENT DU BAC

Eau : eau bien filtrée
Température : 0 à 20 degrés
Aquarium : spécifique
Nage : tous niveaux

Koï tricolore

Asagi et Taisho Sanke

Les poissons représentés montrent une variété *Asagi,* avec un corps bleuté tacheté d'orange et de noir aux larges écailles de type *Doitsu* *(voir p. 89),* et une variété *Sanke,* qui porte ses trois couleurs traditionnelles : mouchetures rouges et noires sur un corps blanc.

Carpes Koï Asagi (au-dessus) et Taisho Sanke

CARACTÉRISTIQUES

Taille : jusqu'à 25 cm
Origine : Japon
Aspect : boutons de noce sur les nageoires pectorales chez le mâle ; femelle plus ronde
Acclimatation : facile
Nourriture : omnivore
Frai : œufs dispersés
Reproduction : facile

AGENCEMENT DU BAC

Eau : tous types d'eau bien filtrée
Température : 0 à 20 degrés
Aquarium : spécifique
Nage : tous niveaux
Besoins : espace

Mongrel Koï

Koï doré

Ce poisson jaune et orange ne satisfait à aucun des standards établis par les associations aquariophiliques Koï. Il ne peut donc participer aux expositions. Il n'en reste pas moins qu'il s'agit d'une très belle variété, qui présente en outre l'avantage de coûter beaucoup moins cher que les spécimens enregistrés.

Koï doré

CARACTÉRISTIQUES

Taille : jusqu'à 25 cm
Origine : Japon
Aspect : boutons de noce sur les pectorales chez le mâle ; femelle plus ronde
Acclimatation : facile
Nourriture : omnivore
Frai : œufs dispersés
Reproduction : facile

AGENCEMENT DU BAC

Eau : tous types d'eau bien filtrée
Température : 0 à 20 degrés
Aquarium : spécifique
Nage : tous niveaux
Besoins : espace

Autres espèces d'eau douce froide

Un grand nombre d'espèces acclimatées dans les aquariums viennent d'Amérique du Nord, mais il existe des poissons européens susceptibles d'être introduits dans un bac. Il est couramment admis, en particulier à cause des pêcheurs, que les poissons d'eau douce froide, à l'exception des Poissons rouges, sont ternes et nécessitent de très grands aquariums. Rien n'est plus faux. La Perche-soleil, la Perche et l'Umbre vivent très bien en aquarium, rivalisent parfois de couleurs avec les poissons tropicaux et présentent un comportement et des modes de reproduction d'un intérêt aussi élevé.

Beaucoup de poissons d'eau douce froide se reproduisent facilement en aquarium, par exemple les Perches-soleil. Pour d'autres, l'opération est plus délicate. Ainsi, la Bouvière dépose ses œufs dans une moule par son tube de ponte *(voir p. 247)* et il est difficile de satisfaire ses besoins.

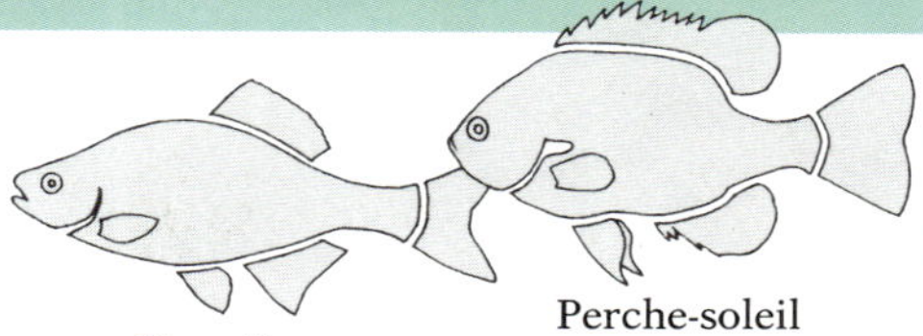

Bien qu'il faille à ces poissons un équipement moins sophistiqué que pour les espèces tropicales, leur acclimatation pose des problèmes, en particulier parce qu'ils exigent de vastes bacs et une eau très oxygénée. On doit en outre maintenir un degré de température de l'eau assez bas en été. Par temps d'orage, il convient d'augmenter le débit d'air, de retirer une partie de l'eau et de la remplacer par de l'eau froide.

Elassoma evergladei

Poisson-soleil nain

Comme son nom l'indique, il s'agit d'un tout petit poisson. La coloration d'ensemble est noire, avec des taches aux reflets métalliques irrégulièrement réparties. Cependant, en période de frai, le mâle arbore une livrée veloutée d'un bleu-noir profond avec des motifs iridescents. Le Poisson-soleil nain a un instinct territorial très développé, et on l'installera dans un aquarium spécifique. En été, on peut le mettre dans un bassin *(voir p. 279)*.

Poisson-soleil nain mâle en période de frai

CARACTÉRISTIQUES

Taille : 3,7 cm
Origine : Floride
Aspect : le mâle devient noir à l'époque du frai ; femelle rebondie
Acclimatation : assez facile
Nourriture : omnivore
Frai : œufs dispersés
Reproduction : assez facile

AGENCEMENT DU BAC

Eau : dure
Température : 10 à 22°
Aquarium : spécifique
Nage : tous niveaux
Besoins : bac bien planté ; cachettes

Enneacanthus chaetodon

Pomotis à bandes noires

Les premiers rayons de la nageoire dorsale et les nageoires pelviennes de ce joli petit poisson sont orange vif. Le corps gris-jaune est strié de quatre bandes noires. L'*Enneacanthus chaetodon* pond ses œufs dans une petite dépression du gravier.

Femelle Pomotis à bandes noires en période de frai

CARACTÉRISTIQUES

Taille : 10 cm
Origine : Amérique du Nord
Aspect : la femelle est plus colorée en période de frai
Acclimatation : assez facile
Nourriture : omnivore
Frai : dépose ses œufs
Reproduction : difficile

AGENCEMENT DU BAC

Eau : tous types d'eau
Température : 8 à 22°
Aquarium : spécifique
Nage : tous niveaux
Besoins : bac bien planté ; cachettes

Lepomis gibbosus

Perche-soleil, Perche arc-en-ciel

La Perche-soleil porte une livrée chatoyante : robe verte et jaune éclairée d'iridescences bleu-vert et de points rouges. Les plus beaux spécimens ont la gorge et le ventre rouge vif. La membrane postérieure de l'opercule, d'un noir profond, est frappée d'une tache rouge-orange. Ce poisson garde ses œufs et ses alevins farouchement.

AGENCEMENT DU BAC

Eau : tous types d'eau bien filtrée
Température : 8 à 22°
Aquarium : spécifique
Nage : tous niveaux
Besoins : espace

CARACTÉRISTIQUES

Taille : 20 cm
Origine : Amérique du Nord
Aspect : femelle plus terne et rebondie
Acclimatation : assez facile
Nourriture : omnivore
Frai : dépose ses œufs
Reproduction : assez difficile

Perche-soleil mâle

Notropis lutrensis

Vairon américain

Vairon américain mâle

Ce poisson a un corps mince, bleu et rouge, orné d'un triangle d'un bleu profond derrière les opercules. La tête et les nageoires sont rouges. Il se pare de ses plus belles couleurs en période de frai : le mâle arbore des tubercules blancs sur la tête, les nageoires et les flancs. Le Vairon américain a besoin d'espace et d'une eau très aérée.

CARACTÉRISTIQUES

Taille : 8 cm
Origine : Amérique du Nord
Aspect : tubercules blancs sur la tête du mâle
Acclimatation : assez facile
Nourriture : omnivore
Frai : œufs dispersés
Reproduction : assez difficile

AGENCEMENT DU BAC

Eau : tous types d'eau bien filtrée
Température : 10 à 22°
Aquarium : communautaire
Nage : tous niveaux

Rhodeus sericeus amarus

Bouvière

La livrée de ce poisson est changeante. La coloration d'ensemble des individus des deux sexes est gris argenté, mais, en période de frai, le mâle devient violet vif et vert. La femelle dépose ses œufs dans une moule d'eau douce par son tube de ponte *(voir p. 247)*. Le mâle les féconde lorsque le mollusque ouvre ses valves pour respirer.

Bouvière mâle

CARACTÉRISTIQUES

Taille : 9 cm
Origine : Europe
Aspect : le mâle change de couleur en période de frai
Acclimatation : assez facile
Nourriture : omnivore
Frai : dépose ses œufs
Reproduction : difficile ; a besoin de moules d'eau douce

AGENCEMENT DU BAC

Eau : tous types d'eau
Température : 10 à 22 degrés
Aquarium : spécifique
Nage : tous niveaux

Umbra pygmaea

Umbre

Le patron de coloration de ce poisson est brun-beige, avec des taches sombres. Le corps du mâle est plus foncé que celui de la femelle. Si le taux d'oxygène de l'eau vient à baisser, l'Umbre peut utiliser l'oxygène de l'atmosphère grâce à sa vessie natatoire. La femelle pond ses œufs dans le gravier, dans une anfractuosité ou dans des plantes. Cette espèce aime s'enfouir à demi dans la vase, queue la première.

Umbre mâle

CARACTÉRISTIQUES

Taille : 7,5 cm
Origine : Amérique du Nord
Aspect : couleurs plus vives chez la femelle
Acclimatation : assez facile
Nourriture : omnivore ; apprécie les vers
Frai : dépose ses œufs
Reproduction : assez facile

AGENCEMENT DU BAC

Eau : tous types d'eau
Température : 8 à 20°
Aquarium : spécifique
Nage : près du fond
Besoins : cachettes

Zacco platypus

Pas de nom commun français

De brillantes bandes bleu-vert, qui s'amincissent puis disparaissent sur le ventre, ornent le dos et les flancs du poisson. Les marbrures sont plus larges chez le mâle que chez la femelle. Celui-ci possède une nageoire anale développée, avec un lobe prononcé dont il se sert pour le frai. Le *Zacco platypus* est un bon sauteur, on installera une vitre de protection sur le bac.

Zacco platypus *femelle*

CARACTÉRISTIQUES

Taille : 8 cm
Origine : Asie
Aspect : nageoire anale plus longue, boutons de noce sur la mâchoire et l'opercule chez le mâle
Acclimatation : assez facile
Nourriture : omnivore ; apprécie les algues
Frai : inconnu
Reproduction : jamais réussie en aquarium

AGENCEMENT DU BAC

Eau : eau bien filtrée
Température : 8 à 20°
Aquarium : communautaire
Nage : tous niveaux

POISSONS TROPICAUX MARINS

Les poissons tropicaux d'eau de mer sont originaires des récifs de corail du Pacifique, des Caraïbes et de la Méditerranée. Phénomène récent, l'aquariophilie d'eau de mer permet d'observer en aquarium un grand nombre de poissons d'une étonnante diversité de formes et de couleurs. Bien que le choix offert par les détaillants spécialisés soit moins vaste que pour les espèces tropicales d'eau douce, la plupart des poissons présentés ici sont relativement faciles à acquérir.

L'aquariophilie d'eau de mer est une activité particulièrement exigeante en raison de la nature des poissons et des difficultés auxquelles on se heurte pour leur offrir un environnement compatible avec leurs exigences. En effet, les poissons tropicaux d'eau de mer ne se reproduisent pas aussi bien que les poissons tropicaux d'eau douce ; ils sont souvent plus agressifs et coûtent beaucoup plus cher. De plus, il sont bien plus sensibles aux variations de la composition chimique de l'eau.

L'aquarium pour poissons tropicaux d'eau de mer doit impérativement être équipé d'un système d'aération puissant *(voir p. 123)*, d'un système de filtration sous gravier *(voir pp. 128-129)* et d'un système de chauffage *(voir pp. 131-132)*. Le bac lui-même ne doit présenter aucun équipement sujet à la corrosion.

NOTE : la nature de l'eau donnée dans la rubrique « Agencement du bac » est un compromis entre l'eau utilisée par votre détaillant et celle reconstituée à partir du mode d'emploi des sels de mer synthétiques commercialisés. On donnera parfois, à titre indicatif, la densité de l'eau de mer naturelle pour une espèce précise.

Pomacentridés

Demoiselle
Poisson d'anémone

Les poissons de la famille des Pomacentridés sont originaires des océans Indien et Pacifique. Robustes, très colorés, ils occupent tous les niveaux de l'aquarium. En raison de leur petite taille, ils n'entraînent pas de frais de transport aérien élevés, et ce sont les moins chers des poissons tropicaux d'eau de mer.

Les poissons dits « d'anémone », ou Poissons-clowns, vivent en bonne harmonie avec les anémones et se prélassent au milieu de leurs tentacules venimeux. En fait, les Poissons d'anémone portent un mucus protecteur qui inhibe le déclenchement des cellules urticantes de l'anémone.

Les Demoiselles peuplent le plus souvent les récifs coralliens. Ces poissons nagent en affectant un petit air dégagé, avec de vifs mouvements qui contrastent avec le lourd dandinement des Poissons d'anémone. Les Demoiselles portent une brillante livrée quand elles sont jeunes, mais les couleurs perdent de leur vivacité à mesure qu'elles vieillissent.

Demoiselles et Poissons d'anémone se montrent très agressifs, en particulier avec les membres de leur espèce. Il conviendra donc de ne pas introduire plus d'un ou deux individus de chaque espèce dans le même bac.

La plupart de ces poissons se reproduisent comme des Cichlidés *(voir p. 53)* et déposent leurs œufs sur un substrat.

Abudefduf oxyodon

Sergent-major à bandes bleues

Le Sergent-major tire son nom de la bande jaune clair qui orne son corps velouté bleu-noir profond. Les stries bleu électrique de la tête et de l'arrière du corps perdent de leur éclat avec le temps.

Sergent-major à bandes bleues

CARACTÉRISTIQUES

Taille : 11 cm
Origine : océan Pacifique
Aspect : pas de dimorphisme sexuel
Acclimatation : facile ; de nature agressive
Nourriture : omnivore
Frai : dépose ses œufs
Reproduction : rarement réalisée en aquarium

AGENCEMENT DU BAC

Eau : reconstituée
Température : 25 degrés
Aquarium : communautaire ; un seul de cette espèce
Nage : tous niveaux
Besoins : cachettes

Amphiprion ocellaris

Clown, Poisson-clown

Le Poisson-clown tire plutôt son nom de son dandinement malhabile lorsqu'il nage que de sa splendide livrée orange vif rehaussée de trois bandes blanches ourlées de noir. Il faut introduire une anémone de mer *(voir p. 110)* dans son bac pour qu'il se sente parfaitement à l'aise.

AGENCEMENT DU BAC

Eau : reconstituée
Température : 25 degrés
Aquarium : communautaire
Nage : tous niveaux
Besoins : anémone de mer

CARACTÉRISTIQUES

Taille : 8 cm
Origine : océans Indien et Pacifique
Aspect : pas de dimorphisme sexuel
Acclimatation : facile
Nourriture : omnivore
Frai : dépose ses œufs
Reproduction : rarement réalisée en aquarium

Poisson-clown

Dascyllus albisella

Demoiselle à trois taches

Poisson agressif, cette Demoiselle porte trois taches blanches sur le velours noir de sa robe : une sur la tête et une sur chaque flanc. Les taches sont plus grosses chez les sujets juvéniles.

Demoiselle à trois taches

CARACTÉRISTIQUES

Taille : 12 cm
Origine : Hawaii
Aspect : pas de dimorphisme sexuel
Acclimatation : facile ; agressif en période de frai
Nourriture : carnée
Frai : dépose ses œufs
Reproduction : rarement réalisée en aquarium

AGENCEMENT DU BAC

Eau : reconstituée
Température : 25 degrés
Aquarium : communautaire
Nage : tous niveaux
Besoins : cachettes dans des coraux

Pomacanthinés et Chetodontinés

Les poissons de ces deux familles ont revêtu des livrées éclatantes pour rivaliser avec la magnificence des récifs coralliens qui constituent leur habitat dans les océans Indien et Pacifique. Les couleurs et les dessins qu'ils arborent à des fins de camouflage ou de reconnaissance intraspécifique sont littéralement stupéfiants. Poissons-papillons et Poissons-anges sont tous des poissons hauts et trapus, aux flancs comprimés, qui occupent tous les niveaux de l'aquarium.

Les Poissons-anges appartiennent soit au genre *Centropyge* pour les petites espèces, soit au genre *Pomacanthus,* comme le majestueux Poisson-ange empereur. Tous possèdent une petite bouche. Leur adaptation en aquarium est souvent difficile, en particulier pour ceux qui ont des habitudes alimentaires très spécialisées. Ces poissons

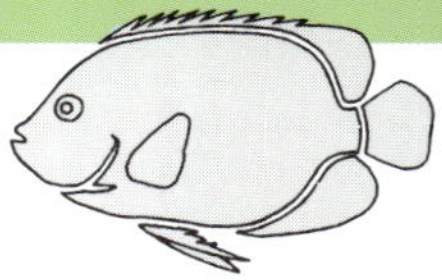

Pomacanthinés (Poissons-anges)

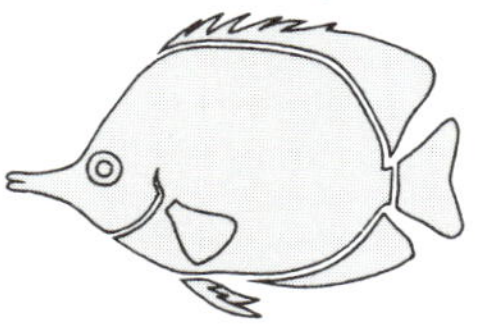

Chetodontinés (Poissons-papillons)

changent souvent de tenue en vieillissant, les plus jeunes portant un habit bleu orné de bandes concentriques blanches ou jaunes *(voir p. 16).* Ils font preuve enfin d'un instinct territorial développé et peuvent se montrer agressifs.

Les Poissons-papillons ne portent pas l'épine effilée implantée à la base de l'opercule des Poissons-anges, mais ils sont aussi beaux. Plusieurs ont une bouche en forme de bec, ce qui leur permet de dénicher leur nourriture dans les anfractuosités des coraux.

Centropyge loriculus

Ange de mer flammé

Habillée de rouge orangé, les flancs barrés de bandes noires verticales et les nageoires anale et dorsale mouchetées de noir, cette espèce ne change pas de tenue en vieillissant. Bien qu'elle affecte une forme semblable aux Demoiselles, son épine érectile permet aisément de l'identifier.

Ange de mer flammé

CARACTÉRISTIQUES

Taille : 10 cm
Origine : océan Pacifique central et occidental
Aspect : pas de dimorphisme sexuel
Acclimatation : assez facile

Nourriture : toutes nourritures végétales émincées
Frai : inconnu
Reproduction : jamais réussie en aquarium

AGENCEMENT DU BAC

Eau : reconstituée
Température : 25 degrés
Aquarium : communautaire ; poissons de même taille seulement
Nage : tous niveaux

Euxiphipops navarchus

Poisson-ange liséré de bleu, Comtesse

Une ligne bleue aux bords clairs court le long du corps de ce poisson, modifiant sa silhouette et camouflant son œil, cible de prédilection des ennemis de son espèce. L'*Euxiphipops navarchus* est un poisson timide. On aménagera donc des cachettes dans le bac.

Poisson-ange liséré de bleu

CARACTÉRISTIQUES

Taille : 20 cm
Origine : océan Pacifique
Aspect : pas de dimorphisme sexuel
Acclimatation : facile, mais de nature agressive
Nourriture : toutes nourritures végétales émincées
Frai : inconnu
Reproduction : jamais réussie en aquarium

AGENCEMENT DU BAC

Eau : reconstituée
Température : 25 degrés
Aquarium : communautaire
Nage : tous niveaux
Besoins : cachettes

Holacanthus tricolor

Poisson-ange tricolore

La tête de ce poisson de grande taille est jaune. Le corps, des opercules à la queue, porte une large tache noire bordée de bleu, et les nageoires sont soulignées de rouge. Le Poisson-ange tricolore est malheureusement sujet aux maladies de peau.

Poisson-ange tricolore

CARACTÉRISTIQUES

Taille : 60 cm
Origine : océan Atlantique, mer des Caraïbes
Aspect : pas de dimorphisme sexuel
Acclimatation : assez difficile ; agressif
Nourriture : toutes nourritures végétales émincées
Frai : inconnu
Reproduction : jamais réussie en aquarium

AGENCEMENT DU BAC

Eau : reconstituée
Température : 25 degrés
Nage : tous niveaux
Besoins : cachettes

Pomacanthus imperator

Poisson-ange empereur

La tenue juvénile de l'Empereur est bleue, striée de bandes blanches qui se transforment à l'âge adulte en raies ondulées horizontales, jaunes sur un fond bleu. L'œil est masqué par une tache bleue. La nageoire caudale est jaune, et l'anale bleue. Ce somptueux poisson possède un instinct territorial très développé.

Poisson-ange empereur

CARACTÉRISTIQUES

Taille : 40 cm
Origine : océans Indien et Pacifique, mer Rouge
Aspect : pas de dimorphisme sexuel
Acclimatation : assez facile ; agressif
Nourriture : toutes nourritures végétales émincées
Frai : inconnu
Reproduction : jamais réussie en aquarium

AGENCEMENT DU BAC

Eau : reconstituée
Température : 25 degrés
Aquarium : communautaire
Nage : tous niveaux
Besoins : cachettes

Chaetodon lunula

Chetodon rayé

Des bandes diagonales brun-rouge marquent le flanc de ce Poisson-papillon. Deux taches noires séparées par un large bandeau blanc masquent les yeux et les opercules. Les nageoires sont rayées de brun-rouge et ourlées de noir.

Chetodon rayé

CARACTÉRISTIQUES

Taille : 20 cm
Origine : océans Indien et Pacifique, mer Rouge
Aspect : pas de dimorphisme sexuel
Acclimatation : assez facile ; agressif
Nourriture : toutes nourritures végétales émincées
Frai : inconnu
Reproduction : jamais réussie en aquarium

AGENCEMENT DU BAC

Eau : reconstituée
Température : 25 degrés
Aquarium : communautaire
Nage : tous niveaux
Besoins : cachettes

Chaetodon octofasciatus

Chetodon à huit bandes

Huit bandes verticales parent la livrée argentée de ce plaisant poisson. Les nageoires rehaussent le patron de coloration : anale blanche et jaune, dorsale ornée d'un liseré noir et pelviennes jaune vif. Il ne faut pas introduire ce Chetodon dans un bac contenant des anémones et des coraux vivants, car il s'en nourrirait volontiers.

AGENCEMENT DU BAC

Eau : reconstituée
Température : 25 degrés
Aquarium : communautaire
Nage : tous niveaux

CARACTÉRISTIQUES

Taille : 20 cm
Origine : océans Indien et Pacifique, mer Rouge
Aspect : pas de dimorphisme sexuel
Acclimatation : assez facile
Nourriture : omnivore ; émincée
Frai : inconnu
Reproduction : jamais réussie en aquarium

Chetodon à huit bandes

Chelmon rostratus

Chelmon à bec médiocre, Poisson-papillon à long nez

Une ocelle noire décore le haut de la large bande jaune du pédoncule caudal coupé par une raie noire. Cette espèce attrayante, avec sa robe beige rehaussée de cinq bandes jaune orangé bordées de noir, est malheureusement fragile.

Chelmon à bec médiocre

CARACTÉRISTIQUES

Taille : 15 cm
Origine : océans Indien et Pacifique
Aspect : profil plus court chez le mâle
Acclimatation : difficile ; agressif
Nourriture : petites proies vivantes
Frai : inconnu
Reproduction : jamais réussie en aquarium

AGENCEMENT DU BAC

Eau : reconstituée
Température : 25 degrés
Aquarium : spécifique, ou communautaire de grande taille
Nage : pleine eau et fond

Forcipiger longirostris

Chelmon à long bec

Un as du camouflage, avec son corps jaune, son front noir et une ocelle noire sur la nageoire anale ! Très proche du *Chelmon rostratus (voir p. 101)* par la forme, il arbore un « bec » plus long qui lui permet de picorer les crustacés.

Chelmon à long bec

CARACTÉRISTIQUES

Taille : 18 cm
Origine : océans Indien et Pacifique
Aspect : pas de dimorphisme sexuel
Acclimatation : difficile ; agressif
Nourriture : vers vivants
Frai : inconnu
Reproduction : jamais réussie en aquarium

AGENCEMENT DU BAC

Eau : reconstituée ; très stable
Température : 24 degrés
Aquarium : spécifique, ou communautaire de grande taille
Nage : pleine eau et fond

Heniochus acuminatus

Cocher

Le Cocher a revêtu une livrée blanche rayée de trois bandes noires, l'une masquant l'œil. La caudale est jaune vif et la dorsale est dressée comme une flamme.

Cocher

CARACTÉRISTIQUES

Taille : 25 cm
Origine : océans Indien et Pacifique, mer Rouge
Aspect : pas de dimorphisme sexuel
Acclimatation : assez difficile
Nourriture : vivante ou végétale émincée
Frai : inconnu
Reproduction : jamais réussie en aquarium

AGENCEMENT DU BAC

Eau : reconstituée
Température : 25 degrés
Aquarium : spécifique, ou communautaire de grande taille
Nage : tous niveaux

Autres espèces tropicales d'eau de mer

Les espèces présentées ici regroupent certains des poissons les plus populaires en aquariophilie d'eau de mer. Toutes offrent une grande diversité de formes, de couleurs et de comportements.

Les Poissons-chirurgiens, brillamment colorés, ont un corps comprimé latéralement, doté d'une épine acérée érectile située de part et d'autre du pédoncule caudal.

Les Poissons-gâchettes peuvent, quant à eux, dresser le premier rayon de leur nageoire dorsale et le tenir droit comme une flèche, d'où leur second surnom d'Arbalétriers. Ils attaquent ainsi les autres poissons ou s'ancrent dans une fissure. Les Poissons-scorpions peuvent également blesser, et même empoisonner leurs ennemis avec les épines pointues qui hérissent leurs nageoires dorsale, ventrale et anale.

Les jeunes Labres tiennent une « clinique dermatologique » où se pressent les poissons pour se faire débarrasser des hôtes indésirables qui les parasitent.

Enfin, la curieuse façon de nager et de se reproduire des hippocampes suscite toujours un grand intérêt.

Acanthurus leucosternon

Chirurgien bleu poudré

Chirurgien bleu poudré

Le corps ovale du Chirurgien, aux flancs latéralement comprimés, est délicatement poudré de bleu. Il a la tête bleu foncé et la gorge blanche. Sa dorsale est ourlée de bleu et ses pectorales sont jaune vif. Il porte à la base de la queue une paire de « scalpels » rétractables avec lesquels il assure sa défense, quand il le faut.

CARACTÉRISTIQUES

Taille : 30 cm
Origine : océans Indien et Pacifique
Aspect : pas de dimorphisme sexuel
Acclimatation : assez difficile
Nourriture : omnivore
Frai : inconnu
Reproduction : rarement réussie en aquarium

AGENCEMENT DU BAC

Eau : reconstituée, très aérée (dens. 1 020-1 024)
Température : 25 degrés
Aquarium : communautaire
Nage : tous niveaux
Besoins : espace

Apogon nematopterus

Apogon pyjama

L'Apogon pyjama montre son habit surtout la nuit : une bande transversale tressée de brun et de jaune coupant le corps jaune clair, moucheté de brun dans sa partie postérieure.

Apogon pyjama

CARACTÉRISTIQUES

Taille : 7,5 cm
Origine : océans Indien et Pacifique
Aspect : pas de dimorphisme sexuel
Acclimatation : facile
Nourriture : toutes nourritures végétales émincées
Frai : incubation buccale
Reproduction : rarement réussie en aquarium

AGENCEMENT DU BAC

Eau : reconstituée (dens. 1 025)
Température : 25 degrés
Aquarium : communautaire
Nage : tous niveaux

Balistapus undulatus

Baliste ondulé

Sur son corps vert courent des ondulations orangées. Les pelviennes sont réduites à l'état de moignon. Comme tous les arbalétriers, il peut dresser sa nageoire dorsale et la bloquer en position érigée pour empêcher qu'on ne l'attrape. Il aime se reposer tête en bas ou étendu sur le sable.

Baliste ondulé

CARACTÉRISTIQUES

Taille : 35 cm
Origine : océans Indien et Pacifique
Aspect : pas de dimorphisme sexuel
Acclimatation : facile ; agressif
Nourriture : nourritures végétales émincées
Frai : dépose ses œufs
Reproduction : rarement réussie en aquarium

AGENCEMENT DU BAC

Eau : reconstituée (dens. 1 023)
Température : 25 degrés
Aquarium : communautaire
Nage : tous niveaux

Bodianus rufus

Vieille espagnole

Joliment coloré, avec la moitié supérieure du corps mauve et bleu-vert, et le ventre, nageoires inférieures et caudale comprises, jaune vif. Les jeunes débarrassent les poissons de leurs parasites *(voir p. 106)*. La nuit, ce grand consommateur de petits crustacés s'enfouit dans le sable.

AGENCEMENT DU BAC

Eau : reconstituée (dens. 1 025)

Température : 25 degrés

Aquarium : communautaire

Nage : tous niveaux

Besoins : sable doux

CARACTÉRISTIQUES

Taille : 10 cm (plus gros en milieu naturel)

Origine : mer des Caraïbes

Aspect : pas de dimorphisme sexuel

Acclimatation : facile

Nourriture : toutes nourritures végétales émincées ; apprécie la nourriture vivante

Frai : œufs dispersés

Reproduction : rarement réussie en aquarium

Vieille espagnole

Gramma loreto

Gramma royal

Une des plus belles robes de l'aquarium : mauve vif jusqu'à la « taille », jaune éclatant pour la partie postérieure ; une ocelle noire marque la dorsale, et l'œil est masqué de noir. Ce Gramma gardant farouchement la grotte où il s'établit, on n'installera que peu de spécimens dans le bac.

AGENCEMENT DU BAC

Eau : reconstituée (dens. 1 025)

Température : 25 degrés

Aquarium : communautaire

Nage : tous niveaux

Besoins : cachettes

CARACTÉRISTIQUES

Taille : 7,5 cm

Origine : mer des Caraïbes

Aspect : nageoires plus effilées chez le mâle

Acclimatation : assez facile ; sensible au changement de condition de l'eau

Nourriture : vivante et nourriture émincée

Frai : construit un nid ; œufs collés à la paroi de la cavité

Reproduction : rarement réussie en aquarium

Gramma royal femelle

Hippocampus kuda

Hippocampe océanique

Souvent noir quand on l'importe, cet Hippocampe devient jaune lorsqu'il est acclimaté. Il a le corps couvert de plaques osseuses et ne possède ni caudale ni anale. Il nage le corps droit. Pour se reposer, il s'accroche au sol de sa queue préhensile.

Couple d'Hippocampes océaniques

CARACTÉRISTIQUES

Taille : 5 cm
Origine : océans Indien et Pacifique
Aspect : poche de reproduction chez le mâle
Acclimatation : difficile
Frai : la femelle dépose ses œufs dans la poche du mâle
Reproduction : rarement réussie en aquarium

AGENCEMENT DU BAC

Eau : reconstituée (dens. 1 023)
Température : 25 degrés
Aquarium : spécifique
Nage : tous niveaux

Labroides dimidiatus

Poisson nettoyeur

Le corps fusiforme est traversé sur toute sa longueur par une bande noire rehaussée de part et d'autre par des raies bleues lumineuses. Il tient son nom de son rôle de « déparasiteur » des autres poissons dont il retire, pour se nourrir, les tissus morts sur les flancs, ainsi que les parasites, et dont il nettoie les branchies. Dans la nature, les poissons se pressent à sa « consultation ». Ils s'approchent de lui, secouent la tête, puis se tiennent immobiles pour lui signifier qu'il peut entreprendre son office.

Poisson nettoyeur

CARACTÉRISTIQUES

Taille : 20 cm
Origine : Indo-Pacifique
Aspect : pas de dimorphisme sexuel
Acclimatation : assez facile
Nourriture : parasites, viande
Frai : inconnu
Reproduction : rarement réussie en aquarium

AGENCEMENT DU BAC

Eau : reconstituée (dens. 1 023-1 025)
Température : 25 degrés
Aquarium : communautaire
Nage : tous niveaux
Besoins : autres poissons

Opistognathus aurifrons

Opistognathe à tête jaune

Comme son nom l'indique, cet Opistognathe a la tête jaune. Le reste du corps est délicatement bleuté. Cette espèce s'enfouit à demi dans son terrier creusé dans le sable et en garde l'entrée tout le jour, tête droite. Quand vient la nuit, le poisson disparaît dans son antre et s'y enferme en colmatant l'entrée avec des galets et des coquillages.

Opistognathe à tête jaune

CARACTÉRISTIQUES

Taille : 10 cm
Origine : mer des Caraïbes
Aspect : pas de dimorphisme sexuel
Acclimatation : assez facile
Nourriture : carnée, émincée
Frai : incubation buccale
Reproduction : rarement réussie en aquarium

AGENCEMENT DU BAC

Eau : reconstituée (dens. 1 025)
Température : 25 degrés
Aquarium : spécifique
Nage : près du fond

Pterois volitans

Poisson-scorpion

Il faut manipuler avec précaution cet étrange poisson brun-rouge rayé de blanc et hérissé de piquants venimeux. Gros mangeur, il consomme jusqu'à six poissons vivants par jour.

Poisson-scorpion

CARACTÉRISTIQUES

Taille : 35 cm
Origine : océans Indien et Pacifique, mer Rouge
Aspect : pas de dimorphisme sexuel
Acclimatation : assez facile
Nourriture : poissons vivants, viande
Frai : inconnu
Reproduction : rarement réussie en aquarium

AGENCEMENT DU BAC

Eau : reconstituée (dens. 1 025)
Température : 25 degrés
Aquarium : communautaire, avec gros poissons
Nage : tous niveaux

Synchiropus splendidus

Poisson-mandarin

Cette espèce a revêtu une tenue que certains trouvent criarde : un entrelacs de lignes et de taches bleu-vert imprimées sur un fond or. Les nageoires bordées de bleu portent le même dessin, et les opercules sont finement tachetés d'or. Le Poisson-mandarin, agressif et batailleur, doit être introduit dans un aquarium spécifique.

Poisson-mandarin

CARACTÉRISTIQUES

Taille : 7,5 cm

Origine : océans Indien et Pacifique

Aspect : raies plus longues sur la nageoire dorsale du mâle

Acclimatation : difficile

Nourriture : poissons difficiles ; essayer les vers vivants

Frai : inconnu

Reproduction : jamais réussie en aquarium

AGENCEMENT DU BAC

Eau : reconstituée (dens. 1 020-1 025)

Température : 25 degrés

Aquarium : spécifique

Nage : près du fond

Zanclus cornutus

Porte-enseigne

Souvent confondu avec le Cocher *(voir p. 102)*, le Porte-enseigne arbore un masque plus coloré et des « cornes » au-dessus des yeux. Deux bandes noires ornent son corps jaune et blanc. La longue dorsale, tenue haute, a valu son nom à ce poisson timide.

Porte-enseigne

CARACTÉRISTIQUES

Taille : 23 cm

Origine : océans Indien et Pacifique

Aspect : pas de dimorphisme sexuel

Acclimatation : difficile

Nourriture : poissons difficiles ; essayer les nourritures émincées et les algues

Frai : inconnu

Reproduction : jamais réussie en aquarium

AGENCEMENT DU BAC

Eau : reconstituée (dens. 1 020-1 023)

Température : 25 degrés

Aquarium : spécifique

Nage : tous niveaux

ESPÈCES D'EAU DE MER FROIDE

La collecte d'espèces marines comme les Blennies, les Anémones de mer et les Vers à panache n'est malheureusement pas considérée comme une branche noble de l'aquariophilie.

Même si ces espèces ne peuvent rivaliser avec les formes tropicales, elles constituent d'intéressants aquariums, économiques qui plus est. En effet, elles sont « gratuites » ; le bac n'a pas besoin d'être chauffé et il ne requiert qu'un équipement rudimentaire.

Pensez avant tout à respecter la nature et à ne pas détruire l'équilibre écologique du site où vous pêchez. Ne collectez que des espèces compatibles, venant du même milieu, surtout si vous comptez réunir des invertébrés et des poissons, car, s'ils vivent en bonne harmonie dans la nature, ils se toléreront sans doute bien dans le bac.

Ne prenez pas d'espèces rares ; choisissez des spécimens de 25 à 75 millimètres de long dont vous savez avec certitude qu'ils peuvent vivre en captivité.

A la fin de votre collecte, vous aurez peut-être aussi envie de recueillir de l'eau de mer, mais elle risque d'être polluée. Il est préférable d'introduire votre nouvelle collection dans une eau reconstituée *(voir p. 144)*. Vous nourrirez vos hôtes avec des algues et des morceaux de viande ou de moule.

Il est difficile de faire se reproduire les espèces indigènes en aquarium, d'autant que les différences sexuelles sont peu apparentes.

Blennius gattorugine

Blennie gattorugine

Le corps cylindrique de couleur brune de cette Blennie porte six bandes brun foncé. La tête est ornée d'une crête, et la longue dorsale possède des rayons durs et mous. La Blennie gattorugine est couverte d'une peau épaisse, sans écailles.

Blennie gattorugine

CARACTÉRISTIQUES

Taille : 20 cm
Origine : Méditerranée, nord-est de l'Atlantique
Aspect : femelle plus petite
Acclimatation : assez facile
Nourriture : omnivore ; algues
Frai : dépose ses œufs
Reproduction : variable *(voir p. 109)*

AGENCEMENT DU BAC

Eau : reconstituée
Température : 8 à 20°
Aquarium : spécifique, ou poissons de même taille
Nage : près du fond

Tealia felina

Poteron

Cette Anémone rouge et blanche, attachée par son pied en ventouse, agite ses nombreux tentacules. Sa capacité de reproduction dépend du milieu dans lequel on l'a collectée.

Poteron

CARACTÉRISTIQUES

Taille : de 2 à 15 cm de diamètre
Origine : mer du Nord, côte Atlantique
Aspect : pas de dimorphisme sexuel
Nourriture : carnée, placée entre les tentacules
Frai : vivipare ; œufs dispersés ou par division
Reproduction : variable *(voir p. 109)*

AGENCEMENT DU BAC

Eau : reconstituée
Température : 8 à 20 degrés
Aquarium : invertébrés
Nage : près du fond

Asterias rubens

Étoile de mer

Étoile de mer

L'Étoile de mer présente cinq branches brun-jaune couvertes de ventouses. Ses bras, lorsqu'ils sont coupés, ont le pouvoir de se régénérer. Elle vit au fond de l'eau, se nourrissant de mollusques, d'éponges, de crustacés et de déchets trouvés sur le sable.

CARACTÉRISTIQUES

Taille : jusqu'à 20 cm de diamètre
Origine : Atlantique Nord, Méditerranée
Aspect : pas de dimorphisme sexuel
Acclimatation : facile
Nourriture : carnée ; morceaux de mollusques
Frai : œufs dispersés
Reproduction : variable *(voir p. 109)*

AGENCEMENT DU BAC

Eau : reconstituée
Température : 8 à 20 degrés
Aquarium : spécifique
Nage : près du fond

Serpula vermicularis

Ver à panache

Un tube vert vase, calcaire, de 5 millimètres d'épaisseur, abrite le corps de cette espèce. La nuit ou lorsqu'il est effrayé, le ver rétracte ses entacules rosés et ferme 'extrémité du tube. Les Vers à panache se nourrissent de matières organiques contenues dans le able : ne filtrez pas trop 'eau.

AGENCEMENT DU BAC

Eau : reconstituée
Température : 8 à 20°
Aquarium : communautaire, mais pas avec une toile de mer
Nage : près du fond

CARACTÉRISTIQUES

Taille : 2 cm de long
Origine : mer du Nord, océan Atlantique
Aspect : pas de dimorphisme sexuel
Acclimatation : facile
Nourriture : plancton
Frai : œufs dispersés
Reproduction : variable *(voir p. 109)*

Ver à panache

4

L'AQUARIUM

Dans un aquarium, il y a un certain nombre d'éléments essentiels dont on ne peut se passer, quel que soit le système adopté. Avant tout, il y a, bien entendu, l'aquarium lui-même, mais il vous faudra aussi vous renseigner sur les différents types d'aération et de filtration, sur le chauffage et l'éclairage, ainsi que sur la composition chimique de l'eau. Tous les aspects abordés dans ce chapitre peuvent modifier les conditions à l'intérieur de l'aquarium. Comme le bien-être de vos poissons dépend en grande partie de leur environnement, prenez le temps de décider ce qui leur convient, ainsi qu'à vous.

LES TYPES D'AQUARIUMS

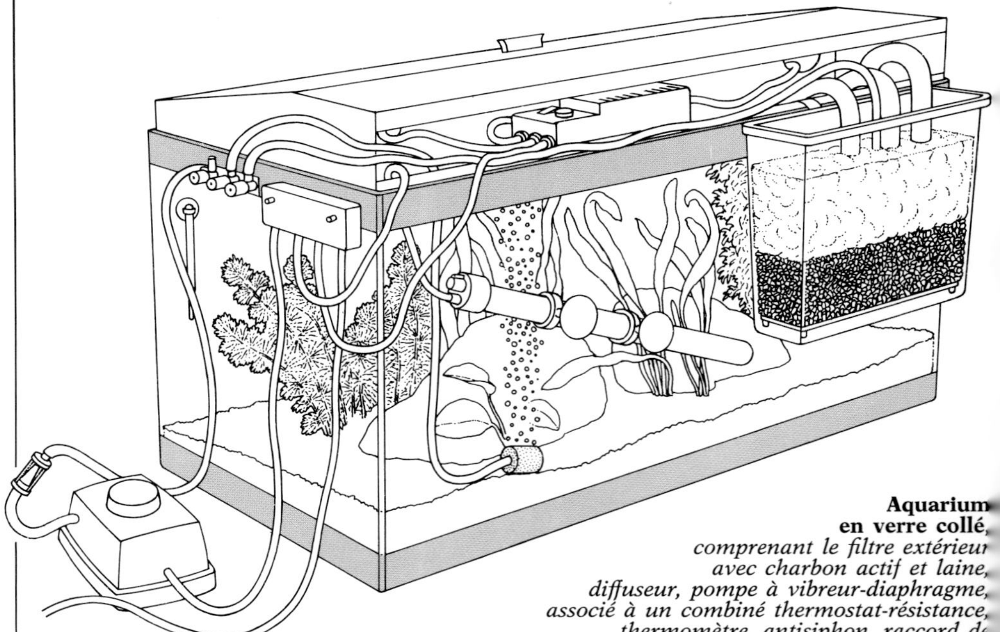

Aquarium en verre collé, *comprenant le filtre extérieur avec charbon actif et laine, diffuseur, pompe à vibreur-diaphragme, associé à un combiné thermostat-résistance, thermomètre, antisiphon, raccord de canalisations, eau, rampe avec ballast pour tubes fluorescents, gravier, roches et plantes*

Les bacs, qui constituent un des éléments essentiels de l'aquariophilie, existent en dimensions et matériaux divers. Votre choix doit être fonction du type et du nombre de poissons que vous comptez élever.

Ainsi, les poissons d'eau froide ont besoin de plus d'oxygène que les espèces tropicales. Or, comme l'oxygène pénètre dans l'eau par la surface, il faut que celle-ci soit grande. Aussi, avant d'acheter vos poissons, calculez combien vous pouvez en héberger. La surpopulation de l'aquarium peut être néfaste, voire provoquer la mort de ses occupants.

La forme du bac ne joue pas seulement sur la quantité d'oxygène qui pénètre dans l'eau, mais aussi sur la profondeur disponible à l'intérieur. Plus le bac est profond, plus il y a de place. Pourtant, si le renouvellement de l'oxygène est essentiel pour la survie des poissons, l'espace ne concerne que son confort. La longueur et la largeur du bac comptent plus que sa profondeur. D'où la popularité du classique aquarium rectangulaire.

Vous avez le choix entre un réservoir en vitres sur châssis métallique, en verre collé ou en plastique moulé. Pour des espèces marines, évitez le métal, qui sera rapidement corrodé par l'eau salée.

Enfin, lorsque vous aurez décidé de la forme, des dimensions et de la matière, il ne vous restera plus qu'une question à résoudre : trouver un endroit où l'installer.

Le choix d'un aquarium

Le choix d'un aquarium n'est pas seulement affaire de goût et de décor. Comme le bac sera le milieu ambiant des poissons, ses dimensions doivent être assez grandes pour contenir toute l'eau dont ses occupants auront besoin. En somme, de la taille de l'aquarium dépend en grande partie le succès de l'entreprise : s'il est trop petit, les poissons suffoqueront littéralement.

Les modèles et l'oxygène
La survie des poissons en aquarium dépend de la quantité d'oxygène dissous dans l'eau, de sorte qu'un volume d'eau donné ne peut recevoir qu'un certain nombre d'hôtes. Nous-mêmes, dans une pièce surpeuplée, nous ouvrons la porte ou la fenêtre, alors que les poissons ne peuvent bouger. Ils dépendent donc totalement de leur propriétaire, auquel il appartient de veiller à ce que le nombre d'habitants ne dépasse pas les normes de sécurité.

Oxygène et taille de l'aquarium
Alors qu'on pourrait croire que, plus le réservoir est vaste, plus il peut accueillir de poissons, tel n'est pas véritablement le cas. Le facteur déterminant pour le nombre de poissons admissible dans un bac, c'est avant tout la surface de l'eau. Car c'est par là que l'oxygène se trouve renouvelé dans l'eau (*voir p. 122*). Dès que la quantité d'oxygène présent dans l'eau est en déficit, il se trouve presque immédiatement remplacé. Pour que cette opération s'effectue aussi rapidement que possible, il faut que l'aquarium possède une vaste surface en contact avec l'air. En outre, c'est par la surface que sont évacués les gaz indésirables, tels que le gaz carbonique.

La forme de l'aquarium
Cela est affaire de goût, dans la mesure où vous ne perdez pas de vue que le nombre d'occupants dans l'aquarium dépend de la surface, et *non* de la profondeur *ni* du volume global de l'eau. Les hauts aquariums, étroits, sont sans doute très décoratifs, mais ils n'accueilleront pas plus de poissons que ceux qui sont deux fois moins hauts.

La forme classique de l'aquarium est celle d'un parallélépipède rectangle reposant sur son plus grand côté. En général, la profondeur est proportionnelle à la longueur, aboutissant à un effet de fenêtre assez équilibré. La largeur du réservoir classique se situe entre 30 et 38 centimètres. Seule exception : les bacs d'élevage pour le frai, qui sont plus larges, plus ouverts, pour permettre un maximum d'oxygénation.

La contenance de l'aquarium
Deux facteurs agissent sur les besoins en oxygène, et par conséquent sur la capacité de l'aquarium. D'abord, la température, puisqu'une eau plus fraîche contient plus d'oxygène qu'une eau tiède. Ensuite, la quantité d'oxygène requise varie en fonction des espèces : les poissons d'eau douce froide et d'eau de mer froide ont des besoins supérieurs aux espèces tropicales d'eau douce, mais inférieurs à ceux des poissons tropicaux marins.

Les divers besoins conditionnent le choix
Pour évaluer la taille de l'aquarium en fonction des différents types de poissons, il faut compter tant de centimètres carrés de surface par centimètre de longueur du corps des poissons. Mais il faut tenir compte de trois chiffres différents : un pour les espèces tropicales d'eau douce, un autre pour

les espèces d'eau douce froide, et un troisième pour les espèces tropicales marines, comme l'indique le croquis ci-contre.

Dans le rapport nombre de poissons/surface disponible, les espèces tropicales d'eau douce gagnent haut la main, suivies par les poissons d'eau douce froide, puis par les espèces tropicales marines. En d'autres termes, les bacs ne devraient pas être inférieurs respectivement à 60, 90 et 120 centimètres, avec, pour chacun, une quarantaine de centimètres de profondeur. Car, en plus d'une surface suffisante pour permettre un rapide renouvellement de l'air, il faut tenir compte de l'état de l'eau. Un volume d'eau important se dégrade moins vite, élément non négligeable pour les aquariums tropicaux marins.

La construction d'un aquarium
Si la taille de l'aquarium est importante, sa construction ne l'est pas moins. L'eau exerce une énorme pression contre les parois, aussi l'épaisseur du verre doit-elle augmenter avec les dimensions du réservoir. Dans un aquarium en verre collé, le verre doit être assez épais pour résister par lui-même, puisqu'il n'est renforcé par aucune structure. Pour de petits bacs de moins de 45 centimètres de long, une plaque de 4 millimètres d'épaisseur suffit. Par contre, pour un aquarium de 90 centimètres, il faut un verre de 6,5 millimètres. Et pour un réservoir de plus de 120 centimètres de long, 10 millimètres d'épaisseur s'imposent, plus une barre transversale pour consolider la vitre frontale.

La contenance de l'aquarium
La quantité d'eau contenue dans le bac dépend de ses dimensions. Des chiffres correspondant aux dimensions les plus courantes sont donnés page 280.

LES PROPORTIONS

Pour calculer le nombre de poissons que peut contenir un bac, divisez sa surface par le chiffre indiqué ci-dessous. Un bac de 90 cm de long sur 30 cm de large – 2 700 cm² de surface – contiendra 90 cm d'espèces tropicales d'eau douce, 36 cm de poissons d'eau douce froide, ou 22,5 cm d'espèces tropicales marines.

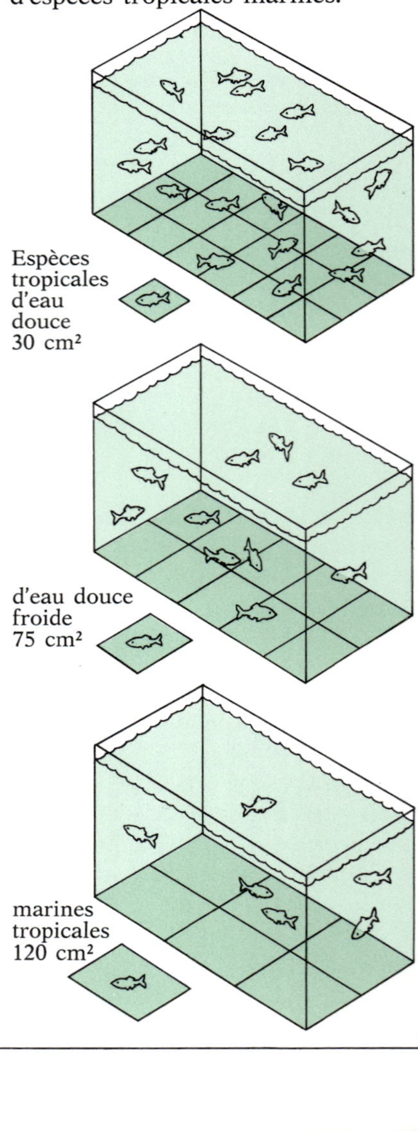

La construction de l'aquarium

On peut fabriquer un aquarium en béton, en bois, en fibre de verre, en vitres sur châssis métallique, en résine acrylique moulée ou en verre.

L'aquarium en verre sur châssis
Jusque dans les années 60, les bacs étaient faits de vitres mastiquées et maintenues par un châssis métallique. Avec l'apparition des aquariums en verre collé, ce type de bacs est passé de mode.

Les aquariums en verre collé
L'invention des colles au silicone dans les années 60 a permis de coller bord à bord des vitres en éliminant tout risque de fuite. Dès lors, les réservoirs, dépourvus de tout cadre, s'allégeaient notablement et se transformaient en objets de décoration. L'apparition du bac en verre collé eut une autre conséquence de taille pour les aquariophiles : il devint alors possible de posséder des espèces marines sans craindre que l'eau salée ne corrode le cadre métallique.

Les aquariums en plastique
Les bacs en plastique moulé ont longtemps présenté de multiples inconvénients : ils étaient trop petits, se rayaient, devenaient rapidement opaques et se déformaient sous l'effet d'un éclairage trop fort. Les résines acryliques semblent avoir résolu tous ces problèmes, mais il convient de les manipuler et de les nettoyer avec soin.

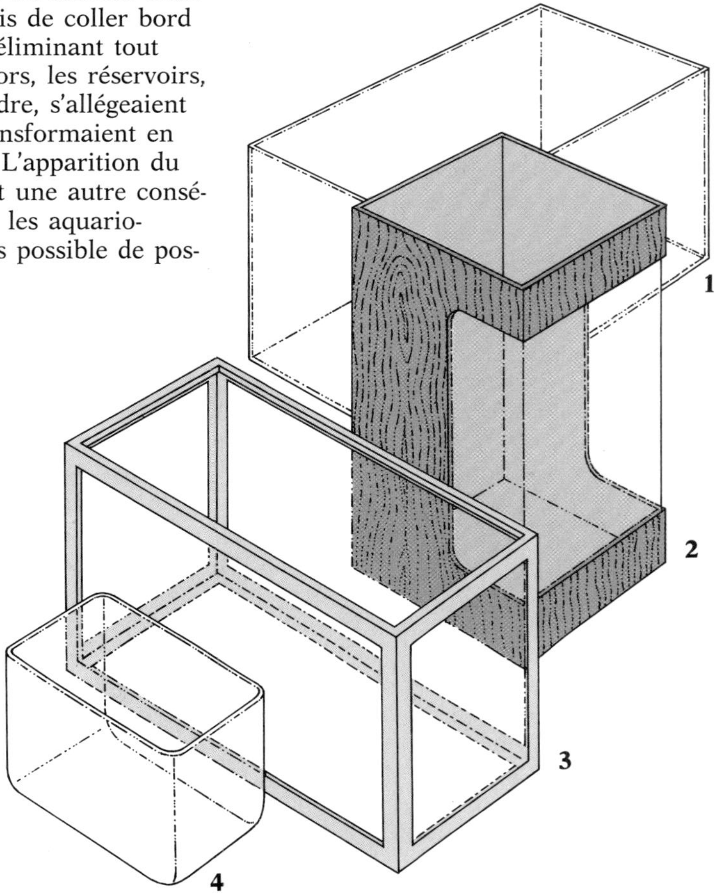

1. *En verre collé* *C'est le modèle le plus courant. Il dure longtemps et ne rouille pas.*

2. *Personnalisé* *Ce réservoir en bois (enduit d'une peinture étanche) possède une vitrine.*

3. *Avec bordure* *Certains aquariums en verre collé ont un rebord protégé par du plastique*

4. *La résine moulée* *Les bacs d'une seule pièce sont déformants, mieux indiqués donc comme réservoirs de reproduction.*

Achat et installation

Les magasins de loisir ont quelques bacs de dimensions standards, mais seuls les revendeurs spécialisés offrent un vaste choix. Des catalogues de vente par correspondance en proposent également.

Les systèmes standards

En admettant que l'espace dont vous disposez pour votre aquarium corresponde à des dimensions standards, vous pouvez sans problèmes vous adresser à un commerçant. Les aquariums normalisés sont classés par taille – des multiples de 30 centimètres en général – ou par capacité – 100 litres, par exemple. Un aquarium standard offre généralement l'avantage d'être livré avec une rampe d'éclairage incorporée, ce qui n'est pas le cas d'une cuve faite sur mesure.

Les systèmes faits sur mesure

Si l'espace dont vous disposez ne correspond pas à des normes, il vous faudra envisager de faire faire votre aquarium sur mesure, ou de le fabriquer vous-même. Le construire, si vous êtes bricoleur, ne représentera pas une grosse économie – ceux en verre collé, dans le commerce, représentent un bon rapport qualité-prix –, mais cela vous procurera une satisfaction légitime. Quand vous aurez terminé, passez une couche de polyuréthanne à l'intérieur. Cette précaution rendra le bois étanche et empêchera les produits chimiques contenus dans le ciment de se diluer dans l'eau.

Le choix du verre

L'épaisseur du verre dépend de la taille et de la forme de l'aquarium. Il doit avoir au moins 2 millimètres de plus dans un

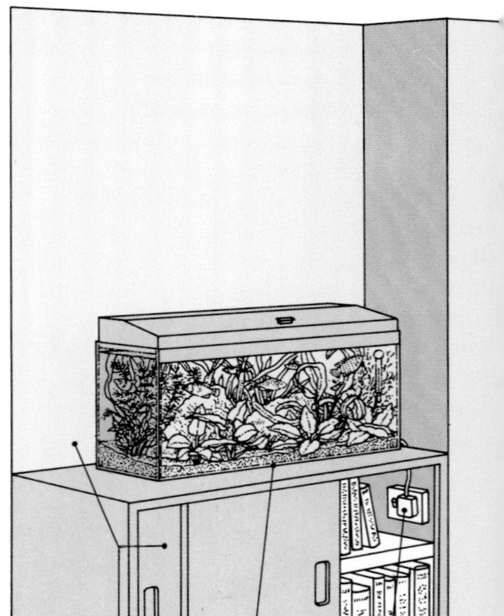

LE BON EMPLACEMENT

Réfléchissez bien avant d'installer votre aquarium : il doit se trouver à l'abri des courants d'air, à l'écart de la lumière du jour et dans un endroit d'accès facile. L'aquarium doit reposer sur un support solide et horizontal, son poids étant réparti également sur toute la surface.

L'espace. Laissez suffisamment d'espace pour tout l'équipement et pour l'entretien.

Le rembourrage. Posez le bac sur une feuille épaisse de polystyrène expansé pour effacer les irrégularités de la surface.

L'accès à la prise. Une prise électrique doit se trouver à proximité pour brancher pompes et filtres.

bac entièrement en verre que dans celui qui est renforcé par une structure métallique. Et le verre doit être d'autant plus épais que l'aquarium est volumineux : 6 mm d'épaisseur pour une cuve de 60 cm, plus 2 mm pour 30 cm de longueur supplémentaire ou pour 10 cm de profondeur. Vous pouvez économiser un peu en choisissant un verre de qualité optique inférieure pour le fond, les côtés et l'arrière. Mais l'avant doit être d'une parfaite qualité optique.

Les aquariums d'occasion
Si vous recherchez des bacs à placer dans une grande cuve, l'aspect extérieur n'est pas primordial, et cela vaut peut-être la peine de chercher un aquarium d'occasion. Vérifiez toutefois que votre acquisition est en bon état. Il est toujours possible de rejointer les fissures avec du mastic au silicone. Si vous placez plusieurs bacs dans une grande cuve, vous pouvez utiliser de longs tubes fluorescents.

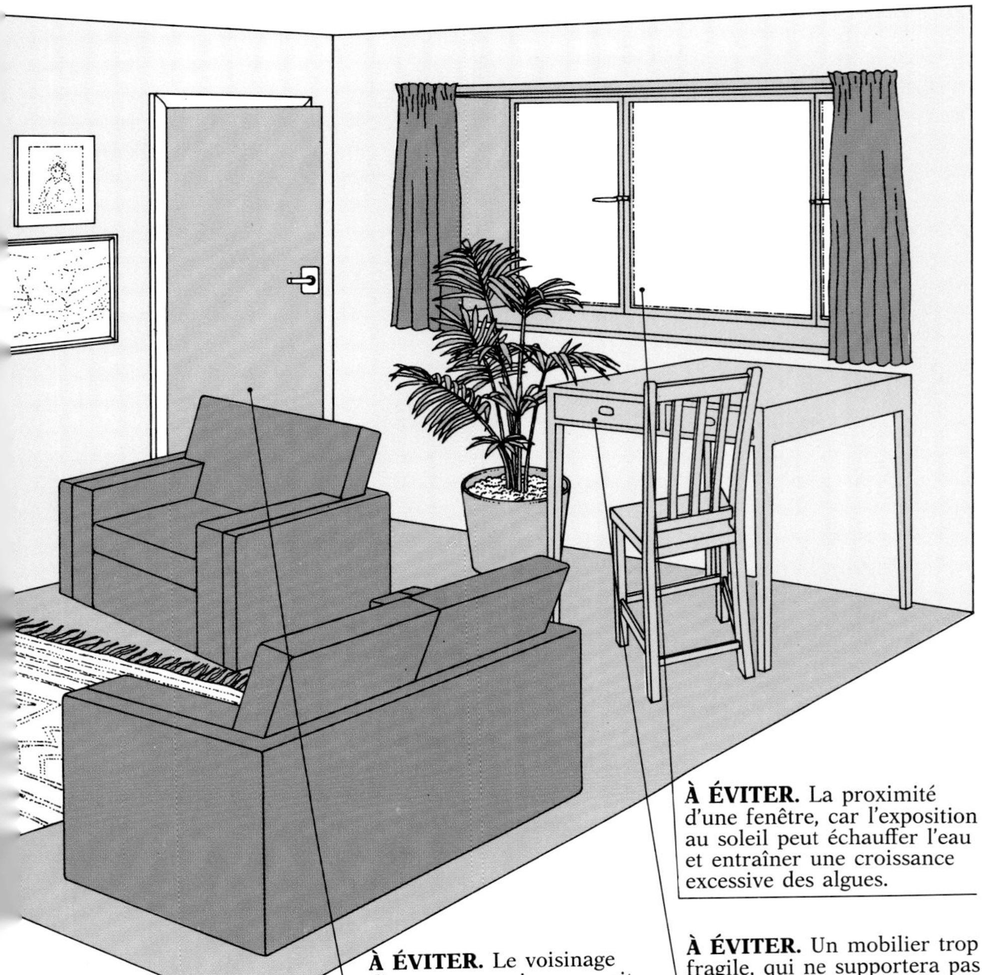

À ÉVITER. La proximité d'une fenêtre, car l'exposition au soleil peut échauffer l'eau et entraîner une croissance excessive des algues.

À ÉVITER. Un mobilier trop fragile, qui ne supportera pas le poids de l'aquarium.

À ÉVITER. Le voisinage d'une porte, qui exposerait l'aquarium aux courants d'air.

Le choix d'un emplacement à l'abri de la lumière et de la chaleur
Évitez de mettre votre aquarium sur le rebord d'une fenêtre où il serait exposé en plein soleil. L'endroit idéal lui permet de recevoir un peu de soleil matinal (surtout important pour les jeunes), mais pas de soleil trop chaud. Un recoin sombre convient très bien, d'autant plus que vous pourrez doser exactement la quantité de clarté nécessaire, sans avoir à tenir compte d'éléments extérieurs.

Fuyez les couloirs et les lieux de passage, exposés aux variations de température et aux courants d'air. Une porte que l'on claque violemment peut faire peur aux poissons ou, pis encore, fendre le verre.

L'accès aux commodités
Quel que soit l'emplacement choisi, vous devrez faire des compromis : par exemple, il y aura toujours une certaine distance entre l'aquarium et l'eau de conduite. Pourtant, un facteur est indispensable : une prise électrique doit impérativement se trouver à proximité pour pouvoir brancher les éléments d'éclairage, de filtration et d'aération.

Ne mettez pas votre aquarium dans un endroit trop étroit. Il faut que vous ayez la place de soulever le couvercle pour distribuer la nourriture, glisser votre bras à l'intérieur avec une épuisette, ou pour arranger les plantes. Il faut prévoir sur les côtés et au-dessous la place de la pompe à air, de l'antisiphon et de tous les branchements. Si la vue de cet appareillage vous incommode, recouvrez-le d'un panneau mobile.

L'AQUARIUM PRÈS D'UNE FENÊTRE
Évitez de placer votre aquarium près d'une fenêtre, ce qui aurait les conséquences suivantes :
- Accélération de la prolifération des algues vertes, qui ne tarderaient pas à envahir les parois du bac.
- La cuve serait surchauffée en été, provoquant un manque d'oxygène dans l'eau. Les poissons d'eau froide en souffriraient particulièrement.
- L'aquarium peut perdre beaucoup de chaleur en hiver, ou quand la fenêtre est ouverte. L'eau se refroidit alors, ce qui est particulièrement néfaste pour les espèces tropicales.

DÉMÉNAGER UN AQUARIUM

Ne déplacez jamais un aquarium plein, pas même de quelques centimètres. La cuve pleine est excessivement lourde, et cela peut être très dangereux : le verre peut se fendre et provoquer une inondation.

Comment déménager
Si vous devez parcourir un certain trajet en plein hiver avec des espèces tropicales, utilisez une boîte isolante. Sinon, procédez comme suit :
1. Premièrement, débranchez l'électricité.
2. Ensuite, videz un tiers de l'eau dans un récipient possédant un couvercle.
3. Retirez les plantes et posez-les dans le récipient.
4. Attrapez les poissons et mettez-les dans le récipient avec les plantes.
5. Refermez le couvercle.
6. Réservez un tiers de l'eau dans un grand seau.
7. Jetez le reste de l'eau.
8. Dans les petits bacs, calez les cailloux. Les réservoirs de plus de 60 centimètres de long doivent être complètement vidés pour le transport.
9. Lorsque vous reconstituez l'intérieur de l'aquarium, utilisez l'eau d'origine pour éviter de traumatiser les poissons.

AÉRATION ET FILTRATION

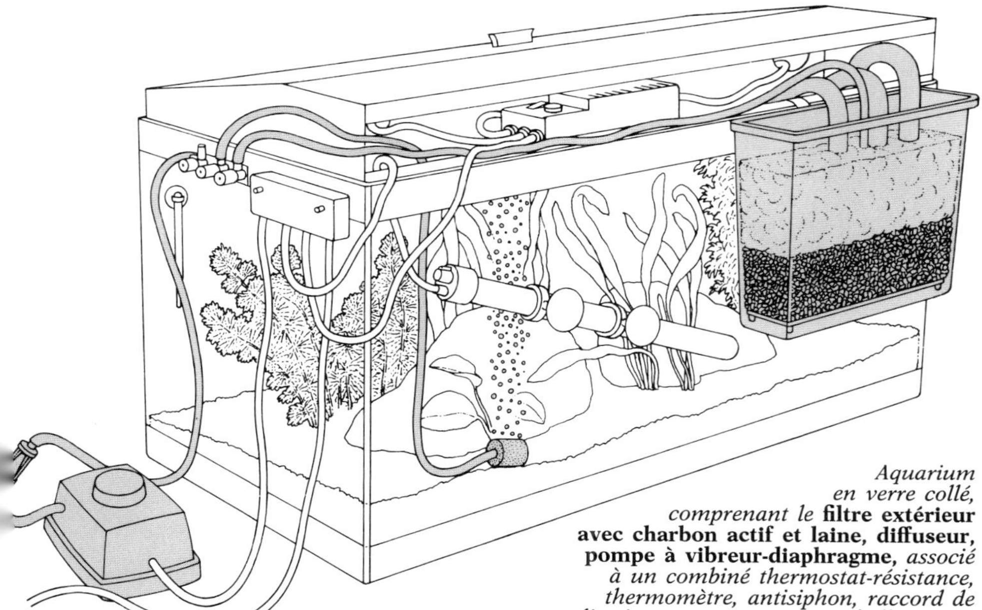

Aquarium en verre collé, comprenant le **filtre extérieur avec charbon actif et laine, diffuseur, pompe à vibreur-diaphragme,** *associé à un combiné thermostat-résistance, thermomètre, antisiphon, raccord de canalisations, eau, rampe avec ballast pour tubes fluorescents, gravier, roches et plantes.*

Pour la santé de vos poissons, l'eau dans la cuve doit absolument rester propre et fraîche en permanence. Cela n'implique pas toutefois que vous changiez l'eau tous les jours. Mais on peut la purifier à l'aide de filtres et de pompes à air.

En dépit de vos soins, votre bel aquarium va bientôt être sali par les déchets provenant des poissons. La filtration a pour fonction d'éliminer ces impuretés, visibles ou non.

L'eau ne doit pas être seulement propre, elle doit contenir une certaine quantité d'oxygène. C'est là un impératif absolu pour les aquariums d'eau froide pendant l'été, quand le niveau d'oxygène dissous décroît à mesure que la température augmente. Il faut donc disposer d'un appareillage capable d'augmenter la quantité d'oxygène dans l'eau et d'éliminer le gaz carbonique présent dans l'eau. C'est ce que l'on appelle l'aération.

Toutefois, un système d'aération n'est nullement obligatoire, et certains aquariums s'en passent fort bien. Mais ce sont généralement des bacs peu peuplés, remplis de plantes saines, et en excellent état.

On ne saurait trop encourager les débutants à faire l'acquisition d'une pompe. Même si vous ne comptez pas vous en servir pour l'aération, la pompe peut faire fonctionner d'autres appareils, comme une couveuse pour artémias, ou un « aspirateur » d'aquarium.

Fonctionnement de l'aération et de la filtration

Même si vous n'en avez pas besoin, il est toujours bon de comprendre comment fonctionne le système d'aération et de filtration.

L'aération

Elle s'effectue au moyen d'une pompe à air. En provoquant un flot de bulles d'air constant, elle fait circuler l'eau à l'intérieur de l'aquarium. Ainsi, elle amène les couches d'eau se trouvant au fond du récipient en contact avec l'atmosphère à la surface, où l'eau absorbe une plus grande quantité d'oxygène tout en se débarrassant du gaz carbonique.

En plus de cette action sur l'oxygène, l'aération offre un second avantage : elle égalise la température à l'intérieur de l'aquarium.

L'aération, en facilitant l'assimilation de l'oxygène, augmente la surface réelle de l'eau en contact avec l'air. Mais cela ne vous autorise pas à augmenter le nombre de vos pensionnaires. Si l'aération tombait en panne, ce qui peut arriver, les poissons d'un bac surpeuplé manqueraient vite d'air.

La filtration

Le filtre a pour fonction d'éliminer les déchets de l'aquarium. Un entretien régulier du filtre est donc essentiel pour que celui-ci ne se transforme pas en un véritable dépotoir par lequel l'eau du bac circule en permanence. Il existe trois méthodes de filtration :

- La filtration mécanique, qui retire de l'eau les impuretés en suspension.
- La filtration chimique, qui retire de l'eau les matières dissoutes.
- La filtration biologique *(voir p. 128)*, qui utilise la présence des bactéries pour réduire les substances toxiques en produits moins dangereux.

Les filtres mécaniques et chimiques

L'eau traverse une boîte ou un cylindre contenant le matériau de filtrage. Ce récipient peut être placé à l'intérieur ou à l'extérieur de l'aquarium. Dans la plupart des cas, on utilise plusieurs moyens pour que les filtrations mécanique et chimique s'effectuent simultanément.

Filtration mécanique

Pour éliminer les impuretés suspendues dans l'eau, il faut un matériau relativement compact. C'est en général un matériau artificiel, comme des fibres de nylon ou de la mousse synthétique, spécialement conçues pour aquarium.

Filtration chimique

Le meilleur matériau pour dissoudre les solides reste le charbon actif. Il possède une large surface qui absorbe les matières dissoutes dans l'eau, comme l'urine des poissons. Malheureusement, le charbon absorbe aussi les produits utiles, et il faut donc le retirer quand on a mis des médicaments dans l'aquarium.

Au bout d'un certain temps, le charbon perd sa faculté d'absorption. Il faut alors le changer. Pour tester son efficacité, il suffit d'ajouter à l'eau quelques gouttes de teinture (du bleu de méthylène, par exemple) à proximité de l'entrée du siphon. Si la teinture ressort à l'autre extrémité du filtre, il faut changer le charbon.

La composition de l'eau et les filtres

On peut utiliser les filtres pour modifier la composition de l'eau *(voir p. 146)*. Ainsi, la tourbe agira sur une eau acide, et les résines opérant des échanges d'ions diminueront la dureté de l'eau.

La pompe à air

L'aération est assurée par air comprimé, à l'aide de pompes à air fonctionnant à l'électricité. Elles sont de deux types : à vibreur et diaphragme, ou à piston et rotative.

Les dimensions de la pompe à air sont sans rapport avec celles de l'aquarium : le plus petit modèle peut suffire pour une cuve de 60 centimètres de long. Mais vous devez savoir de quelle quantité d'air vous avez besoin pour l'ensemble. Une pompe plus grosse produit plus d'air. Aussi, si vous comptez vous en servir pour faire marcher des filtres, des diffuseurs et une couveuse pour artémias, mieux vaut opter pour une pompe relativement grosse. Celle-ci possède des réglages intégrés permettant de contrôler la quantité d'air produite.

LES DIFFUSEURS

Pour l'aération, on fait passer l'air s'échappant d'une pompe par un bloc de matière poreuse immergée (en verre spécial ou en bois imputrescible) qui brise le flux en de minuscules bulles d'air. Les pierres poreuses peuvent s'encrasser à l'usage. Essayez alors de les faire bouillir.

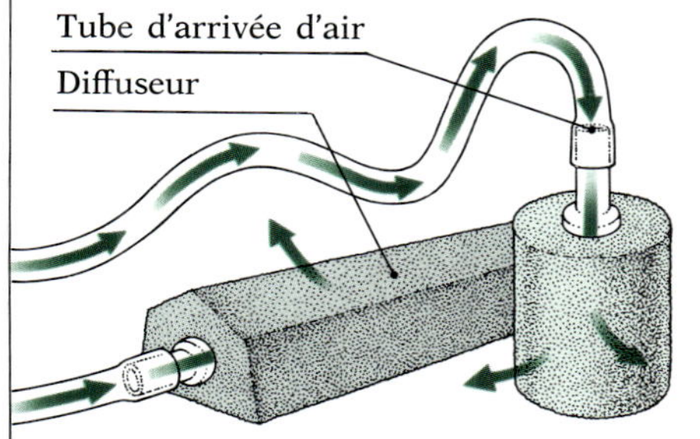

La pompe à piston et rotative
Ces modèles, les plus gros surtout, font partie des plus coûteux. Ils sont recommandés pour les aquariums d'eau de mer ou pour les grands aquariums d'eau douce.

La pompe à vibreur et diaphragme
Ce type de pompe peut être bruyant et doit être régulièrement entretenu. On peut régler le débit sur les modèles haut de gamme.

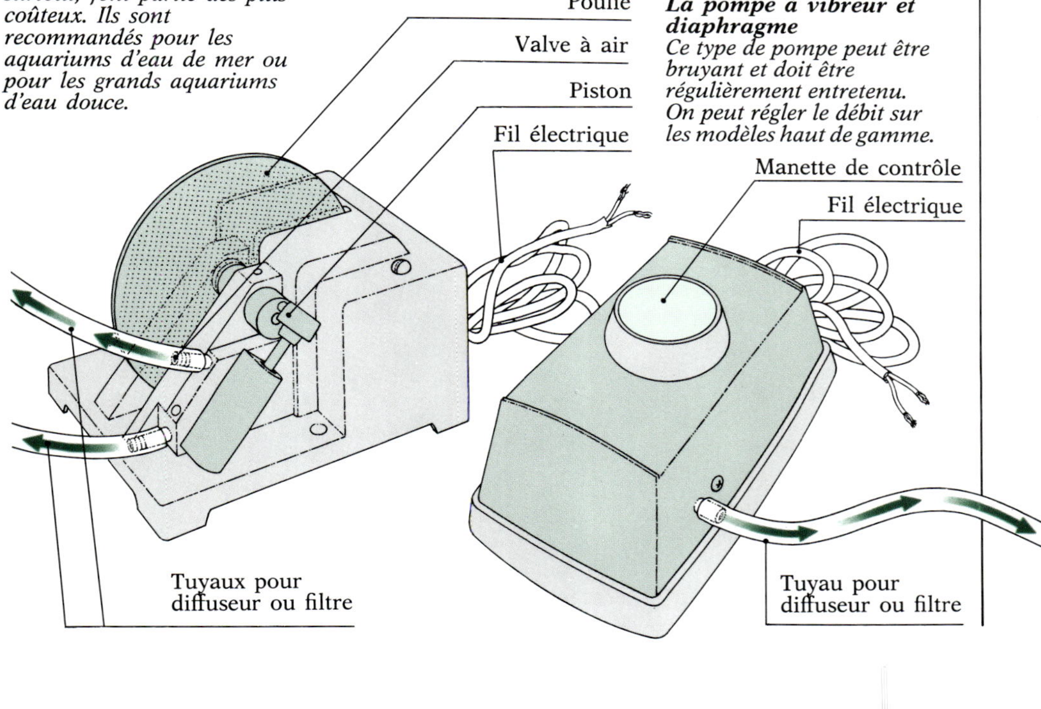

Les filtres à air

Une « cheminée » d'air se trouvant dans le filtre permet de renvoyer l'eau dans l'aquarium après son passage à travers les matériaux filtrants. C'est un tuyau situé dans le filtre qui s'en échappe pour monter verticalement à la surface de l'eau. L'air pénètre au fond de ce tuyau semi-immergé et mélange les bulles d'air avec l'eau propre dans le filtre. Comme le mélange est plus léger que l'eau, il monte et ressort par le haut du tuyau. Ce procédé est parfait pour les petits aquariums.

Les filtres extérieurs
On peut les utiliser dans tous les aquariums contenant des plantes. Tout à fait accessibles, ils s'accrochent à l'extérieur de l'aquarium et peuvent se nettoyer facilement. Il faut parfois pratiquer une ouverture dans le couvercle de l'aquarium pour faire passer les tuyaux d'arrivée et de sortie.
Pour que le flux traverse l'aquarium, adaptez une rallonge au tuyau de sortie d'eau du filtre, qui ira jusqu'à l'extrémité du bac. L'eau reviendra ainsi vers le filtre après avoir traversé tout l'aquarium.

Pour amorcer le filtre
Pour faire fonctionner un filtre extérieur, il faut le remplir d'eau et l'amorcer. Immergez le tube d'arrivée à siphon dans l'aquarium. Lorsqu'il est plein, obturez l'extrémité avec le

FILTRES À AIR

Comment fonctionne un filtre extérieur
Quand le filtre se trouve à l'extérieur du réservoir, l'eau sale y est acheminée par un simple tube à siphon coudé qui passe par-dessus le rebord de l'aquarium, avec une extrémité plongeant sous l'eau et l'autre pénétrant dans la cuve du filtre. L'eau monte dans le tube, traverse le matériau filtrant, puis remonte purifiée dans la seconde partie du tube, pour retourner dans l'aquarium. On accroche ce genre de filtre sur le côté ou à l'arrière du bac.

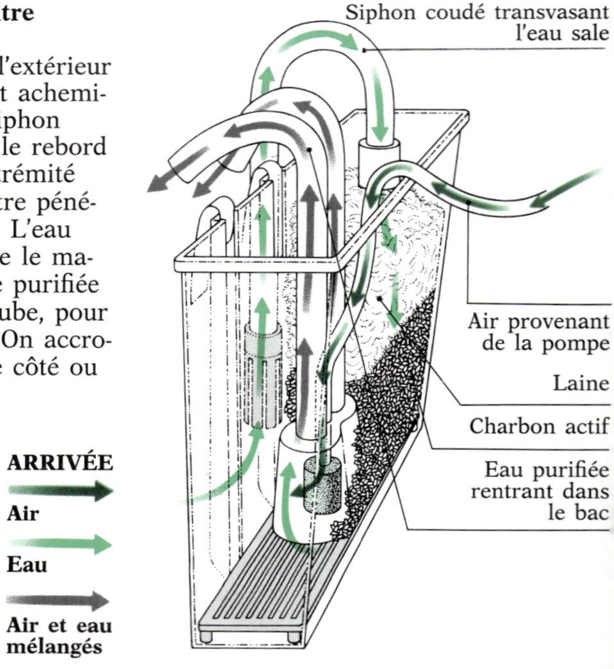

La cuve du filtre
Le filtre à air extérieur offre divers avantages : il est peu coûteux, efficace, et facile à nettoyer.

doigt pour empêcher l'air d'entrer et mettez-le dans la cuve du filtre. Dès que vous aurez retiré le doigt, l'eau se mettra à circuler.

Mécanisme de sécurité
Les filtres extérieurs ne présentent aucun risque d'inondation, même si les matériaux filtrants sont sales et que l'eau ne peut plus passer. En effet, dès que le niveau de l'eau dans le filtre atteint celui de l'eau dans l'aquarium, le siphon s'arrête de fonctionner. L'air chasse alors l'eau de la cuve, le niveau retombe et le siphon se remet en route.

Les filtres intérieurs
L'inconvénient majeur de ce type de filtre est sa difficulté d'entretien. Par ailleurs, l'eau sale peut rentrer dans le bac quand on le retire. Mais il est parfait pour les aquariums d'élevage du frai, car les alevins ne risquent pas d'être aspirés.

Ce filtre s'installe facilement : on le pose simplement sur le fond de l'aquarium. Il faut prévoir un espace dégagé alentour pour que l'eau puisse y entrer. Stabilisez-le en plaçant quelques cailloux sous le matériau filtrant dans la boîte. Vous pouvez aussi le fixer avec des ventouses contre la vitre de l'aquarium.

Autres usages des filtres
La cuve d'un filtre extérieur peut, le cas échéant, être destinée à d'autres usages : accrochée à l'intérieur de l'aquarium et immergée, elle permettra d'isoler un individu agressif ou servira de couveuse pour artémias.

Comment fonctionne un filtre intérieur
Un système simple comprend un morceau de mousse synthétique monté sur une cheminée d'air. L'eau sale pénètre dans les trous et les fentes, et les particules suspendues sont retenues par la mousse. Puis l'air chasse l'eau purifiée vers le tube adjacent à la cheminée d'air.

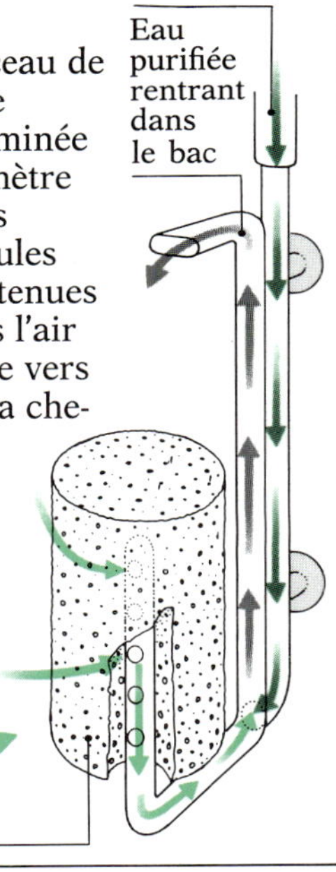

Le filtre simple
Idéal pour les petits aquariums, surtout ceux réservés au frai, car les très jeunes poissons ne peuvent y être entraînés.

ÉCUMEUR DE PROTÉINES

Ce système de filtration à air est une variante du filtre chimique. Il permet d'éliminer les protéines et les autres déchets qui décolorent et polluent l'eau. On ne peut l'utiliser que dans un aquarium d'eau de mer, où il peut servir de complément à un filtre sous gravier *(voir pp. 128-129)*. L'écumeur de protéines est constitué d'un diffuseur installé dans une cheminée coiffée d'un godet de récupération. Les bulles lâchées par le diffuseur créent une turbulence dans le tube, qui engendre la formation d'une écume chargée de protéines et de déchets divers. Celle-ci se dépose sur les parois du godet, qu'il suffit de rincer pour retirer de façon définitive les bactéries qui polluaient l'aquarium.

Les filtres électriques

Différents des filtres à air *(voir p. 124)*, la plupart des filtres électriques brassent l'eau grâce à un moteur électrique qui actionne une petite pompe centrifuge. C'est le principe de base des filtres dits « fermés ».

Un autre type de filtre, dit « ouvert », comprend une turbine à moteur associée à un aimant qui fait circuler l'eau.

Le modèle fermé est le plus puissant des deux, et votre choix doit donc être guidé avant tout par la taille de l'aquarium.

Comparés aux filtres à air, les filtres électriques offrent l'avantage de traiter une quantité d'eau beaucoup plus importante, ce qui signifie que le contenu de l'aquarium est purifié plus vite.

Beaucoup d'amateurs s'accordent en outre à reconnaître que les poissons deviennent plus résistants en vivant dans une eau traversée par des courants plus forts. Le système de filtration électrique est donc particulièrement conseillé pour les aquariums d'eau froide, où les poissons ont besoin d'une eau bien oxygénée.

Parmi les nouveaux modèles, il en existe qui aèrent l'eau quand elle traverse le filtre, et d'autres où l'eau sert aussi à refroidir le moteur. Certains utilisent la diatomite (des fossiles réduits en poudre) comme matériau de filtration. Ce type de filtre ne devrait être utilisé en réalité que comme système d'appoint.

COMMENT FONCTIONNE LE FILTRE OUVERT

Les filtres à moteur s'accrochent à l'extérieur du réservoir. Un aimant est fixé sous le récipient du filtre, et un autre sur une turbine à l'intérieur du récipient. L'aimant extérieur, en tournant, entraîne celui qui est à l'intérieur et actionne la turbine, ce qui fait circuler l'eau. Pour que le flot traverse tout l'aquarium, les tuyaux d'arrivée et de sortie peuvent se trouver aux deux extrémités du bac.

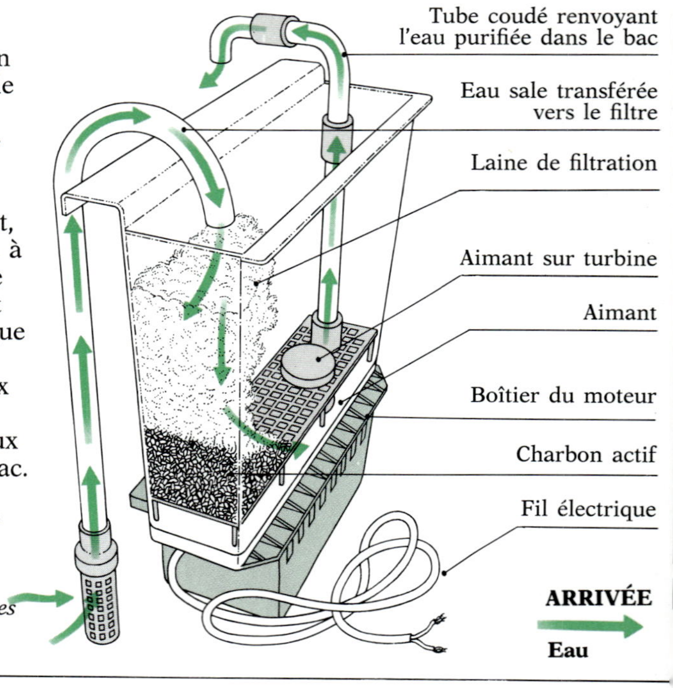

La cuve de filtration à moteur
Ce système, qui peut traiter plus d'eau que le filtre à air, convient à des aquariums de taille importante.

COMMENT FONCTIONNE LE FILTRE FERMÉ

L'eau est brassée par une petite pompe centrifuge actionnée par un moteur électrique. Comme le flot est très puissant, ce type de modèle – submersible ou non – est fourni avec une barre de diffusion qui permet de diffuser l'eau à travers la totalité de l'aquarium.

Les modèles extérieurs
Ces filtres peuvent être suspendus à des crochets ou éloignés du bac et munis de longs tuyaux. Vous devez alors vous assurer de l'état des tuyauteries et des joints, car une fuite suffirait à vider rapidement l'aquarium.

Les modèles intérieurs
Les filtres fermés submersibles peuvent se mettre à l'intérieur du bac. Le moteur se trouve dans la partie supérieure, au-dessus du matériau filtrant. Beaucoup sont équipés pour mélanger de l'air à l'eau filtrée.

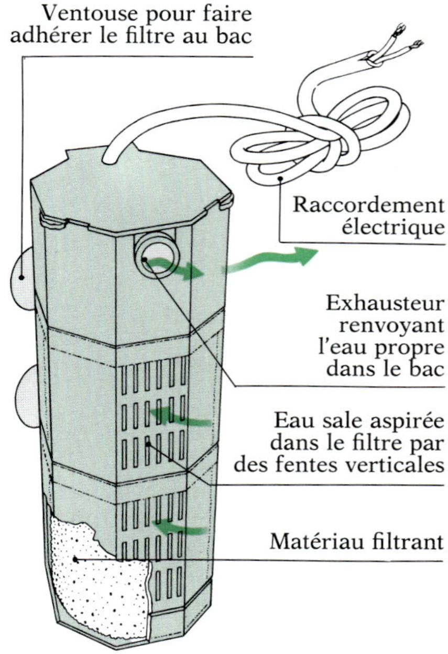

ARRIVÉE

Eau

Filtre fermé extérieur
Le filtre ci-contre est parfait pour de grands aquariums, tout en étant d'un nettoyage facile.

Filtre fermé intérieur
Le filtre ci-dessus n'est conseillé que pour de grands volumes, car les turbulences de l'eau risquent de déranger les plantes.

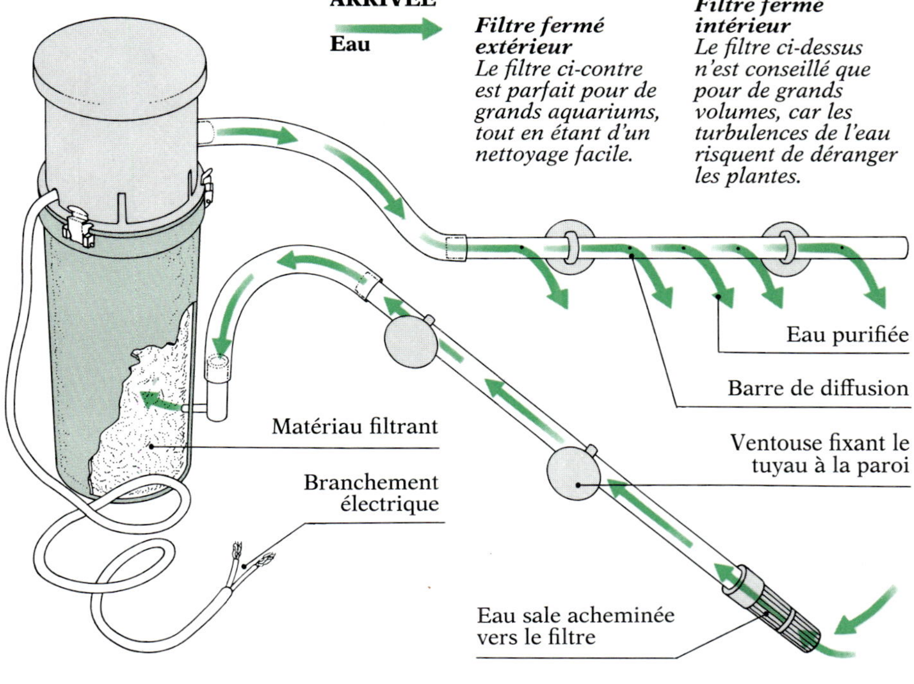

Filtration biologique

Contrairement aux méthodes mécanique et chimique *(voir p. 122),* la filtration biologique a pour principe de neutraliser les substances toxiques contenues dans l'eau sans vraiment les éliminer.

La filtration biologique est très efficace en ce qui concerne l'ammoniaque, produit par des bactéries qui se nourrissent de toutes les substances de décomposition (comme les déchets excrétés par les poissons et les aliments non consommés). L'ammoniaque est aussi fabriqué par le poisson quand il respire. Dans ce système, une flore microbienne s'installe et change les composés ammoniacaux et les nitrites en nitrates. Les

COMMENT FONCTIONNE UN FILTRE SOUS GRAVIER

Il n'y a pas, ici, de matériau de filtration. Une plaque perforée est simplement placée sous le gravier, où elle crée un lit aérobie pour que les bactéries se développent dans une eau riche en oxygène. Une cheminée d'air (voir p. 124) fait circuler l'eau à travers le gravier d'une manière permanente, ou pousse l'eau sous le gravier, à travers lequel elle remonte. C'est la filtration par flux inversé.

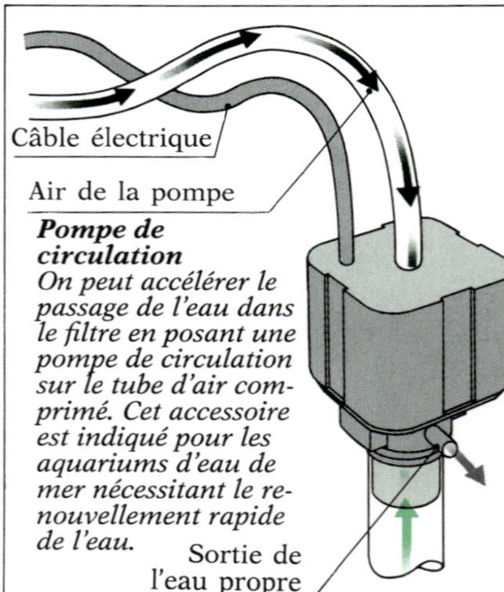

Pompe de circulation
On peut accélérer le passage de l'eau dans le filtre en posant une pompe de circulation sur le tube d'air comprimé. Cet accessoire est indiqué pour les aquariums d'eau de mer nécessitant le renouvellement rapide de l'eau.

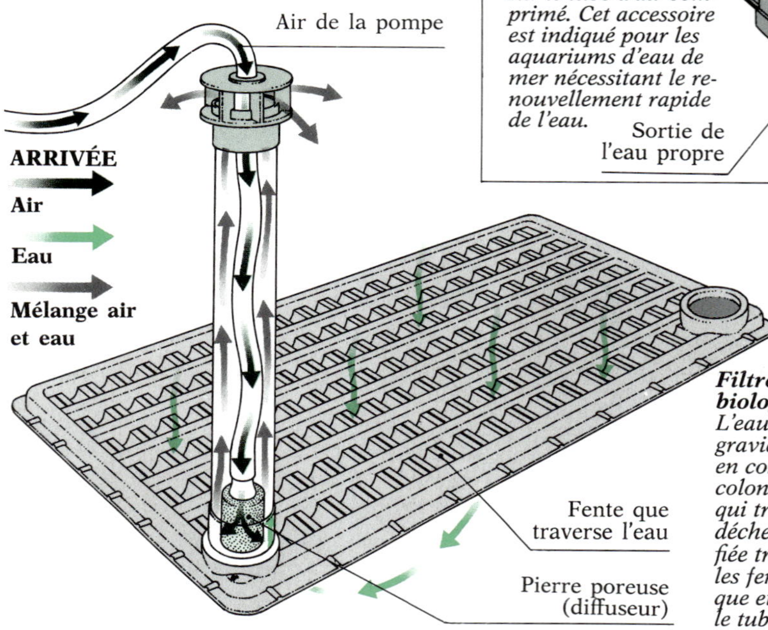

Filtre-plaque biologique
L'eau traverse le gravier où elle entre en contact avec la colonie bactérienne, qui transforme les déchets. L'eau purifiée traverse ensuite les fentes de la plaque et remonte par le tube d'air.

bactéries s'installent à la surface du gravier de l'aquarium, mais un milieu riche en oxygène (aérobie) favorise leur développement.

On pose au fond du réservoir une plaque comportant des striures pour que l'eau puisse circuler à travers le gravier. Quand l'eau chargée d'ammoniaque rencontre les bactéries, elle subit un double métabolisme. D'abord, les bactéries *Nitrosomonas* transforment l'ammoniaque en un résidu, les nitrites, qui est à son tour transformé en nitrates par les bactéries *Nitrobacter*. Bien que les nitrates risquent d'empêcher la croissance des poissons, ils sont beaucoup moins toxiques que l'ammoniaque. Nitrites et nitrates peuvent constituer une source alimentaire pour les plantes.

Ce type de filtre offre un certain nombre d'avantages. Il est discret, n'exige pas la présence de multiples tuyaux, et il est silencieux.

L'installation d'un filtre sous gravier
Le filtre-plaque doit couvrir exactement le fond de l'aquarium. Si vous prenez un filtre du commerce, il vous faudra peut-être découper la plaque à vos dimensions ou en coller plusieurs ensemble. Sinon, fabriquez votre plaque en pratiquant des fentes dans du plastique ondulé *(voir p. 193)*.

1. Posez la plaque à plat sur le fond du bac vide et fixez-la à demeure.

2. Installez la cheminée d'air dans un coin, que vous fixerez sur la plaque avec, au besoin, une colle spéciale. Un diffuseur *(voir p. 123)* contribuera à agiter l'eau dans le tuyau à air. Dans les aquariums d'eau douce, un filtre sous gravier fonctionnera d'une manière très satisfaisante avec une simple pompe à air *(voir p. 123)*. En revanche, les réservoirs d'eau de mer nécessitent un plus grand renouvellement de l'eau. Mieux vaut donc utiliser un filtre électrique *(voir p. 126)*.

LA FILTRATION VÉGÉTALE

Agissant à la fois sur le plan biologique et chimique, ce type de filtration se sert des algues pour éliminer l'ammoniaque, le gaz carbonique et les nitrates présents dans l'eau. Dans les aquariums d'eau de mer, on peut aménager un plateau à algues, mais il faut réserver alors un grand espace au-dessus du bac.

Dans les systèmes d'eau douce, on peut installer, à côté de l'aquarium contenant les poissons, un bac garni de plantes. L'eau de l'aquarium traverse le bac planté, puis retourne dans l'aquarium. Le bac de plantes doit être abondamment éclairé pour que se produise la photosynthèse.

Les plantes absorbent le gaz carbonique et les molécules inorganiques, produisant à la place de l'oxygène et des composés organiques. Ce système est fort utile dans le cas de poissons herbivores qui mangent les plantes. Si l'aquarium principal est atteint par la maladie, isolez celui des algues.

3. Recouvrez ensuite le filtre avec 2 ou 3 centimètres de gravier, une feuille de polyéthylène, puis ajoutez de nouveau 4 à 5 centimètres de gravier.

La couche de gravier doit être assez épaisse pour permettre aux plantes de bien s'enraciner. La feuille de polyéthylène empêchera les poissons de mettre la plaque à nu.

4. Pour accélérer le développement des bactéries dans un nouvel aquarium, ajoutez du gravier provenant d'un autre déjà en fonctionnement. Pour vérifier la teneur bactérienne, faites un test qui mesure le taux de nitrites. Il est indispensable d'effectuer ce test avant d'introduire des poissons d'eau de mer dans un bac *(voir p. 146)*.

LE CHAUFFAGE

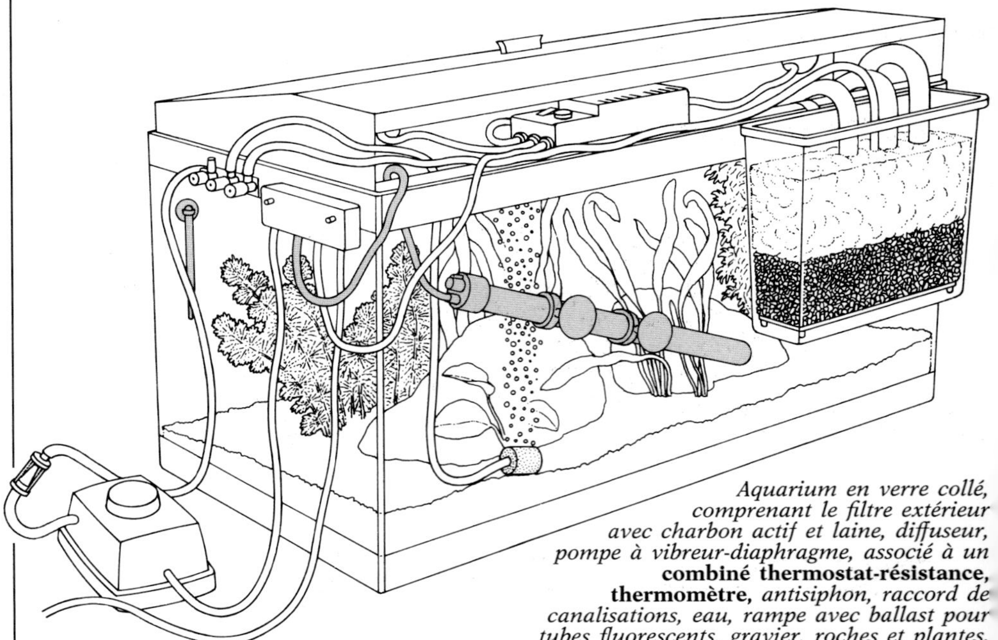

Aquarium en verre collé, comprenant le filtre extérieur avec charbon actif et laine, diffuseur, pompe à vibreur-diaphragme, associé à un **combiné thermostat-résistance, thermomètre,** *antisiphon, raccord de canalisations, eau, rampe avec ballast pour tubes fluorescents, gravier, roches et plantes.*

Contrairement aux autres accessoires, tels que bacs, éléments d'aération et filtres, le chauffage n'est indispensable que si vous voulez posséder des espèces tropicales. Le chauffage n'entraîne pas de gros frais d'électricité, car la température de l'eau ne doit pas être très élevée – environ 24 degrés, celle d'un bain tiède. En outre, lorsque l'eau a atteint la bonne température, il faut peu d'énergie pour la maintenir à ce niveau de chaleur.

La majorité des aquariums sont chauffés par de petits appareils individuels branchés sur le courant. Mais si vous avez une collection d'aquariums, tous installés dans la même pièce, vous pouvez utiliser une autre source d'énergie, comme la paraffine, pour chauffer la pièce elle-même *(voir p. 135).*

Aujourd'hui, il existe des thermostats automatiques qui permettent de contrôler la température de l'aquarium et de la maintenir à un niveau constant. Pourtant, il vous est toujours loisible de régler le thermostat pour modifier la température ambiante (en cas de maladie ou en période de reproduction, par exemple).

Les résistances

Une résistance d'aquarium comprend un fil électrique en spirale autour d'une forme en céramique isolée dans un tube de verre étanche résistant à la chaleur. Le fil électrique pénètre dans le tube par un bouchon étanche. Ces appareils submersibles existent en 50, 75, 100, 125, 150, 200 et 300 watts.

Autre solution de chauffage « d'intérieur » : un câble chauffant que l'on peut dissimuler sous le gravier de l'aquarium. Ce type d'appareil offre cet avantage que les poissons ne risquent pas de se brûler.

Un système de chauffage externe, proposé depuis peu dans le commerce, se présente sous la forme d'un chauffe-plat électrique sur lequel repose l'aquarium.

Le chauffage de faible voltage est moins dangereux, mais il présente plusieurs inconvénients : un transformateur est nécessaire, les fils sont généralement gros et l'appareil lui-même est encombrant.

Choisir la bonne taille

Votre chauffage doit suffire pour chauffer la quantité d'eau de l'aquarium. Il faut compter approximativement 10 watts pour 5 litres d'eau, pour un aquarium se trouvant dans une pièce normalement chauffée.

Par exemple, pour un bac de 90 centimètres de long, 30 de large et 38 de profondeur, ayant donc une capacité de 100 litres, il faut prévoir une résistance de 200 watts. La chaleur se répartit mieux dans un aquarium de 90 centimètres de long, et d'autant mieux si vous placez deux résistances plus petites de chaque côté du bac. Un chauffage trop puissant pour l'aquarium peut ne pas poser de problèmes, sauf

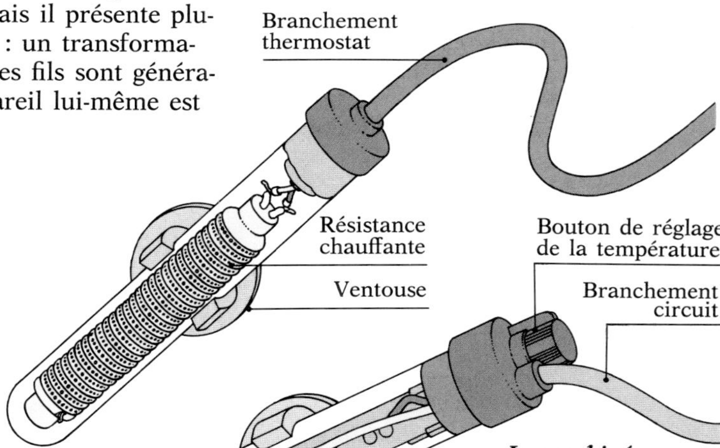

Résistance
Ce type de chauffage doit être contrôlé par un thermostat intérieur ou extérieur (voir p. 113). *Le raccordement électrique entre la résistance et le thermostat* doit être *fait à l'extérieur de l'aquarium.*

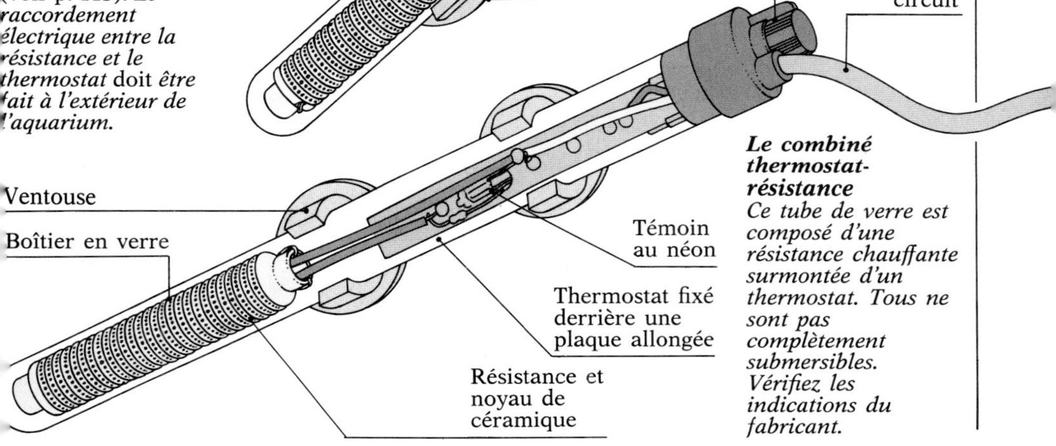

Le combiné thermostat-résistance
Ce tube de verre est composé d'une résistance chauffante surmontée d'un thermostat. Tous ne sont pas complètement submersibles. Vérifiez les indications du fabricant.

si le thermostat a une défaillance. L'eau, en quantité insuffisante, risque d'être vite surchauffée, voire de bouillir, entraînant la mort des poissons et l'éclatement du verre. De plus, les variations de température, toujours très rapides dans un petit bac, vont allumer et éteindre constamment le thermostat, qui, à la longue, finira par se détraquer.

Inversement, une résistance trop faible risquerait de ne pas suffire pour réchauffer l'eau si la température de la pièce où se trouvent les poissons venait à diminuer.

CONSEILS DE SÉCURITÉ

- Ne mettez pas le contact avant d'avoir totalement immergé l'appareil. Les résistances chauffent très vite hors de l'eau et vous risquez de vous brûler. Et si, alors, vous la lâchez, elle peut exploser !
- Le bouton d'un thermostat extérieur peut attirer les enfants. Si le bouton n'est pas dissimulé par un couvercle, retirez-le carrément après l'avoir réglé sur la température désirée.

L'INSTALLATION DU CHAUFFAGE

Il y a deux méthodes d'installation : l'une concerne le combiné thermostat-résistance, l'autre le chauffage séparé contrôlé par un thermostat extérieur.

Les combinés
Cet appareil se fixe en général verticalement dans un coin de l'aquarium. Si l'eau n'est pas assez profonde, on peut le fixer en biais, sur le fond ou sur le côté de l'aquarium. La partie thermostatique doit toujours se trouver plus haut que la résistance.

Résistance et thermostat séparés
La plaque sensible du thermostat doit être bien à plat contre la vitre. Il est essentiel qu'elle soit en contact avec le verre sur *toute* sa surface pour bien fonctionner. Si le verre est gravé ou strié, le contrôle sera douteux.

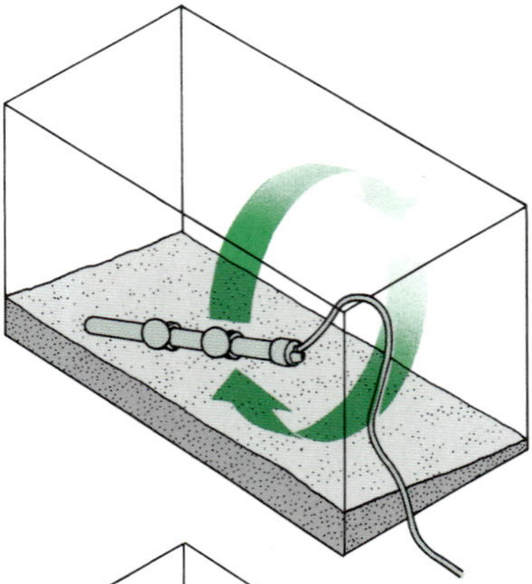

Installer un combiné thermostat-résistance
On fixe l'appareil en biais, sur la vitre du fond du bac, avec des attaches en plastique terminées par des ventouses. Vérifiez que la résistance ne touche pas le gravier. Sinon, elle risque de faire éclater le tube de verre avec danger d'électrocution.

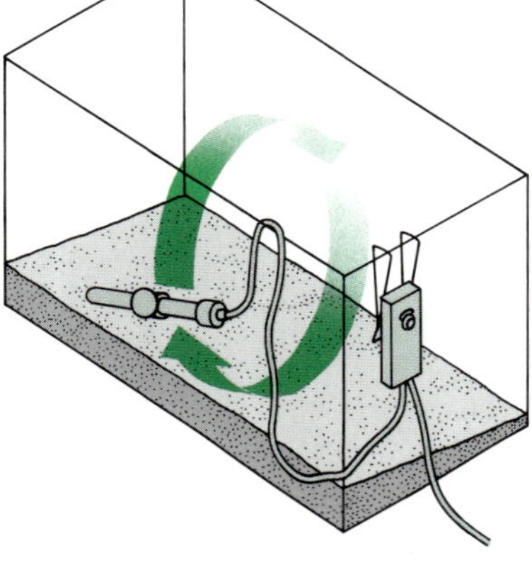

Installer des éléments séparés
La résistance doit être installée dans l'aquarium aussi bas que possible, sans toutefois toucher le gravier. Chaque résistance doit avoir son propre thermostat (voir p. 133). *Il doit y avoir suffisamment de fil pour éloigner les deux éléments. Fixez au thermostat une attache plastifiée et montez-le sur le côté de l'aquarium.*

Les thermostats

Le thermostat a pour fonction d'éteindre le chauffage quand la température désirée est atteinte et de le rétablir quand celle-ci tombe en dessous d'un niveau préindiqué. Ils sont en principe réglés en usine sur 24 degrés environ, mais vous laissent une certaine marge de manœuvre.

Les thermostats intérieurs

Un thermostat intérieur comprend un bilame fixé à l'intérieur d'un tube de verre étanche. Quand la température de l'eau varie, le métal se dilate et entre en contact avec la résistance chauffante, mettant ou coupant ainsi le contact. Un aimant permet d'accélérer le processus.

Autrefois, résistances et thermostats étaient séparés. Mais on trouve aujourd'hui un système combiné thermostat-chauffage inserré dans le même tube de verre. Ce dispositif simplifie le raccordement électrique. Attention : tous les combinés ne sont pas entièrement submersibles. Lisez attentivement la notice du fabricant.

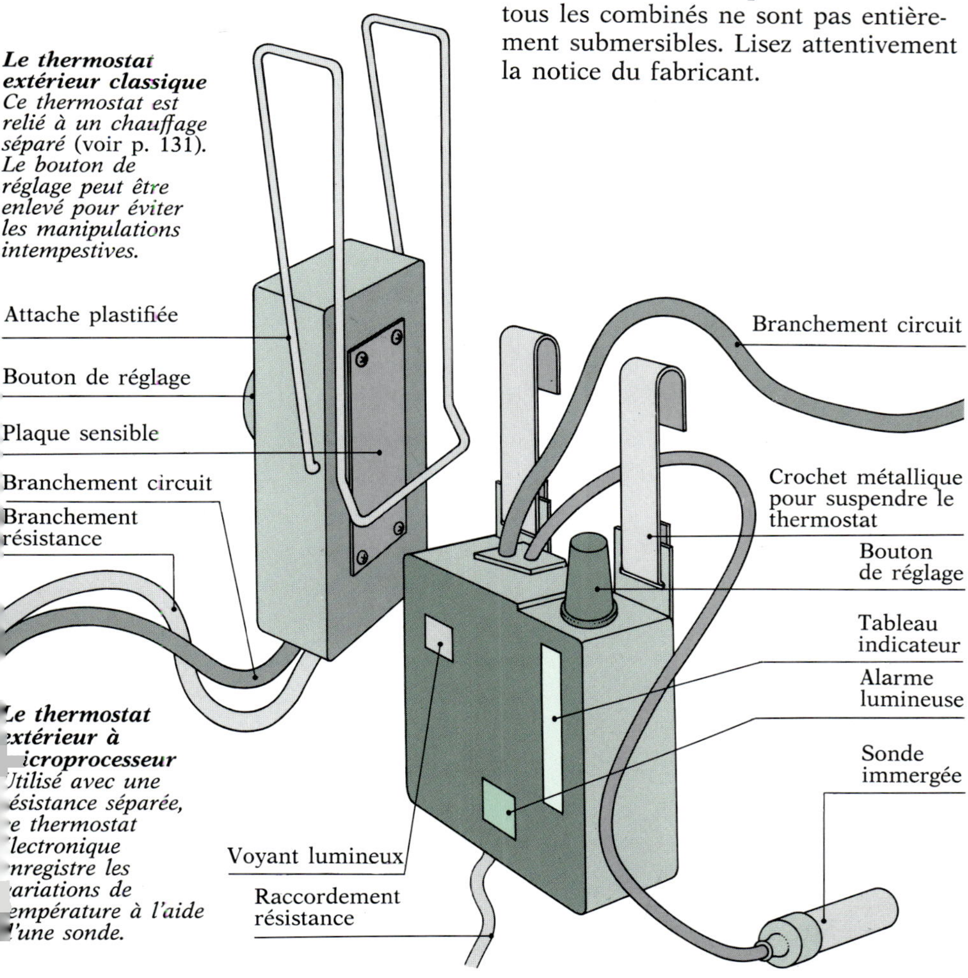

Le thermostat extérieur classique
Ce thermostat est relié à un chauffage séparé (voir p. 131). *Le bouton de réglage peut être enlevé pour éviter les manipulations intempestives.*

Le thermostat extérieur à microprocesseur
Utilisé avec une résistance séparée, le thermostat électronique enregistre les variations de température à l'aide d'une sonde.

Entretien du thermostat

Les thermostats modernes n'exigent en principe aucun entretien. Dans le cas des appareils intérieurs, submersibles, qui sont parfaitement étanches, il n'y a rien à faire : ou ils marchent correctement, ou pas du tout. Vérifiez pourtant de temps à autre leur étanchéité.

Pour les thermostats qui s'accrochent à l'extérieur, vérifiez que la plaque sensible adhère bien au verre. Dans les modèles électroniques, il est important qu'elle soit totalement immergée.

Les thermostats, qui obéissent au principe électromagnétique, ne doivent pas subir d'interférences. Gardez à l'écart les grattoirs magnétiques des vitres.

Les thermostats extérieurs

Les thermostats extérieurs, associés à une résistance chauffante séparée, ont une base plate en acier inoxydable qui leur permet de sentir les variations de température à travers la vitre de l'aquarium.

Un modèle à microprocesseur fait appel à la technologie de pointe en enregistrant la température de l'eau au moyen d'une sonde minuscule. Ces thermostats sont accrochés sur le rebord extérieur de l'aquarium avec des crochets métalliques *(voir p. 133).* Si vous avez un aquarium d'eau de mer, protégez *absolument* ces crochets avec des gaines de plastique pour éviter que le métal corrodé ne pollue l'eau du bac.

Régler le thermostat

Tous les modèles sont en principe préréglés sur 24 degrés. Mais vous pouvez augmenter la température pour favoriser la reproduction ou la baisser pour des poissons qui préfèrent des températures inférieures. Coupez le courant avant de régler un thermostat.

VÉRIFIER LA TEMPÉRATURE

Il existe tout un choix de thermomètres d'aquarium simples et bon marché. Les modèles intérieurs sont fixés verticalement à la vitre du bac par des ventouses. Une colonne de liquide coloré indique la température, de la même manière qu'un thermomètre médical. Les modèles qui s'accrochent à l'extérieur sont à cadran ou à cristaux liquides. Pour ne pas fausser la lecture, évitez d'exposer au soleil les modèles à cristaux liquides.

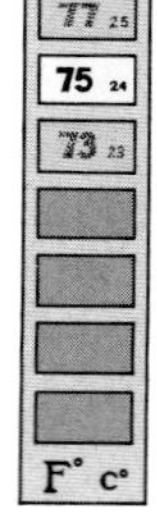

Le thermomètre à cristaux liquides
Il se présente sous la forme d'une bande de papier adhésif (ci-contre) que l'on colle à l'extérieur de l'aquarium. Les pastilles s'éclaircissent pour indiquer la température de l'eau.

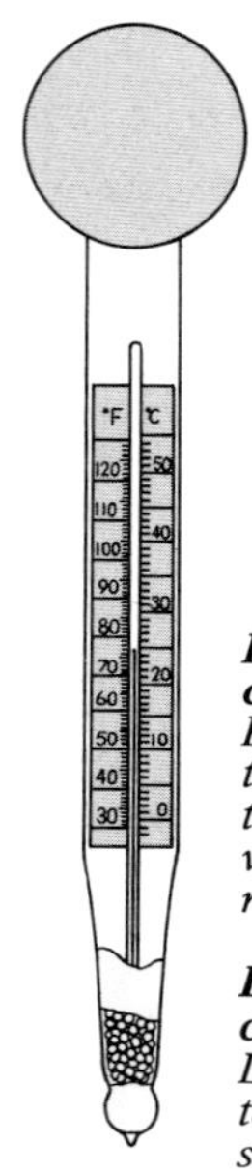

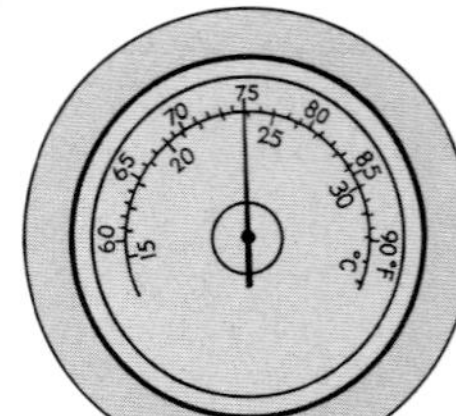

Le thermomètre à cadran
Placez-le pour que la température normale se trouve à la verticale, il vous sera facile de repérer tout changement.

Le thermomètre classique
Le mercure indique la température. Il doit s'accrocher à la verticale.

Conservation de la chaleur

Si vous avez plusieurs aquariums, vous ferez des économies en chauffant la pièce où ils se trouvent plutôt que chaque bac. Il faut aussi prévoir des mesures d'urgence pour protéger les poissons en cas de coupure de courant.

Chauffer l'espace
Le moyen le plus facile est de chauffer la pièce à la paraffine (kérosène). Un léger film se déposera à la surface de l'eau, mais il suffira de le retirer avec du papier absorbant. Sinon, vous pouvez allumer un chauffage électrique ou à gaz muni d'un thermostat, ou prolonger le chauffage central de l'appartement.

Avantages
Chauffer l'espace vous permet de mettre les poissons dans n'importe quel récipient étanche à l'intérieur de la pièce. Vous pourrez choisir entre un emplacement en hauteur, plus chaud, et un endroit plus frais, vers le sol. Ainsi, si vous voulez une température plus élevée pour certains poissons, posez-les sur une étagère en hauteur ou transférez-les dans un aquarium situé plus haut. Cette éventualité est intéressante pour l'élevage du frai.

Si l'espace est chauffé, les poissons ne souffriront pas quand on renouvellera leur eau. Remplissez à l'avance un grand aquarium : l'eau sera automatiquement à la bonne température. Plus de risques non plus de courants d'air quand on soulève le couvercle.

Inconvénients
Il y en a deux : la dépense et le confort. Cette pièce très chauffée n'aura pas d'autre utilisation.

ÉCONOMIES DE CHALEUR

Quel que soit le chauffage de l'aquarium, essayez de conserver la chaleur. Le mieux, si l'aquarium est intégré dans le mur ou à la cheminée, est de doubler l'arrière et les côtés du bac de plaques de polystyrène, qui ne se verront pas. Cette solution est déconseillée dans les autres cas, car l'effet n'est guère heureux sur des aquariums entièrement exposés.

Si les poissons se trouvent dans une pièce qui leur est entièrement dévolue et où le décor n'est pas de première importance, isolez la pièce en tapissant les murs de polystyrène épais. On le trouve en feuilles ou en rouleaux, et on le colle comme du papier à tapisser.

Mesures d'urgence
Dans les aquariums de plus de 60 centimètres de long, la température diminue très lentement, et, si la coupure est brève, elle n'aura baissé que d'un ou deux degrés, moins même si la pièce est chauffée.

En revanche, si la coupure se prolonge, enveloppez l'aquarium de couvertures et de journaux pour conserver la chaleur. Beaucoup de poissons supportent très bien 18 degrés si la diminution de température s'est faite graduellement. Si elle tombe brusquement, ayez recours à un chauffage d'appoint pour chauffer de l'eau dont vous remplirez des bouteilles. Vous poserez celles-ci debout au fond de l'aquarium.

Ne versez pas de grandes quantités d'eau bouillante dans l'aquarium ; vous risquez de traumatiser les poissons et, surtout, de faire éclater des parois.

L'EAU

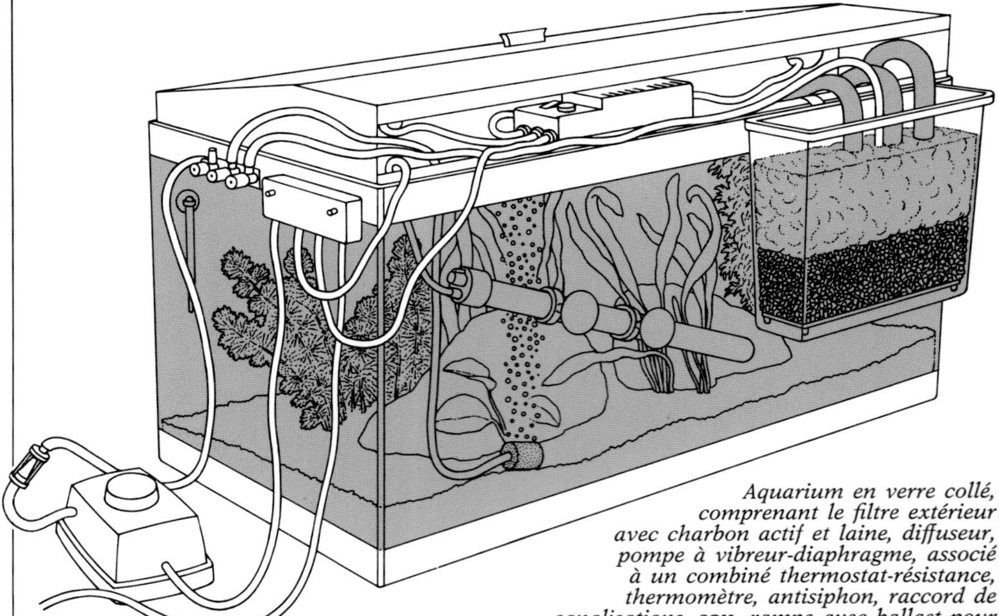

Aquarium en verre collé, comprenant le filtre extérieur avec charbon actif et laine, diffuseur, pompe à vibreur-diaphragme, associé à un combiné thermostat-résistance, thermomètre, antisiphon, raccord de canalisations, **eau,** *rampe avec ballast pour tubes fluorescents, gravier, roches et plantes.*

L'eau, élément commun à tous les hôtes de l'aquarium, est la partie essentielle de celui-ci. Souvent, c'est d'elle que dépendent les succès ou les échecs rencontrés par l'aquariophile. L'eau, pour les poissons, est l'équivalent de l'air que nous respirons. Elle leur apporte l'oxygène dissous, soutient le poids de leur corps et les tiges des plantes. Pour survivre, un organisme aquatique doit boire de l'eau et excréter du sel, ou excréter de l'eau et absorber du sel *(voir pp. 19-20),* selon qu'il est un poisson d'eau douce ou d'eau de mer.

L'eau est un produit courant : elle recouvre 70 pour cent environ de la surface du globe. C'est en grande partie de l'eau salée – de l'eau de mer. L'eau douce des rivières et des lacs ne recouvre qu'une petite proportion, de l'ordre de 3 pour cent, de la surface aquatique totale, et 75 pour cent de cette eau douce, sous forme de glace, constitue la calotte glaciaire. Néanmoins, lorsqu'il s'agit d'un aquarium, il ne suffit pas de prélever n'importe quelle eau pour en remplir le bac. Douce ou de mer, elle peut être polluée ou ne pas correspondre aux besoins des occupants de l'aquarium. Cette partie vous explique la composition de l'eau, son effet sur les poissons et comment évaluer la qualité qui leur convient.

Qu'est-ce que l'eau ?

Pour le profane, l'eau, c'est simplement H_2O pour l'eau douce, additionnée de chlorure de sodium (NaCl) pour l'eau salée. Mais l'eau n'est pas seulement H_2O ; des oligo-éléments et de nombreux minéraux y sont également présents. Il est important de comprendre comment ceux-ci modifient la composition de l'eau pour être à même de répondre aux besoins des hôtes de l'aquarium, provenant de régions très diverses où les conditions et les particularités aquatiques étaient nécessairement très différentes.

La majeure partie de l'eau qui recouvre la terre est salée et se trouve dans la mer. C'est un milieu très stable, dont la salinité varie peu d'un endroit à l'autre. L'eau douce, en revanche, change énormément selon le lieu. On peut donc mettre les poissons d'eau de mer dans un seul type d'eau, alors que les habitants d'eau douce ont des exigences variables dont il faut savoir tenir compte lorsqu'on prépare l'eau de l'aquarium.

Mais les polluants industriels modifient la constitution de l'eau, et des produits chimiques, tels le fluor et le chlore, sont souvent ajoutés à l'eau du robinet, compliquant encore la tâche de l'aquariophile.

D'OÙ VIENT L'EAU DOUCE ?

Sous l'effet du soleil, l'eau de la mer s'évapore et passe dans l'atmosphère. Seule l'eau pure s'élève ainsi, dépourvue du sel que contient la mer. Quand la vapeur d'eau se déplace au-dessus de la terre, elle se condense et tombe sous forme de pluie. Au commencement, la pluie est de l'eau pure, mais, durant le trajet qu'elle parcourt pour rejoindre la mer, l'eau se charge progressivement de minéraux, de déchets industriels et de végétaux en décomposition.

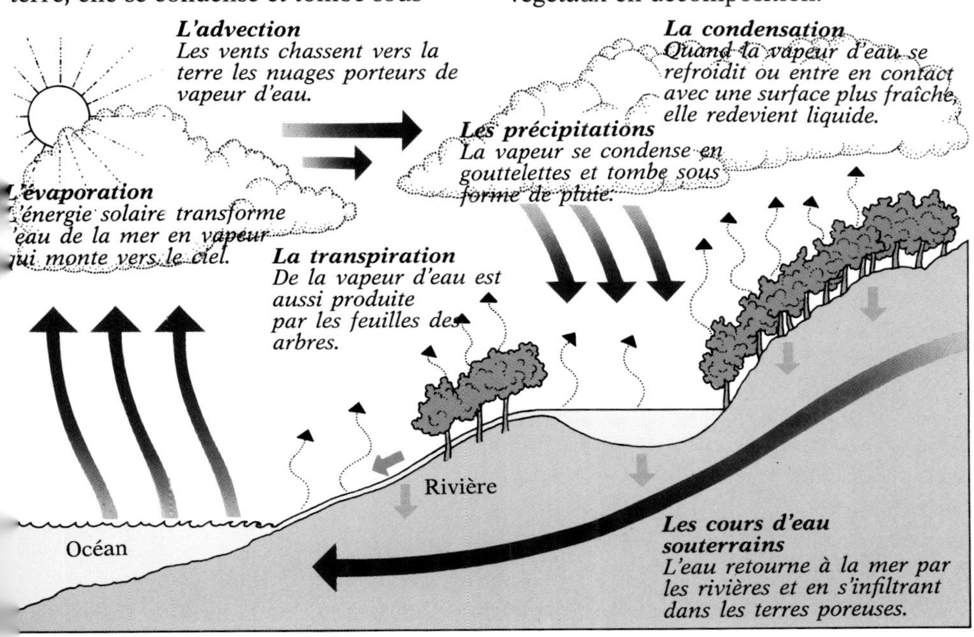

Eau et habitat

L'aquariophile aura toujours intérêt à donner aux poissons d'aquarium une eau aussi proche que possible de celle qu'ils trouvent dans leur milieu naturel.

Les habitats d'eau douce

Les espèces d'eau douce, contrairement à celles qui vivent en eau de mer, connaissent des conditions extrêmement variables.

Cours d'eau de montagne

Frais et rapides, les torrents sont bien oxygénés. Quelques minéraux sont arrachés à des roches insolubles, et l'eau reste douce. Mais dans les landes et les marécages, la tourbe peut provoquer une réaction acide. Parmi les poissons d'aquarium, les Danios vivent dans ce type d'environnement *(voir pp. 40-41).*

Cours d'eau, rivières et marécages tropicaux

Les fleuves qui traversent des régions de forêts tropicales humides ont généralement une eau douce et acide. Leur cours est plus lent que celui des torrents de montagne et leur eau est moins oxygénée. La majorité des poissons tropicaux élevés en aquarium viennent de ces régions, y compris les Barbus *(voir p. 36 à 39)*, les Characidés *(voir p. 45 à 52)*, les Cichlidés *(voir p. 53 à 59)* et les Rasboras *(voir pp. 42-43).* Pour tout renseignement supplémentaire sur ces habitats, reportez-vous aux pages 139 et 140.

Les rivières d'Amérique centrale, par exemple, qui ne traversent pas des régions de forêts humides, coulent lentement, mais elles ont une eau plus dure avec des réactions alcalines. C'est ici que vivent des vivipares comme les Porte-épée *(voir p. 68)*, les Mollys *(voir p. 68)* et les Platys *(voir p. 69).*

Vous trouverez page 141 des informations sur les marécages.

Les rivières tropicales saisonnières

Beaucoup de points d'eau et de petites rivières sont saisonniers et ne se remplissent qu'avec la mousson. Les conditions peuvent être profondément modifiées : selon la composition du lit ou du fond, l'eau peut rester douce et acide ou, au cours de l'évaporation, devenir plus dure. Ces eaux, qui ont généralement un cours très lent, voire stationnaire, contiennent peu d'oxygène. Les points d'eau saisonniers constituent l'habitat des Killies *(voir p. 70 à 72).*

Les lacs

Dans les grands lacs, comme ceux de la vallée du Rift, en Afrique, peu d'eau arrive et la perte ne se fait que par évaporation. L'eau y est donc très dure et alcaline. Le vent et les vagues maintiennent un bon niveau d'oxygénation. La plupart des Cichlidés sont originaires de ce milieu *(voir p. 53 à 59).*

Les habitats d'eau saumâtre

Comme les rivières sont proches de la mer, il peut s'y produire des marées, et les poissons doivent s'adapter à des quantités de sel plus importantes. L'eau vive et riche en oxygène devient plus dure et plus alcaline. L'eau de mer, ou l'eau douce additionnée d'un peu de sel, convient à ces espèces. Parmi les poissons d'aquarium d'eau saumâtre, on trouve les Monodactyles *(voir p. 82)* et certains Mollys *(voir p. 67).*

Les habitats marins

La mer constitue un environnement très stable, dont la teneur en sel varie peu dans le monde. Les poissons d'aquarium d'eau de mer *(voir p. 96 à 108)* sont originaires des récifs coralliens *(voir p. 142).* Contrairement aux poissons de haute mer, ces espèces s'adaptent bien à la vie en aquarium.

COURS D'EAU DES TROPIQUES

Les cours d'eau des tropiques ont un courant rapide, ce qui empêche la végétation aquatique de devenir dense. Les poissons que l'on trouve dans ce type d'habitat ont un corps plutôt fin qui leur évite de se trouver entraînés par les courants. Parmi les espèces originaires de ce genre d'endroit que l'on trouve en aquarium, citons les Danios *(voir pp. 40-41)*, les Barbus *(voir p. 36 à 39)*, les Rasboras *(voir pp. 42-43)* et des espèces de fond comme les Botias *(voir p. 79)*, dont la surface ventrale aplatie leur permet d'adhérer au lit de la rivière sans risquer d'être entraînés par le courant.

RIVIÈRES TROPICALES

Le cours de ces larges et lentes rivières est encombré de sédiments où s'enracinent les plantes aquatiques. Les poissons qui peuplent ces eaux sont souvent de grande taille et robustes, comme le Poisson-hachette *(voir p. 46)*, qui nage en surface en quête des insectes qui pullulent dans ces régions à la végétation luxuriante. Les Scalaires *(voir p. 59)* et les *Nannostomus (voir p. 51)* préfèrent l'ombre des rives. Enfin, des espèces comme les Corydoras *(voir p. 75)* hantent les fonds qui regorgent de nourriture.

MARAIS TROPICAUX

Les pluies tropicales inondent en saison les régions marécageuses, apportant quantité de proies – plantes, insectes, petits animaux – aux poissons. Mais lorsque les eaux se retirent, elles laissent une végétation pourrissante et des mares stagnantes pauvres en oxygène. Des poissons comme les Bettas, les Gouramis et certains Poissons-chats *(voir p. 60 à 65)* se sont adaptés à ces conditions et peuvent respirer l'oxygène de l'air, alors que d'autres s'enfoncent dans la boue pour échapper à la sécheresse.

LES RÉCIFS CORALLIENS

L'eau de mer est alcaline, de sorte que la composition chimique du récif corallien, formé par l'accumulation de calcaire provenant d'animaux sécrétant du calcium, n'a que peu d'effet sur l'eau salée environnante. L'eau, peu profonde, est chaude. Et comme le dépôt est nettoyé par des invertébrés servant de filtres, comme les Anémones de mer et les Vers à panache, ainsi que par l'action incessante des vagues, la mer est étonnamment claire dans ces parages et bien éclairée par le soleil. Les couleurs vives d'espèces comme l'*Amphiprion* et le *Chaetodon* sont bien visibles pour les autres poissons.

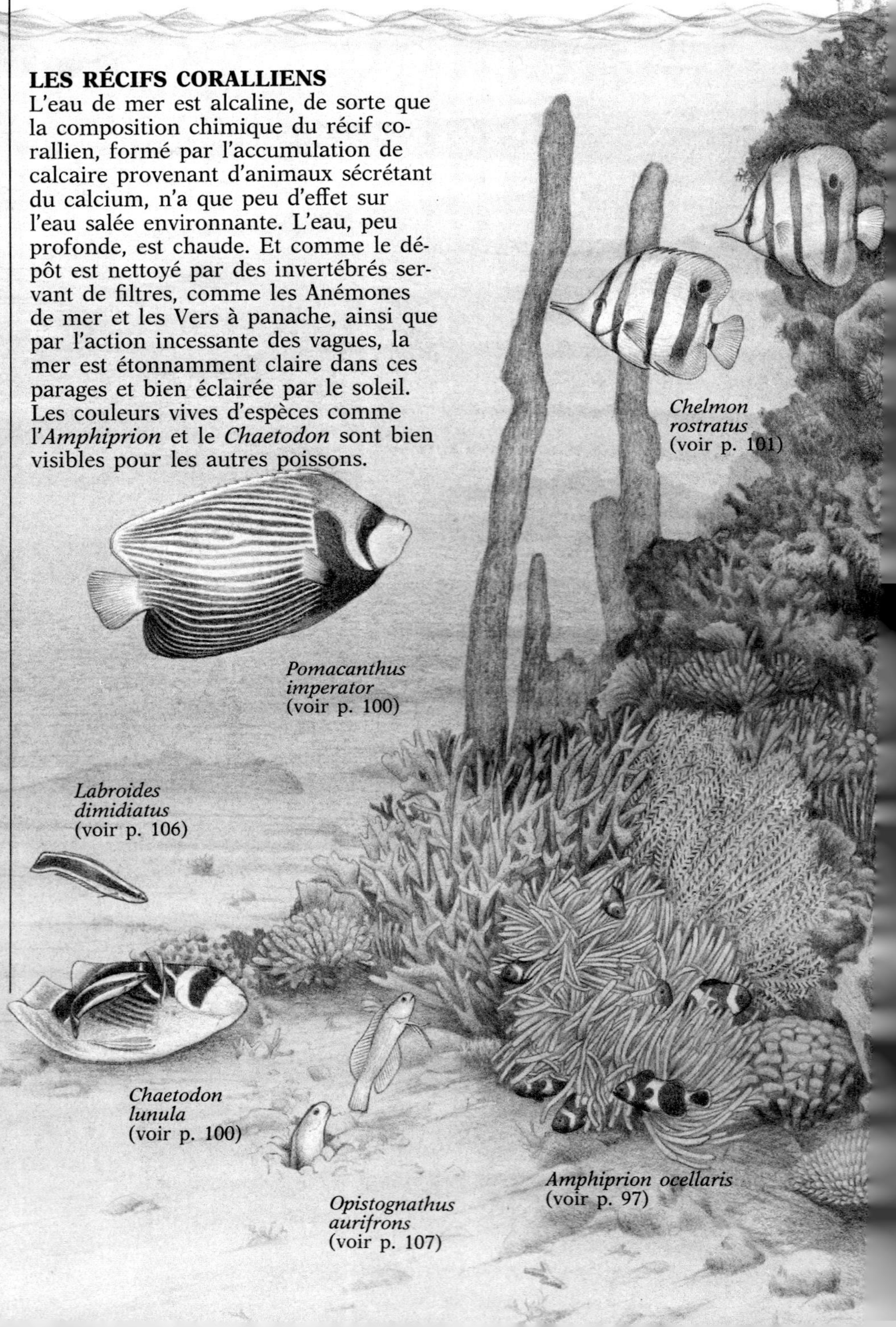

ORIGINE ET QUALITÉ DE L'EAU

Le tableau ci-dessous résume la différence de qualité entre les diverses eaux. Lorsque vous donnez de l'eau à vos poissons, votre principal souci doit être de vous rapprocher le plus possible de la qualité qu'ils trouvent dans leur milieu naturel.

TYPES D'HABITATS EN EAU DOUCE

Emplacement	Composition de l'eau	Température
Torrents de montagne	Assez pure, surtout si le lit est fait d'une roche insoluble comme le granit.	La température varie, même en région tropicale. Ainsi, l'Amazone reçoit à sa source de la neige fondue des Andes.
Cours d'eau et petites rivières de la jungle tropicale	L'eau peut être modifiée par la végétation en décomposition.	La température diurne est stable, mais elle peut tomber d'une dizaine de degrés la nuit ou dans la soirée.
Les fleuves	Peuvent être pollués par l'industrie ou modifiés par la vase et le limon.	Température plus stable que dans les rivières plus petites.
Les grands lacs	La composition de l'eau dépend de la nature du fond.	Température généralement stable.

TYPES D'HABITATS EN EAU SALÉE

Emplacement	Composition de l'eau	Température
Récifs coralliens	La salinité de l'eau varie selon l'emplacement géographique. Ainsi, la mer Morte et la mer des Caraïbes sont légèrement plus salées que l'océan.	Température très stable en raison du fort volume d'eau.
Les estuaires	La salinité varie en raison de la dilution par l'eau douce des rivières. Quand il pleut, l'eau est aussi moins chargée en sel. Mais pendant la marée, la proportion d'eau salée augmente.	Dans les estuaires tropicaux, la température est à peu près stable. En région tempérée, elle varie selon les saisons.
Trous d'eau rocheux (à marée basse)	Les conditions de l'eau ne sont pas normales. La salinité peut augmenter avec l'évaporation.	Pendant l'évaporation, la température peut augmenter rapidement.

Les eaux

Tout en reconnaissant que l'eau naturelle est la meilleure, la majorité des aquariophiles se contentent de l'eau du robinet. Cela s'explique par la difficulté d'accès, dans les villes, à de vastes quantités d'eau non polluée, dont le prix de transport est prohibitif.

L'eau de pluie
Récolter une quantité suffisante d'eau de pluie peut s'avérer difficile. De plus, il se peut que la pluie soit elle-même déjà polluée par des déchets industriels. Vous pourrez toutefois recueillir assez d'eau pour remplir un petit aquarium ou adoucir une eau dure, à condition que cette eau ne soit pas polluée.

- N'utilisez pas la pluie, chargée de poussières et de saletés, tombée au début de l'ondée.
- L'eau de pluie doit être recueillie au moyen de gouttières, tuyaux et récipients non toxiques, non métalliques. Le plastique est le matériau idéal.

L'eau du robinet
Elle est traitée à l'aide de produits chimiques pour convenir à la consommation humaine. Certains de ces produits sont dangereux pour les poissons, mais on peut éviter ces effets néfastes :

- Avant de commencer à remplir l'aquarium, laissez couler le robinet pendant quelques minutes pour ne pas prendre l'eau qui, en stagnant dans les conduites en cuivre, a pu se charger de traces de métal.
- Le chlore a généralement quitté l'eau en arrivant dans l'aquarium, mais il est prudent de l'aérer énergiquement pendant douze heures.
- Pour retirer les dépôts de métal lourd (principalement cuivre et zinc), procurez-vous les produits adaptés, en pastille ou en liquide, chez votre revendeur.

S'approvisionner en eau de mer
Si vous habitez près de la mer, vous pouvez vous approvisionner sur place. Mais l'eau de mer a ses dangers. Assurez-vous, avant de l'utiliser, que vous êtes loin de toute source de pollution, aussi bien industrielle que domestique. Si l'eau de mer naturelle peut contenir des éléments très favorables aux poissons, elle peut aussi être contaminée. Mieux vaut, somme toute, utiliser des préparations synthétiques.

Les préparations artificielles
Les mélanges vendus tout préparés par votre fournisseur ont été mis au point scientifiquement pour qu'ils se rapprochent le plus possible de l'original. Il faut utiliser le contenu du paquet en une fois pour que le mélange soit correct. Le mélange est conditionné en sachets de taille variable, correspondant aux formats des aquariums. Après avoir ajouté l'eau, vérifiez la densité *(voir p. 147)*. Aérez fortement pendant plusieurs heures, puis vérifiez à nouveau la densité avant d'introduire des poissons dans le bac.

La qualité de l'eau

L'eau doit être conservée aussi pure, claire et équilibrée que possible. Il faut, à cet effet, un bon système de filtration en plus d'un renouvellement régulier d'une partie de l'eau *(voir p. 218)*. Si la plupart des poissons d'eau douce supportent l'eau du robinet, vous devez être en mesure d'en vérifier la qualité et de modifier sa composition chimique.

Trop acide ou trop alcaline ?
La quantité d'ions d'hydrogène présents dans l'eau détermine l'acidité ou l'alcalinité de l'eau. C'est le pH (potentiel hydrogène) qui permet de la mesurer. La réaction la plus acide correspond à 0, et la plus alcaline à 14. L'eau, dont le pH est 7, est dite « neutre » – ni acide ni alcaline.

Les poissons souffrent profondément d'un changement brutal du pH de l'eau, et ils en subissent un important traumatisme *(voir p. 214)*. Leur coloration peut se ternir, ils peuvent avoir du mal à assimiler l'oxygène et risquent de mourir.

Trop dure ou trop douce ?
La dureté de l'eau ne concerne que les aquariums d'eau froide, car l'eau de mer contient une telle quantité de minéraux que sa dureté importe peu. Une eau froide prélevée le plus près possible de sa source naturelle *(voir p. 137)* sera probablement la plus douce. Dès que l'eau se met à cheminer vers la mer, elle est contaminée et, se chargeant de minéraux dissous, elle devient progressivement plus dure.

Les exigences des poissons varient selon les espèces *(voir p. 138)*. Essayez de subvenir au mieux à leurs besoins. Comme pour le pH, les poissons ne sup-

VÉRIFIER LE pH DE L'EAU

Un test couvrant une vaste échelle de pH vous permettra de déterminer le pH d'un échantillon d'eau. Les chiffres intéressant l'aquariophile correspondent à une bande étroite allant de 6,5 à 7,5 pour l'eau douce, et de 8 à 8,4 pour l'eau salée. Le pH de l'eau varie selon les conditions. Aussi, faites le test à une heure et à une température régulières.

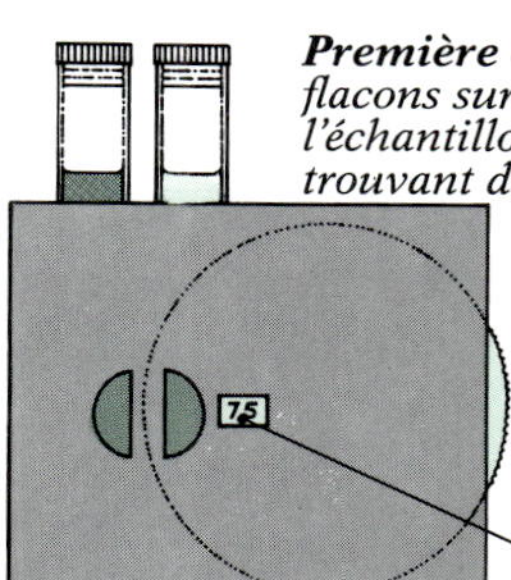

***Première étape.** Placer les flacons sur le support, l'échantillon témoin se trouvant derrière le disque.*

***Deuxième étape.** Tourner le disque jusqu'à ce qu'apparaisse sous le témoin la couleur du flacon traité.*

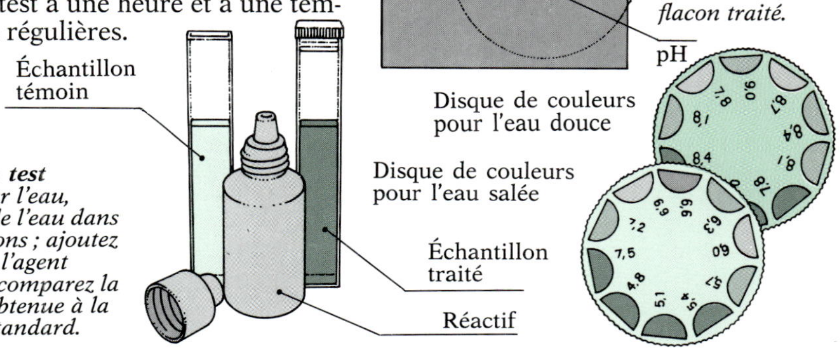

Faire un test
Pour tester l'eau, prélevez de l'eau dans deux flacons ; ajoutez dans l'un l'agent réactif et comparez la couleur obtenue à la couleur standard.

portent pas des variations importantes de la dureté de l'eau, variations qui peuvent provoquer des effets néfastes.

Pour changer la dureté
La dureté de l'eau peut être temporaire ou permanente. Si elle est temporaire, faites bouillir l'eau avant de la verser dans l'aquarium (mais laissez-la refroidir !). Si elle est permanente, achetez chez votre revendeur des résines spéciales que vous ajouterez dans le filtre mécanique de l'aquarium ou l'adoucisseur d'eau. La dilution de l'eau, dans les deux cas, en réduit la dureté.

Comme le pH, la dureté peut se mesurer à l'aide d'un test de couleurs. Ce test peut servir à contrôler la dureté temporaire ou permanente de l'eau.

Le niveau des nitrites
Dans les aquariums d'eau douce ne comprenant pas de filtration biologique *(voir pp. 128-129)*, les poissons peuvent souffrir de la présence d'ammoniaque ou d'autres poisons à baze d'azote. En effet, si les filtres mécanique et chimique retiendront certains dépôts en suspension et absorberont des matières organiques dissoutes, ils ne peuvent éliminer tous les polluants en présence. Un test existe, qui vous permettra de vérifier la quantité de nitrites dans l'eau en mesurant l'azote (N) présent en milligrammes par litre. Un milligramme d'azote est égal à 3,3 mg de nitrite (NO_2), niveau critique au-dessus duquel la santé des poissons sera altérée. En revanche, une proportion de 0,1 mg d'azote est inoffensive. Si l'on atteint 0,5 mg d'azote, il faut conclure que l'absorption des matières organiques n'est pas parfaitement réalisée.

Les facteurs d'augmentation des nitrites
Divers polluants peuvent faire monter le taux des nitrites dans les aquariums d'eau douce :

- Dépôts importants de déchets sur le fond de l'aquarium.
- Filtres surencrassés, mal nettoyés.
- Absence de renouvellement partiel de l'eau d'une manière régulière *(voir p. 128)*.
- Excès de nourriture, provoquant la présence de détritus en décomposition dans l'aquarium.
- Poissons trop nombreux. Ne vous trompez pas en calculant l'espace nécessaire à vos poissons *(voir p. 116)*.

Pour diminuer le taux de nitrites
Si votre aquarium souffre d'un excès de nitrites, vous devez changer environ 80 pour cent de l'eau *(voir p. 218)*, et retirer tous les détritus se trouvant au fond. Ce renouvellement d'eau ne doit pas s'effectuer en une seule fois. Changez 25 pour cent de l'eau la première fois, puis 25 pour cent trois ou quatre jours après, et la dernière partie après le même délai, pour ne pas traumatiser les poissons. La température de l'eau que vous ajoutez doit être la même que celle à l'intérieur de l'aquarium.

CE QU'IL NE FAUT PAS FAIRE

- Ne changez pas brusquement la qualité de l'eau.
- Lorsque vous renouvelez l'eau, sa composition et sa température doivent toujours être les mêmes.
- Ne transférez jamais des poissons d'un aquarium à un autre sans vérifier que l'eau est identique dans les deux bacs.
- Si vous récoltez l'eau de pluie, n'utilisez pas de l'eau tombée d'un toit sale ou qui a été recueillie dans un récipient métallique. Ne prélevez pas la pluie tombée au début de l'averse, qui aura entraîné les poussières déposées sur le toit et dans les gouttières.
- Ne mettez pas de l'eau près d'un appareil électrique.
- N'ajoutez pas de l'eau salée pour compenser l'évaporation dans un réservoir d'eau de mer. Utilisez de préférence de l'eau douce, car le sel, lui, ne s'évapore pas.

La densité

La densité du mélange artificiel d'eau de mer correspond à son degré de concentration en sel. Pour vérifier la densité de l'eau à l'intérieur d'un aquarium marin, servez-vous d'un densimètre *(voir ci-contre)*. Cet instrument se tiendra plus ou moins haut dans l'eau selon la densité de celle-ci. Pour être valable, cette vérification doit toujours être effectuée à la même température. Ne vous trompez pas non plus de ligne en lisant l'échelle de densité : le niveau de la surface forme un cercle inversé autour de la tige du densimètre. Lisez le point le plus bas de la trace laissée par l'eau.

Modifier les conditions pour la reproduction

Point n'est besoin de modifier la composition de l'eau pour élever des poissons d'eau douce, mais ils se développeront et se reproduiront mieux dans une eau ressemblant à celle de leur habitat naturel *(voir p. 138 à 142)*. Les poissons d'eau douce préfèrent en général une eau plus douce et plus acide que celle du robinet dans les régions d'eau dure. Pour la plupart des espèces ovipares *(voir p. 238)*, il suffit d'augmenter la température de quelques degrés *(voir p. 249)*. Un petit truc réussit particulièrement bien avec les Corydoras *(voir pp. 74-75)* : un renouvellement partiel de l'eau fait croire à un changement de saison. Des poissons plus sensibles, comme le Discus *(voir p. 59)*, exigent une eau assez semblable à celle de leur habitat d'origine pour pouvoir se reproduire, et leurs œufs ne se développent pas convenablement si la qualité de l'eau n'est pas parfaite. Il faut acclimater les poissons progressivement à de nouvelles conditions aquatiques. Lorsqu'ils quittent l'aquarium de reproduction pour réintégrer l'aquarium principal, les poissons ont à nouveau besoin d'une période d'acclimatation.

LES MATÉRIAUX QUI MODIFIENT LA QUALITÉ DE L'EAU

- Certains métaux *(voir p. 214)*, tels que magnésium, cuivre, zinc...
- Des roches *(voir p. 157)*.
- L'excès de nourriture : les aliments non consommés se décomposent dans l'aquarium, faisant augmenter le taux de nitrites.
- Certains matériaux constituant la garniture du fond *(voir p. 155)*.
- Des poisons, tels que les polluants atmosphériques.
- Des filtres mal entretenus.
- Des éléments de décor en ciment.
- Le gravier de couleur.

Le densimètre
Cet appareil, qui permet de vérifier la densité de l'eau, est indispensable dans un aquarium d'eau de mer. Ce modèle comprend également un thermomètre permettant en une prise de vérifier deux données importantes.

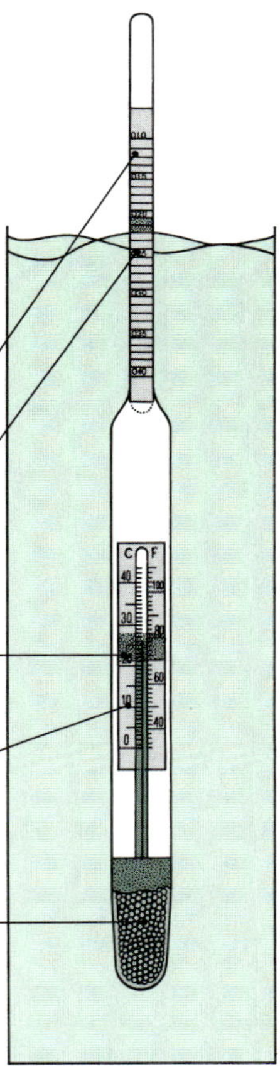

L'ÉCLAIRAGE

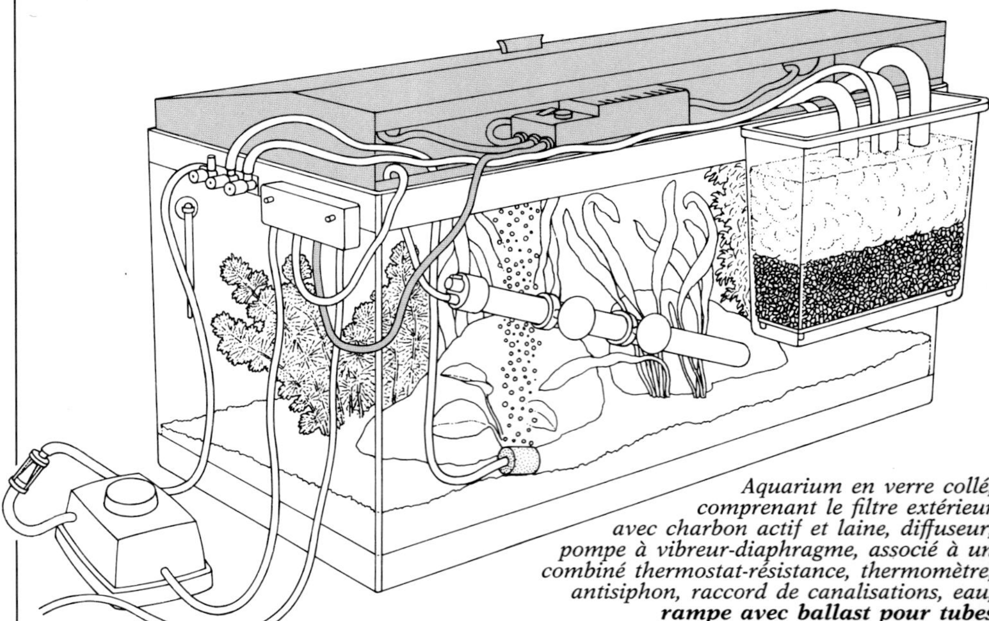

Aquarium en verre collé, comprenant le filtre extérieur avec charbon actif et laine, diffuseur, pompe à vibreur-diaphragme, associé à un combiné thermostat-résistance, thermomètre, antisiphon, raccord de canalisations, eau, ***rampe avec ballast pour tubes fluorescents,*** *gravier, roches et plantes.*

Vous avez besoin de lumière pour voir l'intérieur de l'aquarium, et la lumière du jour est trop variable pour cela. Mais vous permettre d'admirer le paysage aquatique n'est pas la principale raison d'être de l'éclairage. Il agit avant tout comme stimulant pour les poissons et les plantes. Car les plantes ont besoin de lumière pour la photosynthèse. Cette fonction aide à maintenir le niveau du gaz carbonique au plus bas, et produit de l'oxygène dans l'eau. Pour remplir correctement cette tâche, les plantes ont besoin d'une certaine quantité de lumière.

Les plantes aquatiques ont besoin de plus de lumière que les plantes terrestres, car celle-ci perd de sa puissance en traversant l'eau. En l'absence d'une lumière suffisante, les plantes meurent ou cessent de se développer. Les variétés tropicales, en particulier, ont des besoins importants, car elles sont habituées à des périodes d'exposition prolongée et intense. Comme référence, on peut dire que, pour un aquarium de 38 centimètres de profondeur, il faut 60 watts d'éclairage au tungstène, ou 20 watts d'éclairage fluorescent pour 30 centimètres de long, en supposant que l'aquarium sera éclairé dix à quinze heures par jour. Au bout de huit à dix heures, les plantes auront reçu suffisamment de lumière intense, et l'on pourra diminuer l'éclairage. On peut installer un variateur et une minuterie qui permettront de mieux régler l'intensité et la durée de l'éclairage. La réduction du niveau d'éclairage en soirée, en imitant le crépuscule, attirera les espèces nocturnes hors de leurs cachettes.

L'installation de l'éclairage

Pour utiliser au mieux la lumière, il faut la diriger le plus possible vers l'intérieur de l'aquarium, en prenant soin d'installer les lampes de manière à ce qu'elles mettent les poissons en valeur. C'est sous le couvercle qu'on fixe l'éclairage. Pour tout renseignement sur les lampes, voir le tableau page 151.

Pour une efficacité maximale
Pour éviter toute perte d'énergie, le couvercle doit faire office de réflecteur. Il suffit, pour cela, de peindre l'intérieur en blanc. Ne le tapissez pas, comme cela se fait communément, d'une feuille d'aluminium ; elle bouche les trous d'aération par lesquels le gaz carbonique et la chaleur doivent pouvoir s'échapper.

La position des lampes
Pour mettre en valeur l'aquarium, montez les lampes de manière que la lumière se reflète vers l'arrière. Les ombres, ainsi chassées derrière les poissons, ne gêneront pas le spectateur. En revanche, si vous les posez au milieu du couvercle, elles projetteront les ombres vers vous, et les iridescences naturelles des poissons resteront invisibles.

Galerie avec lampes à incandescence
Peu chères et faciles à installer, les lampes à incandescence, à vis ou à bayonnette, ont une durée de vie brève. L'éclairage est en outre inégal, et elles ont tendance à chauffer.

Galerie avec tubes fluorescents
Les tubes ne sont pas toujours disponibles dans la dimension voulue. Si tel est le cas, prendre deux petits au lieu d'un grand. Les prises sont isolées par un couvercle étanche. Les tubes durent plus longtemps, provoquent moins de surchauffe et donnent un éclairage plus uniforme.

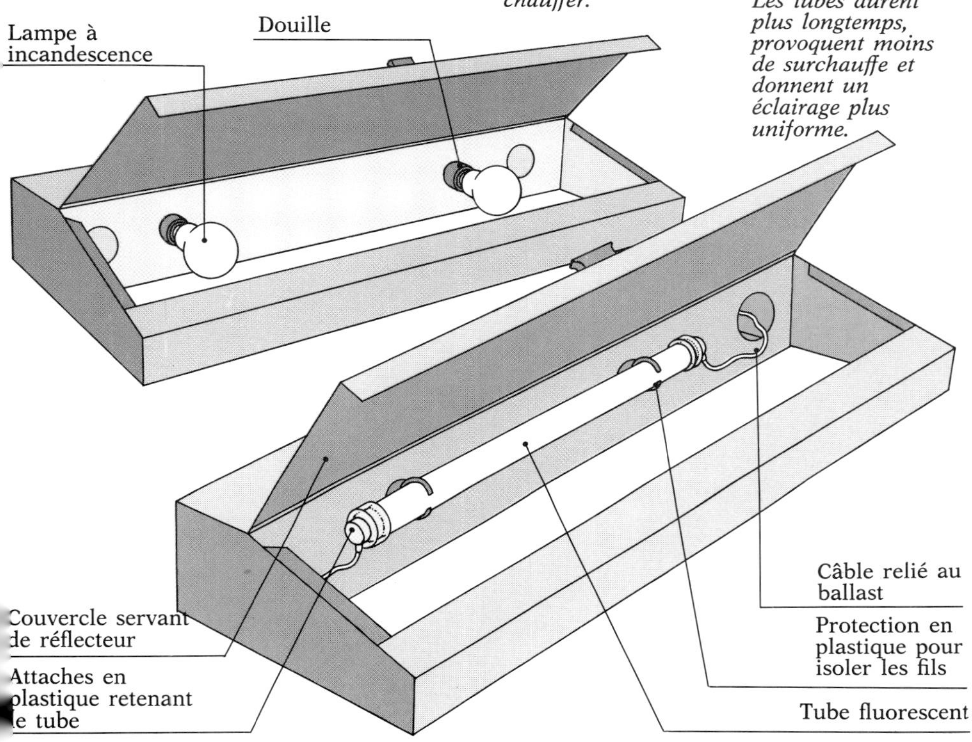

Mise en place du ballast

L'éclairage fluorescent nécessite un ballast (ou un condensateur et un transformateur). Si celui-ci est intégré aux tubes destinés à un usage domestique, dans les tubes d'aquarium, il est installé séparément, dans un compartiment de la galerie, à l'extérieur de celle-ci ou à proximité de l'aquarium. Ce dispositif externe est préférable dans un aquarium d'eau de mer, à cause de la grande conductibilité électrique et du fort pouvoir corrosif de celle-ci. Le boîtier posé dans ou sur le couvercle a tendance à le déséquilibrer, ce qui peut se traduire dans les manipulations, quand vous distribuez de la nourriture aux poissons par exemple, par une vitre de protection brisée. Pour plusieurs tubes fluorescents, il faudra plusieurs boîtiers, que vous installerez ailleurs que sur l'aquarium.

Les mesures de sécurité

L'eau et l'électricité ne font pas bon ménage, ce dont l'aquariophilie peut porter témoignage, et un luxe de précautions ne sera pas inutile. Les lampes installées juste au-dessus de la surface craignent les éclaboussures dues aux poissons, aux pierres poreuses ou aux filtres, qui peuvent entraîner une explosion. Vous devez prendre des précautions pour éviter des dégâts liés à l'eau ou à la condensation. Il faut donc acheter des équipements électriques étanches et isoler l'eau par une vitre de protection, que l'on installera juste sous la galerie. Les aquariums entièrement en verre ont un étroit rebord où poser un couvercle. Le verre peut être en deux morceaux que l'on fait glisser l'un sur l'autre. On peut aussi découper un coin pour laisser passer les tubes à air et les filtres.

L'effet de l'éclairage sur les algues

L'aquarium est, en général, sous-éclairé. En doublant l'éclairage de l'aquarium, vous obtiendrez un effet agréable, mais attention à la prolifération des algues. Un surcroît d'éclairage

RÔLE DE LA VITRE DE PROTECTION

- Protège la lampe et les fils électriques.
- Évite que les poussières ne pénètrent dans l'aquarium.
- Empêche les enfants de « faire trempette ».
- Réduit l'évaporation.
- Empêche les poissons de sauter.
- Offre une surface de ponte à certains poissons.

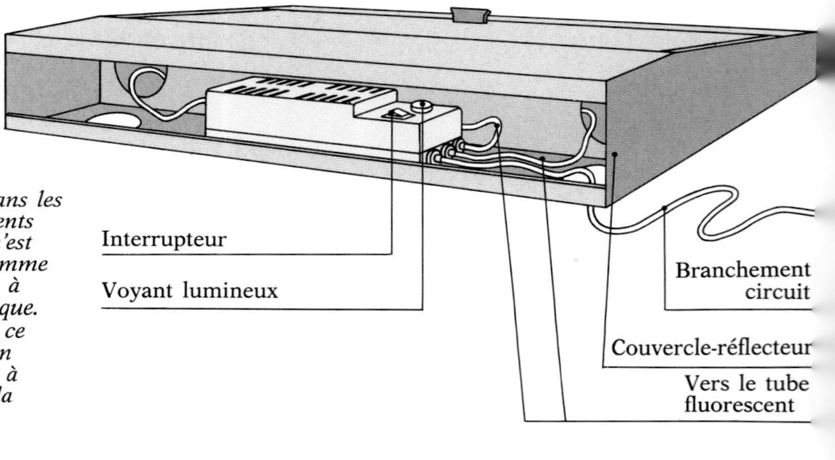

Ballast
Le système d'allumage, dans les tubes fluorescents d'aquarium, n'est pas intégré comme dans les tubes à usage domestique. On peut loger ce boîtier dans un compartiment à l'intérieur de la galerie.

favorisera le développement des algues, sauf si vous prenez quelques précautions. Les algues n'absorbent que l'excès de lumière laissé par les plantes aquatiques, lorsque celles-ci ont satisfait leurs besoins. La plupart des aquariophiles conseillent de réduire alors la puissance ou la durée de l'éclairage pour éviter d'alimenter les algues. Mais il existe une meilleure solution encore : multiplier les plantes aquatiques pour profiter au maximum de la lumière disponible et ne laisser aux algues aucune source d'énergie.

Certains aquariophiles, passionnés par la culture des plantes aquatiques, obtiennent une végétation luxuriante grâce à un éclairage intense. Ils vont jusqu'à 60 watts de lumière fluorescente par 30 centimètres d'aquarium.

À ÉVITER

- Ne gâchez pas l'effet d'un bon éclairage en oubliant de veiller à la propreté de la vitre de protection.
- N'éteignez ni n'allumez subitement l'éclairage pour éviter de traumatiser les occupants de l'aquarium. Pensez à éteindre les lumières de l'aquarium avant celles de la pièce et, inversement, allumez dans la pièce en premier.
- N'utilisez pas d'équipements électriques non étanches.
- Ne tapissez pas le couvercle de papier aluminium, qui gênerait la ventilation.
- N'installez pas les lampes au milieu pour éviter les ombres.

TYPES DE LAMPES

Votre choix se limite à deux possibilités : l'éclairage à incandescence et l'éclairage fluorescent. Voici la liste des avantages et inconvénients de l'un et de l'autre. Vous verrez que, si votre budget vous le permet, mieux vaut prendre, en fin de compte, des tubes fluorescents.

	Incandescence	**Fluorescence**
Type de lampe	Ampoules ou tubes.	Longueurs variables.
Facilité d'installation	Faciles à fixer dans le couvercle, à bayonnette ou à vis.	Installation compliquée ; il faut parfois découper le couvercle. Les longueurs disponibles ne sont pas toujours compatibles avec les besoins. Nécessite un boîtier d'allumage spécial.
Prix d'achat	Les ampoules sont bon marché.	Les tubes sont relativement coûteux.
Puissance d'éclairage	Puissance variable pour des ampoules de même format.	La puissance est fonction de la longueur.
Coût d'utilisation	Cher à l'usage.	Économique à l'usage.
Durée de vie	Courte.	Longue.
Surchauffe	Élevée.	Faible.
Répartition de l'éclairage	Risque d'être irrégulière.	Régulière.
Spectre des couleurs	Spectre limité.	Diverses longueurs d'ondes disponibles.

5

L'AMÉNAGEMENT DE L'AQUARIUM

Lorsqu'on aménage un aquarium, les possibilités qui s'offrent à un esprit créateur sont infinies. Pourtant, votre principal souci, au départ, doit être de veiller à la santé et à la sécurité des poissons, tout en créant un centre d'attraction visuelle dans votre maison. Les plantes jouent un rôle décoratif important, surtout dans les aquariums d'eau douce, car elles apportent nourriture et oxygène aux poissons, aident à maintenir des conditions saines à l'intérieur du bac et contribuent grandement à l'aspect de l'ensemble. Roches et coraux embellissent également l'aquarium, tout en permettant de camoufler certains appareillages. Ce chapitre vous explique comment utiliser ces divers éléments pour construire un paysage équilibré et vous indique la marche à suivre.

LE PAYSAGE AQUATIQUE

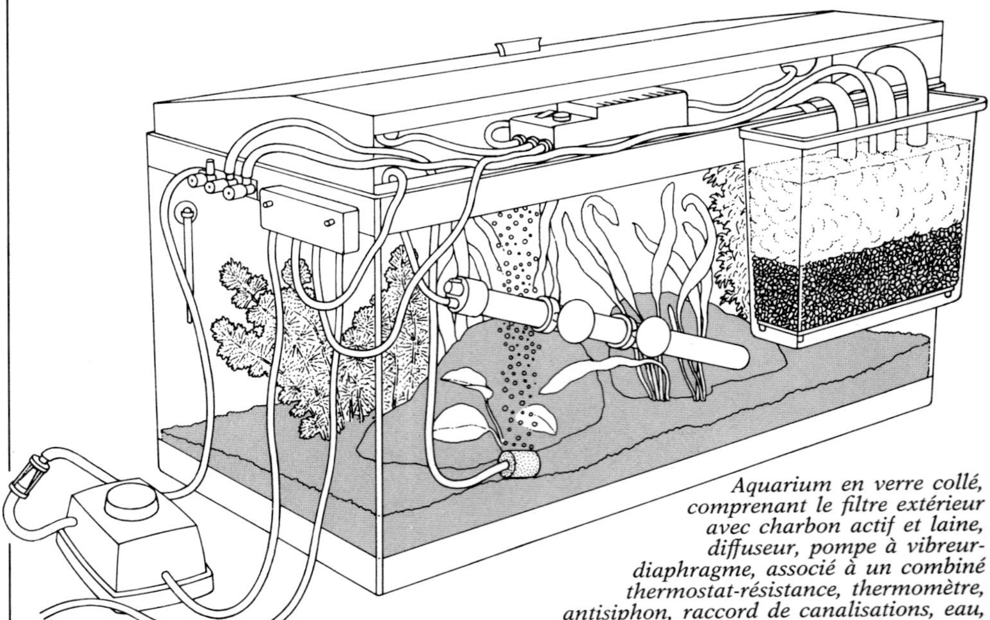

Aquarium en verre collé, comprenant le filtre extérieur avec charbon actif et laine, diffuseur, pompe à vibreur-diaphragme, associé à un combiné thermostat-résistance, thermomètre, antisiphon, raccord de canalisations, eau, rampe avec ballast pour tubes fluorescents, **gravier, roches** *et plantes.*

Décorer l'intérieur d'un aquarium répond à une double préoccupation, l'une esthétique, l'autre fonctionnelle. Les matériaux inertes comme les roches et le gravier offrent confort et sécurité aux poissons, et peuvent servir de lieux de ponte ou de retraite à certaines espèces. Les plantes aquatiques dépendent de ces minéraux pour leur croissance. De plus, une couche épaisse de gravier sur le sol de l'aquarium peut contribuer au système de filtration *(voir p. 128)*.

Lorsqu'ils plantent le décor, les amateurs s'efforcent de créer un paysage se rapprochant le plus possible de celui d'où les poissons sont originaires. On peut y parvenir en ajoutant certaines roches, plantes ou racines minutieusement choisies. Ainsi, une rivière d'eau douce en forêt humide (pour Tétras et Corydoras) ou un rivage rocailleux d'Afrique (pour les Cichlidés *Julidochromis* ou *Lamprologus*) peuvent être imités dans votre aquarium si vous prenez le soin d'en restituer les conditions précises. Dans les aquariums d'eau de mer, où il n'est pas possible de conserver des plantes aquatiques, les coraux seront du meilleur effet, offrant une imitation en miniature des récifs coralliens d'où les poissons sont originaires.

L'univers aquatique est en mouvement constant, ce qui constitue l'un de ses principaux atouts – et une de ses grandes difficultés. Les plantes, minutieusement sélectionnées, vont pousser à des rythmes différents – si les poissons ne les mangent pas – et vous serez appelé à apporter quelques corrections dans le paysage.

La garniture du fond

Permettre aux poissons de se camoufler, aider la croissance des plantes et participer au système de filtration sont les trois principales raisons pour lesquelles il faut garnir la base de l'aquarium. Mais le matériau utilisé à cet effet doit être le bon et correspondre parfaitement aux dimensions de la cuve.

Pour servir de camouflage
Pour servir de camouflage, la couleur du fond doit être la même que celle du dos des poissons. Celui-ci est, le plus souvent, d'une tonalité assez sombre qui se confond, vue d'en haut, avec le lit de la rivière, mettant le poisson à l'abri de certains prédateurs (vu d'en dessous, le ventre, plus clair, se confond à son tour avec la surface traversée par les rayons de soleil). Dans un aquarium, les poissons d'eau douce seront mieux mis en valeur si le sol du bac est sombre. En effet, les poissons tenant leurs couleurs de la guanine *(voir p. 16)*, celles-ci restent pâles et ternes quand la lumière se reflète sur un matériau clair, comme un sable blanc. En revanche, dans un aquarium marin, les couleurs vives des poissons sont fonction de la pigmentation, et n'ont aucun rapport avec la couleur du fond du bac.

Un matériau qui est utile aux poissons
Nombreux sont les poissons d'eau douce qui font un usage pratique du gravier au moment de la ponte. Ainsi, le *Nothobranchius rachovi* creuse des trous pour y déposer ses œufs. Certaines espèces marines aiment s'enterrer dans le gravier la nuit, alors que d'autres, tel l'*Opistognathus aurifrons* (l'Opistognathe à tête jaune), s'y forent des tunnels qu'ils utilisent comme repaires.

Pour servir de terre de culture
Bien que les vraies plantes aquatiques ne puisent pas leur nourriture par les racines, celles-ci leur servent à se fixer dans la couche de gravier.

Pour servir de filtre
La filtration biologique a besoin d'un milieu sur lequel puissent proliférer les bactéries nitrifiantes *(voir p. 128)*. Un lit de gravier ou le sable corallien, pour un aquarium d'eau de mer, sont l'idéal.

Matériaux pour aquariums d'eau froide
Le gravier est le matériau le plus répandu pour garnir la base d'un aquarium d'eau froide. On en trouve chez les marchands d'aquariums, et il convient dans la plupart des cas. Pourtant, il faut éviter un gravier calcaire (contenant

CHOISIR LES BONS MATÉRIAUX

Tous les éléments utilisés en aquariophilie doivent être non toxiques et n'avoir aucun effet sur l'eau. Certains produits ne peuvent s'introduire qu'en aquarium d'eau douce ou en aquarium d'eau de mer

Matériaux	Eau douce	Eau de mer
Gravier	oui	non
Sable corallien	non	oui
Coraux	non	oui
Coquillages	non	oui
Roches	oui	oui
Bois	oui	oui
Oolithes	non	oui

des matières durcissantes) dans un aquarium d'eau douce. Pour vérifier le taux de calcaire présent dans le gravier, mettez sur un échantillon quelques gouttes d'acide chlorhydrique ou de vinaigre. En présence de calcaire, il se produit une réaction effervescente.

Le gravier est d'une coloration sombre, brun-jaune. Il existe des graviers colorés, mais leurs coloris vifs nuisent à l'éclat des robes des poissons. De plus, il faut craindre que la teinture finisse par se dissoudre dans l'eau, ce qui n'est pas sans conséquence sur la santé des occupants de l'aquarium.

Matériaux pour aquariums d'eau de mer
Sable et gravier riches en calcaire peuvent être utilisés sans risques dans ce type d'aquarium. Ils aideront d'ailleurs à maintenir un bon équilibre. On peut aussi prendre du sable de corail si l'on ne regarde pas à la dépense. Le calcaire en poudre, les coquillages écrasés et la diatomite conviennent parfaitement. Du sable et du bois flotté ramassés sur la plage sont une solution économique.

Dimensions de la garniture
La taille idéale d'une particule de gravier est de 3 millimètres. Si le matériau est trop gros ou trop petit, cela peut avoir des effets néfastes :

- *Trop gros :* les aliments non consommés peuvent pénétrer à l'intérieur du matériau, où ils seront inaccessibles pour les poissons et deviendront source de pollution.
- *Trop gros :* comme la surface colonisée par les bactéries sera petite, l'effet de filtration sera insuffisant.
- *Trop petit :* les plantes auront du mal à prendre racine.
- *Trop petit :* le flot circulant par le filtre sous gravier sera gêné.

Préparer la garniture
Le matériau, quel qu'il soit, doit être propre et dépourvu de tout élément étranger. Remplissez un seau à moitié avec le gravier à nettoyer. Laissez couler le robinet jusqu'à ce que l'eau sorte du seau parfaitement claire. Si vous voulez prendre du gravier que vous avez ramassé vous-même, mettez-en un échantillon dans un seau d'eau et attendez quelques jours. Une forte odeur s'échappant du seau indique que les éléments vivants dans le gravier sont morts. Rincez bien le gravier, et il sera prêt à l'emploi. On peut nettoyer le sable corallien en le laissant tremper deux jours durant dans de l'eau additionnée d'eau de Javel. Rincez à fond.

Pour installer la garniture
Si vous voulez poser un filtre sous gravier, n'oubliez pas de mettre la plaque dans l'aquarium avant la garniture, laquelle doit être prévue en quantité suffisante. Pour base, on peut prendre la valeur d'un seau de 10 litres plein de matériau pour tous les 900 cm² à couvrir.

Il faut étendre une bonne couche de garniture, environ 5 à 7 centimètres, en ménageant une pente douce, de manière que l'arrière soit légèrement surélevé par rapport à l'avant.

Pour maintenir la pente
Des plaques rocheuses ou en verre retiendront la garniture.

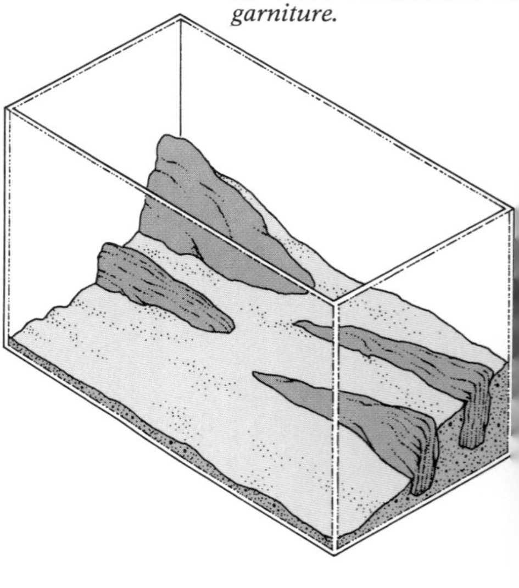

Les éléments du décor

Outre les plantes *(voir p. 161)*, roches, coquillages et souches peuvent servir à décorer l'aquarium, ainsi qu'à camoufler des éléments peu agréables à la vue. Mais tout ce qui est introduit dans l'eau doit être parfaitement propre et sans danger.

Comment utiliser les roches
Il faut procéder avec les roches comme avec le gravier *(voir p. 156)*. Elles peuvent se disposer individuellement, ou on peut construire, en en collant plusieurs avec une colle spéciale, des affleurements rocheux, voire des falaises. Placez les plus grosses à même le sol pour éviter de les voir basculer, mais ne bouchez pas l'entrée du filtre. Pour la sécurité des poissons, éliminez les pierres tranchantes. Les roches ne doivent pas gêner l'accès ou la vision de l'une des parties de l'aquarium.

Autres éléments de décoration
Des branches peuvent passer pour des souches. Pour éviter que les résines qu'elles contiennent ne polluent l'eau, faites-les bouillir auparavant dans plusieurs eaux. Par prudence, enduisez-les d'une couche de vernis au polyuréthanne.

Le liège, les coquillages et les fausses racines en plastique sont également sans danger et du meilleur effet.

DÉCORS NATURELS

Des morceaux de branche ou de liège auront l'air de souches immergées. Comme ils ont tendance à flotter, il faut les lester ou les fixer.

Fixation
Pour que votre « bûche » ne flotte pas, fixez-la sur une plaque en ardoise ou en plastique à l'aide d'une colle spéciale ou d'une vis de plastique.

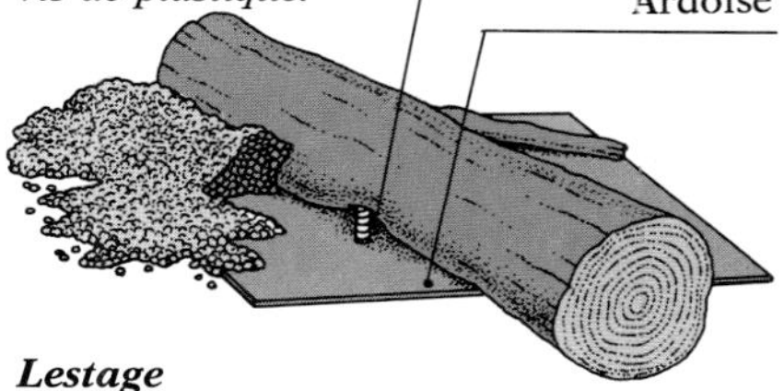

Lestage
Le liège se trouvera lesté si on l'enroule autour d'un tube rempli de gravier.

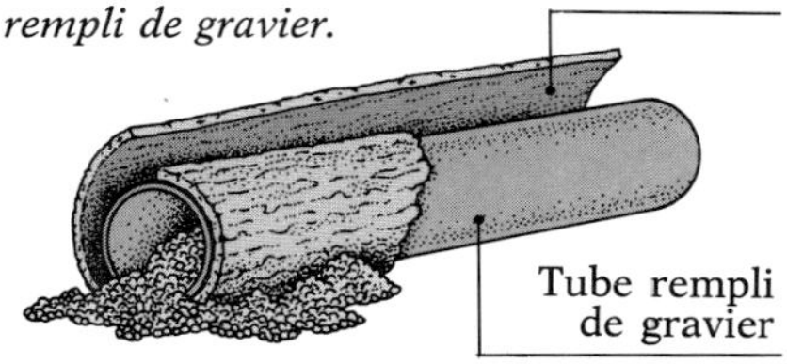

CHOISIR LES BONNES ROCHES

EAU FROIDE – DOUCE ET MOYENNEMENT DURE
Sans danger
- Basalte
- Granit
- Quartz
- Ardoise
- Grès dur

Dangereux
- Roches solubles
- Roches calcaires
- Coquillages
- Roches artificielles en ciment ou plastique

EAU FROIDE – DURE
Sans danger
- Roches solubles
- Roches calcaires sans minerai de fer

Dangereux
- Roches avec minerai de fer

EAU DE MER
Sans danger
- Oolites
- Roches calcaires sans minerai de fer
- Coquillages
- Corail vivant ou non
- Ardoise

Dangereux
- Roches avec minerai de fer
- Grès tendre, soluble

LES PLANTES

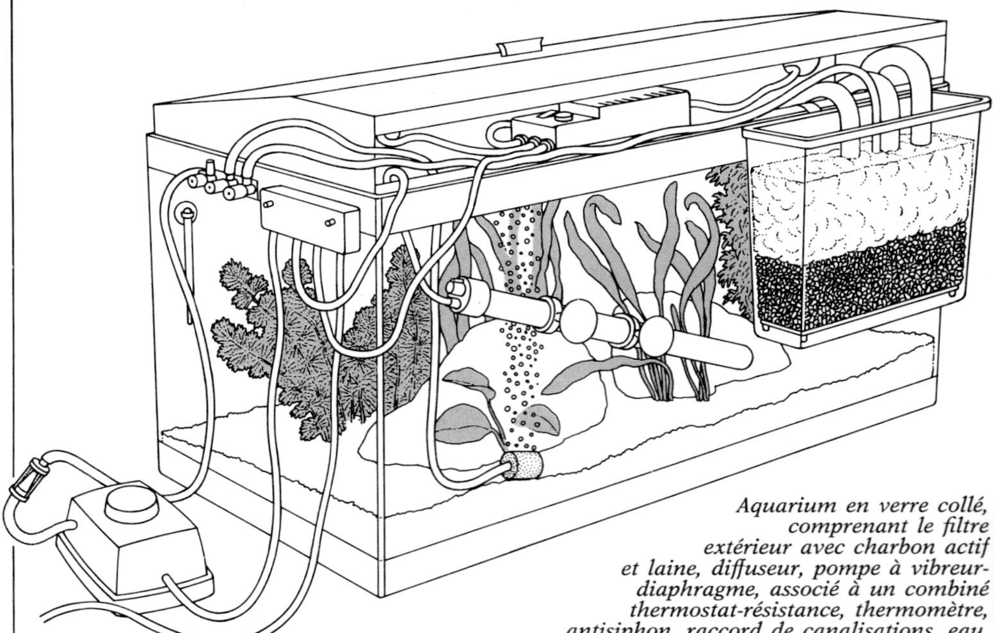

Aquarium en verre collé, comprenant le filtre extérieur avec charbon actif et laine, diffuseur, pompe à vibreur-diaphragme, associé à un combiné thermostat-résistance, thermomètre, antisiphon, raccord de canalisations, eau, rampe avec ballast pour tubes fluorescents, gravier, roches et **plantes.**

Les plantes aquatiques jouent un rôle de première importance dans l'aquarium d'eau douce, puisqu'elles concourent à purifier l'eau.

En effet, sous l'influence de la lumière, les plantes élaborent leur nourriture dans leurs cellules vertes en absorbant le gaz carbonique et en libérant de l'oxygène. C'est ce processus que l'on appelle la photosynthèse. Ce phénomène en fait de précieuses alliées pour éliminer le gaz carbonique contenu dans l'eau et pour le remplacer par de l'oxygène. Mais ce processus n'intervient que lorsque les lumières sont allumées. Dès que l'on éteint, les fonctions s'inversent : les plantes, comme les poissons, absorbent l'oxygène et rejettent du gaz carbonique. Aussi, pour maintenir des conditions favorables, vous devez faire en sorte que les plantes reçoivent suffisamment de lumière.

Les plantes permettent d'éliminer un autre produit de déchet : le nitrate. Si vous avez installé un filtre biologique dans l'aquarium, celui-ci transformera l'ammoniaque rejeté par les poissons en un nitrate inoffensif dont les plantes pourront se nourrir.

Les plantes ont encore d'autres emplois : elles fournissent ombre et abri aux hôtes de l'aquarium, et peuvent servir d'appoint dans l'alimentation des espèces végétariennes.

CHOISIR LES PLANTES

En associant plantes et poissons de même contrée d'origine, vous pouvez créer une collection harmonieuse. Mais n'oubliez pas que beaucoup de plantes ont en fait été elles-même « importées ».

■ Eau froide **▒ Eau tropicale**
Certains genres comprennent des espèces d'eau froide et des espèces tropicales. Mais cela n'implique *pas* que ces deux espèces peuvent être introduites dans les deux systèmes.

Espèces	Origine	Aquarium	Type et utilité
Acorus	Amériques	■ ▒	A racines ; premier plan
Aponogeton	Afrique, Asie	▒	A racines ; spécimen
Bacopa	Universelle	■ ▒	A racine ; en massif
Cabomba	Amériques	▒	Boutures ; en massif ; frayère
Ceratophyllum	Universelle	■ ▒	Boutures ; en massif ; ombre ; frayère
Cryptocoryne	Asie	▒	A racine ; premier plan (bas) ; (grand) spécimen ; frayère
Echinodorus	Amériques	▒	A racines ; spécimen ; frayère
Egeria	Amériques	■ ▒	Boutures ; en massif ; frayère
Eleocharis	Universelle	■ ▒	A racines ; premier plan
Elodea	Amériques	■ ▒	Boutures ; en massif ; frayère
Fontinalis	Hém. Nord et Afr. du Sud	■	S'accroche ; en massif ; frayère
Hydrilla	Universelle	■ ▒	Boutures ; en massif
Hygrophila	Asie	▒	Boutures ; en massif
Lagarosiphon	Afrique	■ ▒	Boutures ; en massif ; frayère
Lemna	Universelle	■ ▒	Flottante ; ombre
Limnophila	Universelle	▒	Boutures ; en massif ; frayère
Ludwigia	Amériques	■ ▒	Boutures ; en massif
Microsorium	Asie	▒	S'accroche ; premier plan
Myriophyllum	Universelle	■ ▒	Boutures ; en massif ; frayère
Najas	Amériques	▒	A racines ou flottantes en pleine eau ; en massif ; frayère
Nomaphila	Asie, Afrique	▒	Boutures ; en massif
Pistia	Universelle	▒	Flottante ; ombre
Potamogeton	Hém. Nord	■	Boutures ; arrière-plan
Sagittaria	Universelle	■ ▒	A racines ; arrière-plan
Vallisneria	Universelle	■ ▒	A racines ; arrière-plan
Vesicularia	Asie	▒	S'accroche ; en massif ; frayère

Culture et emploi des plantes

Pour bien se développer, les plantes exigent autant de soins que les poissons. Il leur faut principalement de la lumière, de la nourriture et une eau propre.

L'éclairage

Pour qu'une plante puisse synthétiser sa nourriture à partir du gaz carbonique et de l'hydrogène présents dans l'eau, il lui faut de la lumière. Mais un excès de lumière provoque la prolifération des algues, alors qu'un éclairage insuffisant freine la croissance de la plante. En outre, toutes les plantes n'ont pas les mêmes besoins. Afin de satisfaire les besoins de chacune, on peut utiliser les plus grandes, qui demandent plus de lumière, pour faire de l'ombre aux plus petites. En principe, un aquarium de 38 centimètres de profondeur demandera au moins 60 watts (incandescence) ou 20 watts (fluorescence) pour chaque portion de 30 centimètres de longueur de bac, en supposant que la lumière fonctionne pendant dix à quinze heures par jour.

Comment les plantes élaborent-elles leur nourriture ?

La plupart des plantes aquatiques trouvent leur nourriture au moyen de leurs feuilles, sous forme de nitrates et de matières organiques. Mais quelques-unes se nourrissent par les racines.

Les soins de l'eau

Pour se développer, les plantes ont besoin d'une eau propre, pour deux raisons : d'une part, les déchets dans l'eau se déposent à la surface des feuilles et étouffent les plantes ; d'autre part, une eau trouble réduit considérablement la quantité de lumière qui parvient jusqu'aux plantes.

Certaines, en revanche, sont perturbées par tout changement de milieu et perdent leurs feuilles quand on les transfère dans un nouvel aquarium. Ce n'est souvent qu'une réaction provisoire, et les feuilles se mettent vite à repousser.

L'effet de la filtration sous gravier

La filtration sous gravier *(voir p. 128)* fait l'objet d'une interminable controverse parmi les aquariophiles. Les uns soutiennent qu'elle gêne la croissance des plantes, car l'eau, en s'infiltrant dans le gravier, priverait les racines d'éléments nutritifs ; de plus, une température identique à travers tout l'aquarium aurait un effet néfaste sur les plantes, car beaucoup d'espèces ont l'habitude d'avoir les racines dans une eau plus froide que celle des feuilles. Les autres, partisans de la filtration sous gravier, affirment que la croissance des plantes ne sera pas modifiée tant que la couche de gravier sera assez épaisse, que le diamètre du gravier lui-même aura le bon format et que le courant ne sera pas trop puissant. En réalité, ce type de filtration transforme les produits de déchets en nourriture que les plantes peuvent assimiler.

Les techniques de plantation

Vous pouvez faire vos plantations « à sec » ou dans l'eau. A sec, c'est plus facile, car les plantes ne flottent pas verticalement, n'adhèrent pas à vos bras et ne s'emmêlent pas ensemble. Mais vous ne jugerez de l'effet final qu'après avoir ajouté de l'eau, et des corrections seront alors nécessaires. En plantant directement sous l'eau, vous pouvez juger instantanément du résultat.

Pour commencer, plantez les grandes plantes au fond et sur le côté du bac. Lorsque le décor vous plaît, remplissez le reste avec des plantes basses, buissonnantes, et quelques spécimens intéressants, en partant des côtés vers le milieu. N'enfoncez pas trop profondément les plantes sous le gravier.

Plantes d'arrière-plan
La présence des plantes dans l'aquarium permet d'en masquer le côté artificiel et de le faire paraître plus grand en dissimulant l'arrière et les côtés de la cuve. Mais ne bouchez pas complètement la vue : quelques trouées donneront une illusion d'espace plus grand encore. Les grandes plantes à croissance rapide conviennent très bien à cette fonction, sans prendre trop de lumière aux plus petites ni gêner les poissons dans leurs mouvements. Elles offriront un abri aux poissons timides ou aux femelles harcelées.

Pour tapisser l'espace
Lorsque l'arrière-plan est installé, choisissez des plantes touffues pour dissimuler les coins, l'équipement, et garnir l'espace entre les roches.

Plantes de premier plan
Des espèces à pousse lente formeront dans l'aquarium une sorte de pelouse. L'effet sera d'autant plus heureux devant des roches ou des grottes. Certains poissons ovipares vont frayer sur les feuilles rigides de ces plantes.

Spécimens
La splendide frondaison de ces espèces vedettes en fait une catégorie à part. Comme certaines espèces sont fragiles, mettez-les en pots séparés.

Pour l'ombrage
Les espèces à racines avec de longues feuilles qui traînent à la surface de l'eau apporteront de l'ombre, ainsi que les plantes flottantes.

NOURRIR LES PLANTES

Procurez-vous des engrais, solides ou liquides, spécialement conçus pour l'aquarium (les engrais de jardin peuvent être dangereux). Vous les placerez sous le gravier, à proximité des racines des plantes. Vous pouvez aussi acheter des « cartouches » préformées ou des fibres spéciales avec du terreau à introduire dans les pots.

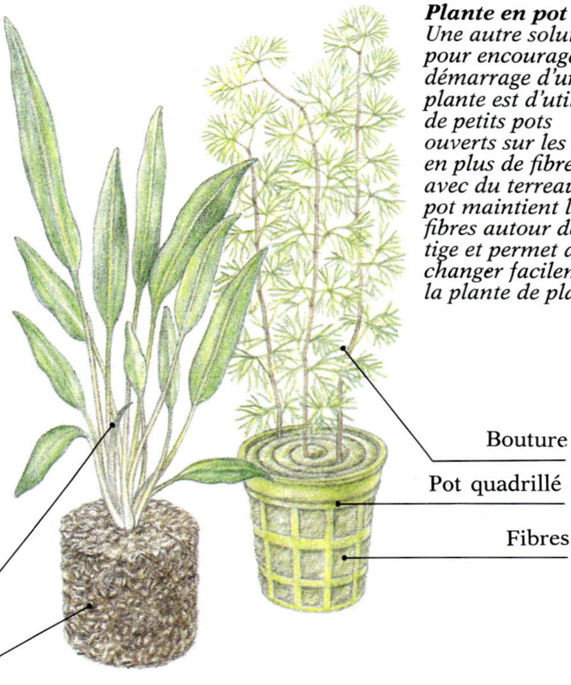

Cartouches
Les spécimens deviendront plus luxuriants si on les plante dans des cartouches contenant du terreau qu'on enfouit sous le gravier

Plante en pot
Une autre solution pour encourager le démarrage d'une plante est d'utiliser de petits pots ouverts sur les côtés en plus de fibres avec du terreau. Le pot maintient les fibres autour de la tige et permet de changer facilement la plante de place.

Les types de plantes

On peut distinguer trois groupes de plantes d'aquarium : les plantes à racines, les plantes flottantes et les plantes bouturées.

Les plantes à racines
Ces plantes s'enracinent dans le gravier, mais, contrairement aux espèces aériennes, ne puisent pas la plus grande partie de leur nourriture par les racines. Les vraies plantes aquatiques se nourrissent surtout par les feuilles, les racines leur servant à s'accrocher au gravier, aux roches ou aux morceaux de bois.

Reproduction
La majorité des plantes à racines se reproduisent de manière végétative, produisant des stolons qui s'enracinent à leur tour. Quelques espèces ont des rejetons qui apparaissent directement à la surface des feuilles. On peut aussi diviser les pieds.

Les plantes flottantes
Ce sont des espèces qui ne s'accrochent pas par les racines. Elles peuvent se développer en surface, mais, pour permettre à la lumière de parvenir aux plantes situées en dessous, il faut veiller à les tailler ou avoir des poissons végétariens qui les mangent. Les plantes flottantes jouent un rôle important : elles fournissent l'ombre, donnent un endroit pour frayer aux poissons, et leurs racines traînantes offrent un refuge aux nouveau-nés. Ces plantes risquent de souffrir de la proximité des lampes, aussi faut-il toujours recouvrir le bac d'une vitre pour les protéger.

Reproduction
Les plantes flottantes se reproduisent bien – trop bien même au goût de l'aquariophile. Elles se divisent par rejets ou à partir de fragments coupés.

LES PLANTES ARTIFICIELLES

Si vous avez des poissons végétariens, vous ne pourrez faire pousser des plantes. Il existe dans ce cas des imitations en plastique souple, fixées sur une base qu'on dissimule sous le gravier.

Enfoncez solidement la plaque sous le gravier

Plantes bouturées
C'est là une catégorie tout à fait artificielle, créée pour le seul bénéfice de l'aquariophile, car bon nombre de ces plantes peuvent s'enraciner ou flotter.

Reproduction
Pour obtenir de nouveaux plants, coupez le haut de la plante donneuse et replantez-le dans le gravier. La coupe donne à la plante mère une forme plus touffue, des rejetons se développant sur les côtés. Chez certaines espèces, il suffit de couper une feuille et de la laisser flotter dans l'eau pour voir apparaître, au bout de quelque temps, des racines. On peut attacher ensemble plusieurs boutures avec un fil de plomb pour les maintenir jusqu'à ce qu'apparaissent les racines, mais on doit éviter d'endommager les tiges avec le plomb.

LE GUIDE DES PLANTES

Les boutiques spécialisées et les magasins d'articles de jardin offrent généralement un grand choix de plantes pour aquarium. Vous pouvez prendre aussi des plantes dans les étangs, à condition de bien les nettoyer pour éviter d'introduire dans l'aquarium des maladies. Comme les plantes vont prospérer et se multiplier, limitez vos ambitions au départ. Il faut compter environ une plante tous les 25 cm² de surface au sol. Ainsi, dans un bac de 60 cm sur 30 cm, il faut 72 plantes.

ESPÈCES

■ **d'eau froide**

▒ **tropicales**

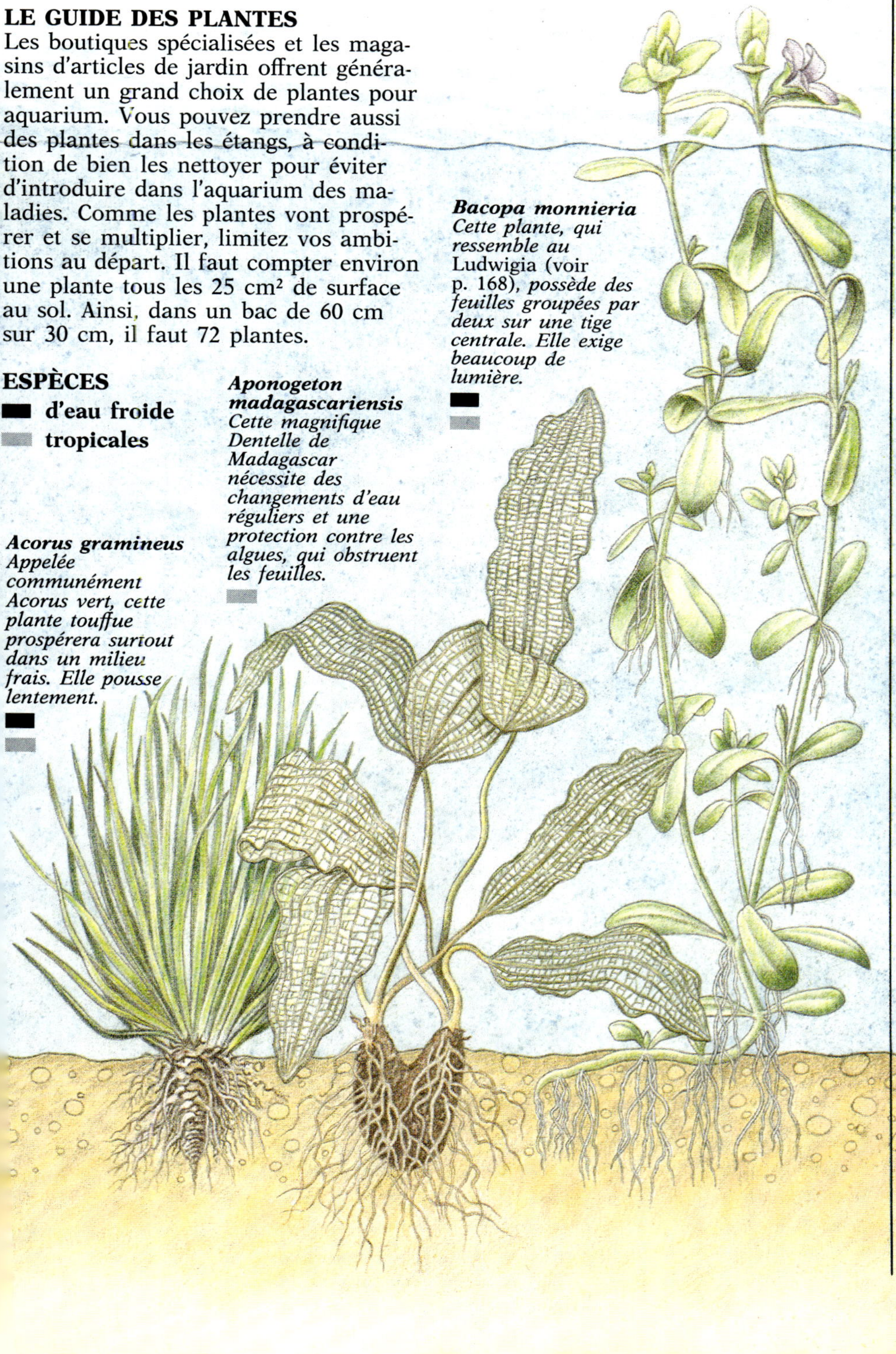

Acorus gramineus
Appelée communément Acorus vert, cette plante touffue prospérera surtout dans un milieu frais. Elle pousse lentement.
■
▒

Aponogeton madagascariensis
Cette magnifique Dentelle de Madagascar nécessite des changements d'eau réguliers et une protection contre les algues, qui obstruent les feuilles.
▒

Bacopa monnieria
Cette plante, qui ressemble au Ludwigia (voir p. 168), *possède des feuilles groupées par deux sur une tige centrale. Elle exige beaucoup de lumière.*
■
▒

Ceratophyllum demersum
Appelée Cornifle nageant *par les aquariophiles, cette plante a des feuilles très dures qui résistent bien aux poissons végétariens. On peut la bouturer.*

Cabomba aquatica
Malgré une certaine fragilité, cette plante aux feuilles dentelées est très appréciée. L'eau doit être propre pour que les feuilles ne soient pas envahies de détritus et d'algues.

Cryptocoryne blassii
Comme les autres espèces de Cryptocoryne, *les* C. blassii *sont des plantes de premier plan. Comme il leur faut un éclairage réduit, mieux vaut avoir un aquarium profond ou les placer sous de grandes plantes dont les feuilles flottent à la surface.*

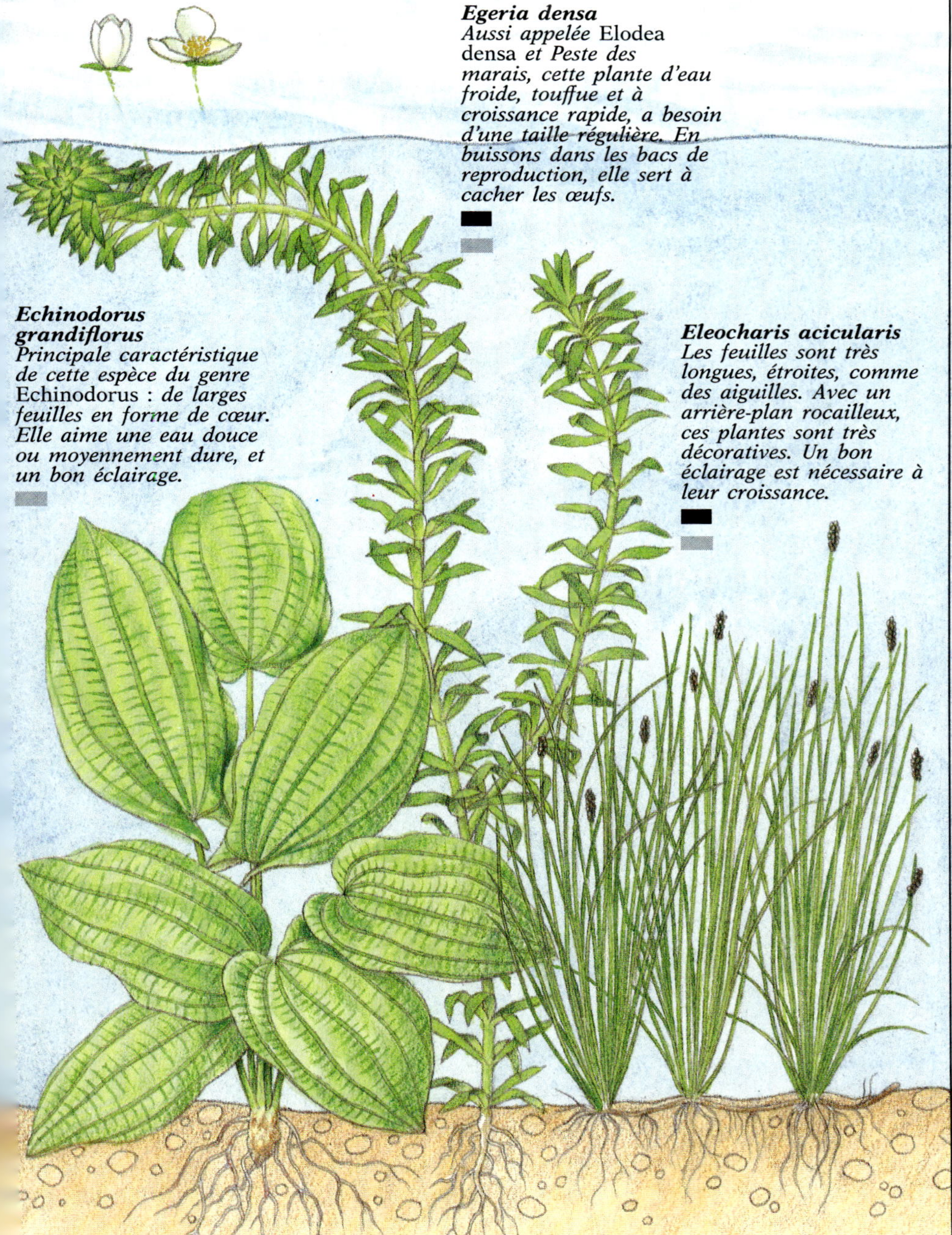

Egeria densa
Aussi appelée Elodea densa *et Peste des marais, cette plante d'eau froide, touffue et à croissance rapide, a besoin d'une taille régulière. En buissons dans les bacs de reproduction, elle sert à cacher les œufs.*

Echinodorus grandiflorus
Principale caractéristique de cette espèce du genre Echinodorus *: de larges feuilles en forme de cœur. Elle aime une eau douce ou moyennement dure, et un bon éclairage.*

Eleocharis acicularis
Les feuilles sont très longues, étroites, comme des aiguilles. Avec un arrière-plan rocailleux, ces plantes sont très décoratives. Un bon éclairage est nécessaire à leur croissance.

Elodea canadensis
Cette plante aquatique est à croissance très rapide. Bien qu'elle pousse en eau froide ou chaude, elle a tendance à devenir plus gracile en eau chaude.

Fontinalis antipyretica
Excellent lieu de ponte pour les poissons d'eau froide, c'est une plante buissonnante, aux feuilles fines, qui s'accroche à la surface des roches.

Hydrilla verticillata
Cette plante dure a une foule de feuilles étroites, serrées le long de la tige. A pousse très rapide, elle a quelquefois besoin d'être taillée.

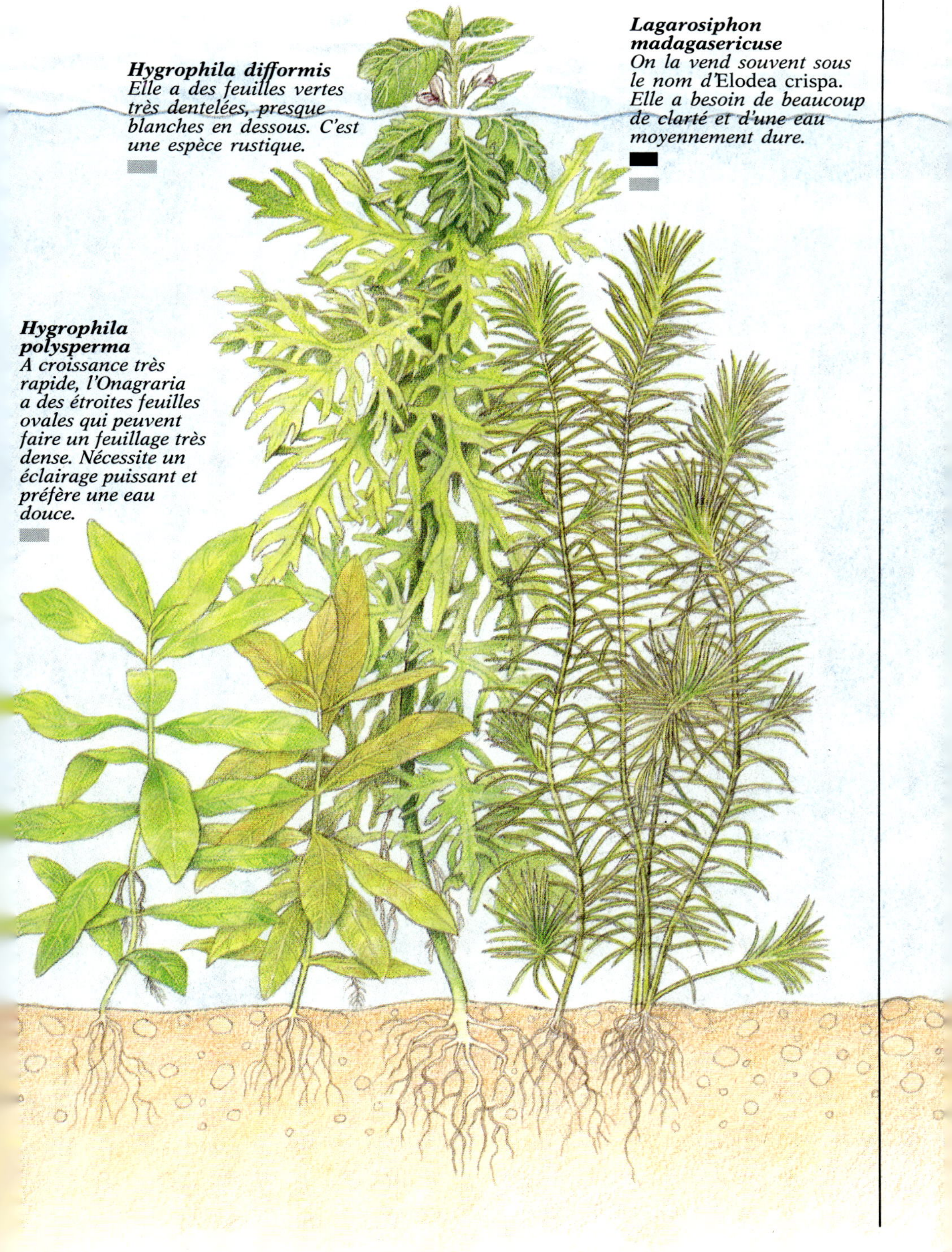

Hygrophila difformis
Elle a des feuilles vertes très dentelées, presque blanches en dessous. C'est une espèce rustique.

Lagarosiphon madagasericuse
*On la vend souvent sous le nom d'*Elodea crispa.
Elle a besoin de beaucoup de clarté et d'une eau moyennement dure.

Hygrophila polysperma
A croissance très rapide, l'Onagraria a des étroites feuilles ovales qui peuvent faire un feuillage très dense. Nécessite un éclairage puissant et préfère une eau douce.

Limnophila aquatica
Également appelée Ambulia, *cette plante touffue à feuilles étroites donne des fleurs mauves. N'écrasez pas ses fines radicelles en repiquant les boutures.*

Lemna minor
Cette plante flottante (ci-dessus), *si l'on n'y prend garde, peut rapidement envahir toute la surface du bac. C'est un bon appoint alimentaire pour les poissons végétariens.*

Ludwigia repens
Ses feuilles épaisses ont souvent la face inférieure teintée de rouge. Elle exige un bon éclairage et préfère une eau fraîche.

Myriophyllum aquaticum
Cette plante, dont les feuilles finement découpées ressemblent à celles de Cabomba (voir p. 164), *a besoin d'une eau bien purifiée au moyen d'une bonne filtration.*

Microsorium pteropus
Cette Fougère de Java a des feuilles assez larges et effilées. Ses longues racines enchevêtrées, au lieu de s'enfoncer dans le gravier, s'accrochent aux roches ou aux souches. Il lui faut un éclairage modéré.

Najas guadelupensis
Cette plante à l'aspect plutôt délicat a des racines vigoureuses. Robuste, elle peut être plantée ou flotter en pleine eau.

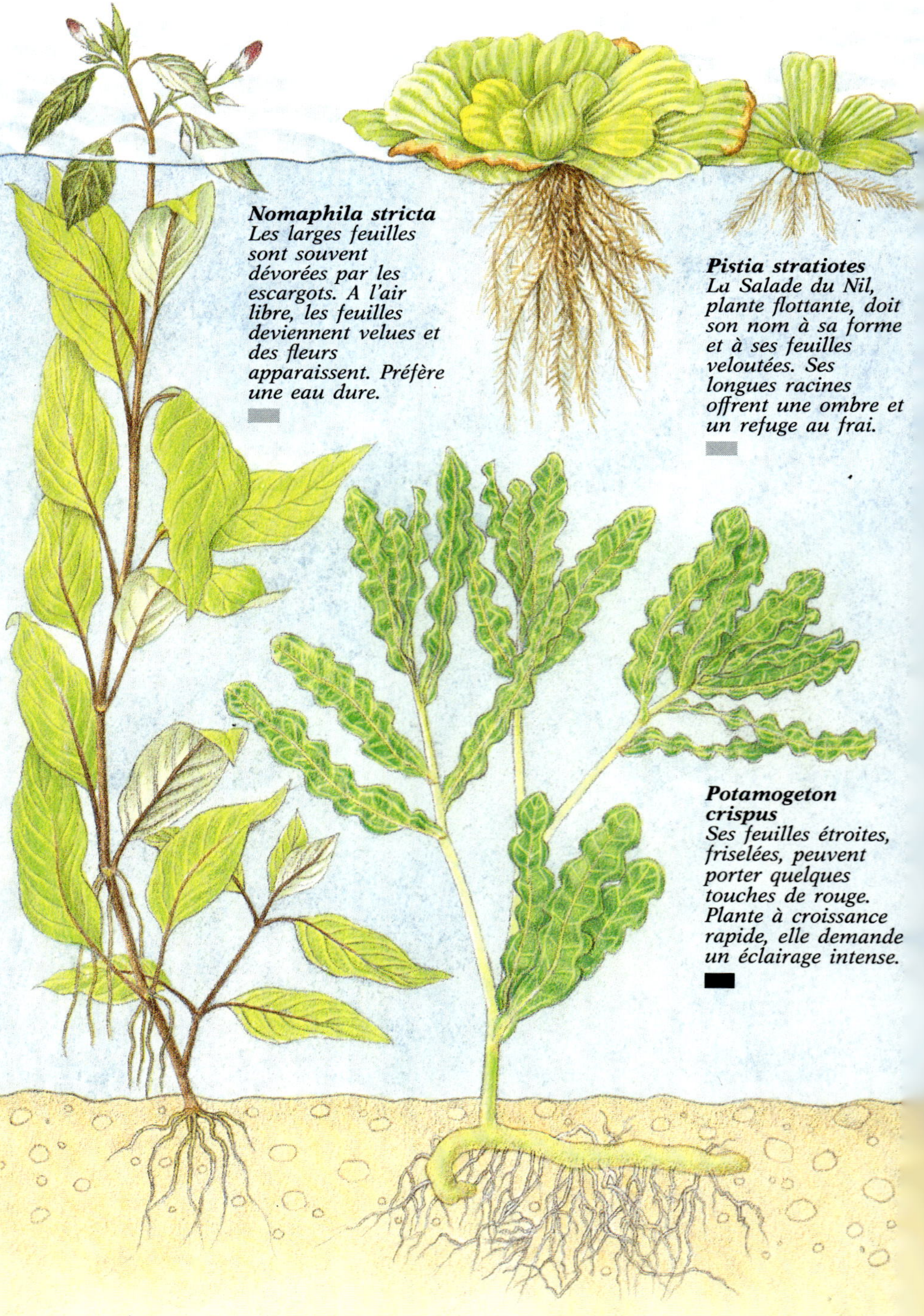

Nomaphila stricta
Les larges feuilles sont souvent dévorées par les escargots. A l'air libre, les feuilles deviennent velues et des fleurs apparaissent. Préfère une eau dure.

Pistia stratiotes
La Salade du Nil, plante flottante, doit son nom à sa forme et à ses feuilles veloutées. Ses longues racines offrent une ombre et un refuge au frai.

Potamogeton crispus
Ses feuilles étroites, friselées, peuvent porter quelques touches de rouge. Plante à croissance rapide, elle demande un éclairage intense.

Vallisneria gigantea
Ses longs rubans, qui ressemblent à de l'herbe, poussent aisément, à condition que l'éclairage soit bon. Propagation par stolons.

Vesicularia dubyana
La Mousse de Java, qui s'accroche aux roches, est un excellent lieu de ponte pour poissons tropicaux. L'eau doit rester propre pour que ses ramifications duveteuses ne soient pas envahies par les détritus et les algues.

Sagittaria graminea
Grande plante d'aquarium, le Sagittaire, ou Poireau, se plaît dans une eau légèrement alcaline.

L'INSTALLATION DE L'AQUARIUM

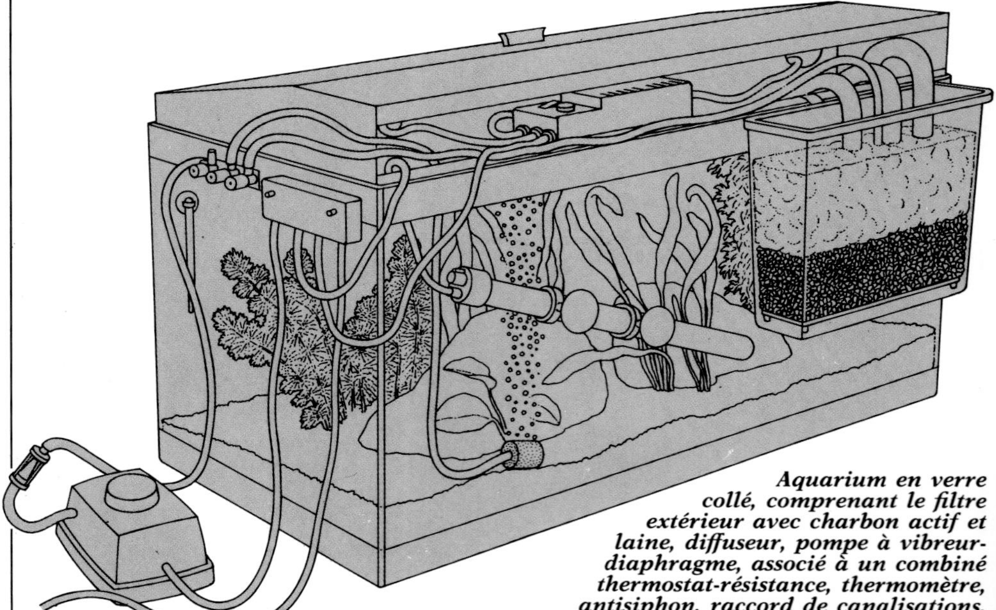

Aquarium en verre collé, comprenant le filtre extérieur avec charbon actif et laine, diffuseur, pompe à vibreur-diaphragme, associé à un combiné thermostat-résistance, thermomètre, antisiphon, raccord de canalisations, eau, rampe avec ballast pour tubes fluorescents, gravier, roches et plantes.

La clé du succès, quand on installe un aquarium, est de tout prévoir à l'avance. En premier lieu, il faut choisir le système *(voir pp. 24-25)* et réunir tout le matériel nécessaire pour le réaliser. Cela veut dire acheter le bac de la bonne taille *(voir pp. 115-116),* le filtre qui convient *(voir p. 124 à 129),* une pompe à air *(voir p. 123),* un chauffage et un thermostat pour les aquariums tropicaux *(voir p. 130 à 136),* l'éclairage *(voir p. 148 à 151)* et un densimètre pour les systèmes d'eau de mer *(voir p. 147).*

Si vous voulez recréer autant que possible un habitat naturel *(voir p. 138 à 143),* optez pour une contrée géographique qui vous intéresse particulièrement et recherchez quelles sont les espèces qui en sont originaires. Toutefois, avant de les acheter, *vérifiez* que les poissons sont compatibles *(voir « Le guide des espèces », p. 35 à 111).* En effet, les poissons rapides ou qui défendent leur territoire peuvent faire peur aux espèces plus petites et plus nerveuses, voire les blesser. N'oubliez pas non plus que les poissons ont des besoins différents. Si vous achetez des herbivores, ne dépensez pas une fortune dans les plantes qu'ils s'empresseront de dévorer. En plus des poissons, tout ce que vous introduisez dans l'aquarium doit pouvoir cohabiter, roches *(voir p. 157)* et plantes *(voir p. 159)* comprises.

Même si vous êtes appelé à faire des modifications en cours d'installation, dessinez les plans sur du papier avant de commencer, avec l'ordre de plantation ; vous vous épargnerez ainsi du temps et des erreurs. Ne soyez pas désolé si le résultat final n'a pas tout de suite un air « naturel ». Il faudra quelques semaines pour que tout se mette en place.

La disposition du décor

Les exemples proposés ci-dessous sont destinés à vous donner quelques idées de base pour aménager votre propre aquarium. Trois arrangements correspondent à des poissons originaires des eaux tropicales : eau douce, eau douce moyennement dure ou eau dure. Ces aquariums sont conçus en fonction des besoins de leurs hôtes. Vous verrez également des installations d'eau douce froide, tropicale d'eau de mer et d'eau de mer froide.

EAU DOUCE TROPICALE douce/moyennement dure
- *A. madagascariensis* (p. 163)
- *C. blassii* (p. 164)
- *E.acicularis* (p. 165)
- *E. grandifloris* (p. 165)
- *L. aquatica* (p. 168)
- *P.stratiotes* (p. 170)
- *S. graminea* (p. 171)
- Gravier non calcaire

EAU DOUCE FROIDE
- *B. monnieria* (p. 163)
- *L. repens* (p. 168)
- *V. gigantea* (p. 171)
- Roches adaptées (p. 157)
- Gravier (indifférent)

EAU DOUCE TROPICALE (douce)
- *C. demersum* (p. 164)
- *L. aquatica* (p. 168)
- *N. guadelupensis* (p. 169)
- Bois pétrifié
- Bambou
- Racines de saule ou d'aulne
- Gravier non calcaire

EAU DE MER TROPICALE
- Branches de corail
- Coquillages
- Roches ou coraux vivants
- Sable corallien

EAU DOUCE TROPICALE (dure)
- Ardoise
- Roches calcaires
- Gravier ordinaire

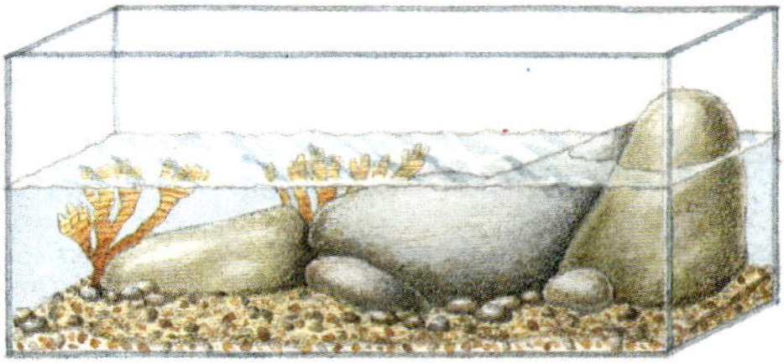

EAU DE MER FROIDE
- Varech *(Taonia atomaria)*
- Coquillages broyés
- Roches polies
- Galets
- Gravier calcaire

L'aquarium tropical d'eau douce

L'aquarium tropical d'eau douce est certainement, pour un débutant, le meilleur système, car c'est un ensemble qui exige moins de connaissances techniques que les autres.

Après avoir fait votre choix, décidé du lieu où vous installerez le bac et acheté le matériel, mettez le récipient à l'endroit auquel vous destinez l'aquarium. Il faut travailler sur cet emplacement même, car le bac plein de gravier et de roches est pratiquement impossible à déplacer. Posez-le sur une feuille de polystyrène (qui nivellera la surface du meuble) et vérifiez que vous avez accès sans problèmes aux quatre côtés. Quand la cuve est en place, préparez tous les éléments :

- Gravier rincé.
- Plantes rincées, regroupées par ordre de plantation.
- Outils : pinces, tournevis, plantoir, couteau pointu, ciseaux et tuyau flexible.
- Équipement technique : filtre, tuyau d'air, chauffage, thermostat, pompe à air, rangée de valves pour l'aération, valve de retenue, diffuseur, boîtier de connexion, couvercle-réflecteur, lampes.
- Matériel « décoration » : roches lavées.
- Couvercle en verre.
- Poissons.

Attention : eau et électricité *ne se marient pas.* Ne branchez jamais un appareil électrique sur le courant avant d'avoir rempli l'aquarium !

1 Posez le filtre sous gravier. A l'aide d'un couteau, coupez l'extrémité du tube pour qu'il s'adapte à la hauteur du bac et glissez-le dans le trou aménagé dans la plaque du filtre. Puis, en plaçant le tube à air dans un angle du fond, abaissez la plaque. Elle doit être parfaitement plate et recouvrir le sol de l'aquarium.

2 Disposez le gravier. Les parcelles doivent mesurer de 3 à 5 mm pour que l'eau puisse circuler et les plantes s'enraciner. Pour que le filtre sous gravier fonctionne bien, recouvrez-le de 5 cm de gravier au moins vers l'avant de la cuve, la couche atteignant le double à l'arrière.

3 Installez la pompe à air. Fixez la sortie de la pompe sur le raccord pour un contrôle séparé de l'arrivée d'air dans chacun des éléments. Un antisiphon sur le tuyau d'air empêchera l'eau de refluer. Placez le diffuseur à l'arrière du bac.

4 Installez le thermostat-résistance. Montez le combiné de biais contre la vitre arrière, en veillant à ce que la résistance ne touche pas le gravier.

5 Ajoutez les roches. Vérifiez que les roches conviennent *(voir p. 157)*. Enfoncez-les dans le gravier pour qu'elles ne tombent pas. Utilisez-les pour dissimuler les appareils. Si vous optez pour un filtre intérieur, veillez à ce que les roches n'en gênent pas le fonctionnement.

6 Disposez les roches. Regroupez-les en essayant de poursuivre le tracé des strates d'une roche à l'autre. En collant ensemble plusieurs morceaux avec de la colle spéciale, on peut construire une grotte. Posez à plat, par endroits, quelques roches plates dans le gravier pour maintenir la pente.

7 Remplissez l'aquarium. Ne pas négliger deux choses : premièrement, diriger le tuyau d'arrosage sur une roche pour ne pas disperser le gravier ; deuxièmement, ne pas remplir la cuve à ras bord. Lorsque vous y tremperez les mains pour faire vos plantations, elle ne doit pas déborder.

8 Mettez les plantes en place. Installez les grandes plantes au fond et sur les côtés, et masquez les angles avec des espèces touffues. Étalez les racines dans le gravier, en laissant la couronne (la jonction tige-racines) à l'air. Pour les boutures, utilisez au besoin du fil de plomb. Finissez ensuite de remplir l'aquarium.

9 Installez le thermomètre. Mettez-le à un endroit où il sera lisible sans être gênant. Le modèle ci-contre adhère à l'aide de ventouses. Mais il pourrait aussi flotter verticalement dans l'eau.

10 Posez le couvercle. Les couvercles en verre sont composés d'une ou deux vitres, ou d'une feuille de plastique rigide, comme ci-contre. Ce modèle possède des ouvertures pour laisser passer les fils et verser la nourriture.

11 Branchez le boîtier de connexion. Ce boîtier permet de raccorder et brancher tous les appareils électriques de l'aquarium en toute sécurité. Il y a des interrupteurs spéciaux pour l'éclairage et la pompe à air (le chauffage fonctionne en permanence). Une prise de terre évite les coupures de courant.

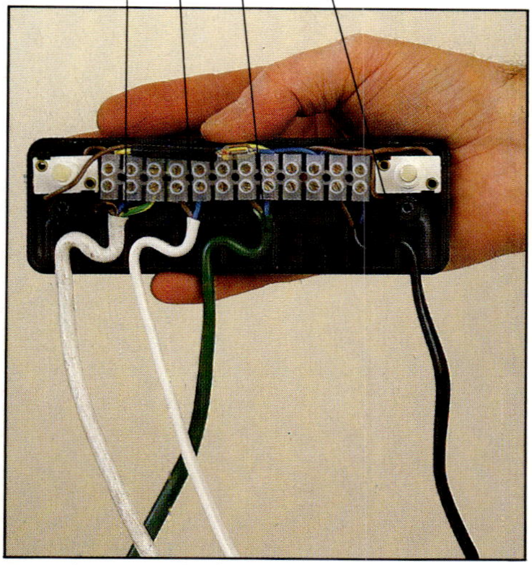

Branchements du boîtier de connexion

Le boîtier en position

12 Posez la galerie et l'éclairage. C'est le dernier stade avant d'introduire les poissons. Certaines galeries peuvent recevoir le ballast des tubes fluorescents ainsi que des lampes, ce qui les rend assez lourdes. Attention à la vitre de protection en posant la galerie. Les tubes sont d'un emploi courant, mais vous pouvez les remplacer par des lampes à incandescence. Ensuite, allumez le chauffage et la pompe à air.

13 Introduisez les poissons. Faites flotter le sac pendant 10 à 15 minutes dans l'eau pour unifier les températures *(voir p. 29)*, puis lâchez les poissons.

Barbus nigrofasciatus femelle, voir p. 37

Galerie-réflecteur à charnières (voir stade 12)

Roches : morceaux de marbre (voir stades 5 et 6)

Dispositif de démarrage pour éclairage fluorescent (voir stade 12)

Vitre de protection (voir stade 10)

Rasbora heteromorpha femelle (Rasbora), voir p. 42

Cabomba caroliniana. Plante touffue à croissance rapide, elle meuble bien l'espace mais est assez fragile

Barbus conchonius femelle (Barbus rosé), voir p. 36

Pterophyllum scalare (Scalaire marbré à nageoires vaporeuses), voir p. 59

Colisa lalia femelle (Gourami nain), voir p. 62

Xiphophorus maculatus mâle, hybride (Platy), voir p. 69

Colisa lalia mâle (Gourami nain), voir p. 62

Bolbitis heudelotii. Une fougère aux feuilles dures et à croissance lente ; doit adhérer à une roche

Barbus nigrofasciatus mâle (Barbus à tête pourpre hors période de reproduction), voir p. 37

Anubias lanceolata. Placez ce joli spécimen à pousse lente vers l'avant de l'aquarium.

Aponogeton crispus. Plante de premier plan, rustique, qui peut porter des fleurs

Gravier de 3 mm (voir stade 2)

Vallisneria spiralis. Ses feuilles rubannées poussent vite et constituent un bon arrière-plan

Brachydanio rerio mâle (Danio rerio), voir p. 41

Xiphophorus mâle hybride (Porte-épée), voir p. 68

Xiphophorus femelle hybride (Porte-épée), voir p. 68

Poecilia reticulata mâle (Guppy), voir p. 67

Rasbora heteromorpha mâle (Rasbora), voir p. 42

Thermomètre (voir stade 9)

Recourbez les tuyaux à air de manière qu'ils s'élèvent légèrement au-dessus du niveau de l'aquarium, pour empêcher l'eau de refluer

Raccord à sorties multiples pour tuyaux d'air (voir stade 3)

Boîtier de connexion (voir stade 11)

Hygrophila difformis, voir p. 167

Aponogeton madagascariensis (Dentelle de Madagascar), voir p. 163

Un diffuseur dans le tube à air augmente le flot

Corydoras julii (Corydoras-léopard), voir p. 74

Cryptocoryne blassii, voir p. 164

Xiphophorus variatus mâle hybride (Platy varié), voir p. 69

Corydoras aeneus (Fouilleur, Corydoras bronzé), voir p. 74

Antisiphon du tuyau d'air (voir stade 3)

Pompe à air (voir stade 3)

L'aquarium d'eau douce froide

N'exigeant aucun chauffage, le système en eau douce froide demande moins de technologie qu'un réservoir tropical. Mais il est paradoxalement plus difficile de garder propre ce type d'aquarium, qui réclamera de votre part plus de compréhension et de doigté. En outre, comme les poissons d'eau froide consomment plus d'oxygène, il leur faut un aquarium plus grand. Avant de vous décider en faveur d'un système, lisez le chapitre « Choisir les poissons » *(voir p. 22 à 31)*.

Après avoir fait votre choix, décidé du lieu où vous installerez la cuve et acheté le matériel, mettez le récipient à l'endroit auquel vous destinez l'aquarium. Il faut travailler sur l'emplacement même, car le bac plein de gravier et de roches est pratiquement impossible à déplacer. Posez-le sur une feuille de polystyrène (qui nivellera la surface du meuble) et vérifiez que vous avez accès sans problèmes aux quatre côtés. Quand la cuve est en place, préparez tous les éléments :

- Gravier rincé.
- Plantes rincées, regroupées par ordre de plantation.
- Outils : pinces, tournevis, plantoir, couteau pointu, ciseaux et tuyau flexible.
- Équipement technique : filtre électrique, tube de retour, couvercle-réflecteur, tubes fluorescents, interrupteur.
- Matériel de « décoration » : roches lavées, galets.
- Vitre de protection.
- Poissons.

Attention : eau et électricité *ne se marient pas.* Ne branchez jamais un appareil électrique sur le courant avant d'avoir rempli l'aquarium !

1 Étendez le gravier. Prenez un gravier dont les grains mesurent de 3 à 5 mm de diamètre pour que l'eau circule facilement et que les plantes puissent s'enraciner. La couche doit faire 5 cm vers l'avant et atteindre, en pente douce, 7 cm vers l'arrière. Pour maintenir la pente, enfouissez dans le gravier, à plat, de petites roches plates.

2 **Posez le filtre.** Installez le filtre électrique debout à côté du bac. Placez le siphon près du gravier pour qu'il recueille les impuretés. Fixez la barre de diffusion vers le haut du réservoir pour qu'elle diffuse l'eau pure dans toute la cuve.

3 **Introduisez les roches et les plantes.** Enfoncez les roches dans le gravier, en dissimulant, si possible, les tubes du filtre. Ensuite, faites vos plantations, mais en veillant à ne pas enfouir la couronne (entre la tige et les racines). Vous pourrez ajouter d'autres plantes *après* avoir mis l'eau.

4 **Ajoutez l'eau.** Remplissez l'aquarium aux deux tiers pour juger de l'effet. Arrangez les plantes, puis remplissez complètement le bac.

5 Amorcez le filtre. Débranchez côté filtre le tuyau de retour vers le filtre et aspirez de l'air pour faire venir de l'eau. Dès que l'eau sort du tuyau, fixez solidement la canalisation de retour, puis appuyez sur l'interrupteur du filtre. Si l'eau ne jaillit pas de la barre de diffusion, peut-être une poche d'air dans le filtre fait-elle bouchon. Il faut secouer le filtre.

6 Posez le thermomètre et nettoyez la vitre. Collez le thermomètre sur la paroi. Des bulles d'air ont pu s'accumuler contre la vitre frontale quand vous avez rempli la cuve. Pour vous en débarrasser sans attendre, prenez le grattoir magnétique.

7 Faites flotter le sac des poissons. Pour le transport, on vous remet les poissons dans un sac en plastique transparent. Laissez flotter le sac pendant 10 à 15 minutes pour que la température de l'eau du sac s'égalise avec celle du bac.

8 Transvasez de l'eau. Au bout de 15 à 20 minutes, introduisez dans le sac un peu d'eau de l'aquarium. Cela aidera les poissons à s'habituer à ce nouveau milieu.

9 Libérez les poissons. Quand les deux températures sont à peu près égales. *Inclinez* les sacs doucement sans les renverser, pour que les poissons sortent d'eux-mêmes.

10 Installez la galerie et l'éclairage. Certaines galeries sont conçues pour recevoir le dispositif de démarrage en plus des tubes fluorescents. Il se trouve alors dans un logement intégré, à l'arrière de la galerie. Celle-ci s'en trouve très alourdie et il faut donc la manipuler avec précaution, surtout si vous avez un couvercle en verre.

Dispositif de démarrage derrière la galerie.

Dispositif de démarrage dans son logement.

11 L'aquarium est monté ! Les poissons et leur nouvel environnement vont mettre plusieurs semaines à s'installer, ainsi que les algues et les bactéries. Alors seulement, l'aquarium aura l'air naturel.

ses soutenant la barre
ısion (voir stade 2)
Barre de diffusion (voir stade 2)
Galerie-réflecteur (voir stade 10)
Elodea canadensis (voir p. 166)
Tuyau d'admission du bac vers le filtre (voir stade 2)
Canalisation de retour du filtre vers le bac
Attaches du couvercle
Moteur du filtre
Ardoise (voir stade 3)
Charbon actif (voir stade 2)
Boîtier du filtre électrique (voir stade 2)
Roche artificielle (voir stade 3)
Poisson rouge (voir p. 84)
Laine filtrante (voir stade 2)
Poisson rouge (voir p. 84)
Gravier à grains de 3 mm (voir stade 1)

L'aquarium tropical d'eau de mer

Comme le réservoir tropical d'eau douce *(voir p. 174)*, celui-ci doit être chauffé, mais, contrairement au système d'eau douce, il n'est pas recommandé pour les néophytes. Il faut ici une certaine expérience, car les conditions de l'eau doivent être maintenues à l'intérieur de normes relativement strictes. L'eau salée doit correspondre à la bonne composition chimique et le niveau de nitrites doit être contrôlé régulièrement. Avant de vous décider, lisez le chapitre « Choisir les poissons », page 24 à 31.

Après avoir fait votre choix, décidé du lieu où vous installerez la cuve et acheté le matériel, mettez le récipient à l'endroit auquel vous destinez l'aquarium. Il faut travailler sur l'emplacement même, car le bac plein de gravier et de roches est pratiquement impossible à déplacer. Posez-le sur une feuille de polystyrène (qui nivellera la surface du meuble) et vérifiez que vous avez accès sans problèmes aux quatre côtés. Quand la cuve est en place, préparez tous les éléments :

- Sable corallien rincé.
- Eau de mer artificielle (mélange du commerce).
- Outils : pinces, tournevis, plantoir, couteau pointu, ciseaux et seau en plastique.
- Équipement technique : plaques de filtre sous gravier (deux, probablement), tubes à air, pompe électrique, laine filtrante, combiné thermostat-résistance, attaches plastique, densimètre, couvercle-réflecteur, tubes fluorescents.
- Matériel de « décoration » : roches lavées, branches de corail.
- Couvercle en verre.
- Poissons d'essai : dans ce type de système, commencez avec quelques spécimens résistants et complétez plus tard, quand l'aquarium est bien installé.

Attention : eau et électricité *ne se marient pas.* Ne branchez jamais un appareil électrique sur le courant avant d'avoir rempli l'aquarium !

1 Adaptez le filtre sous gravier. Pour un grand réservoir comme celui-ci, il vous faudra sans doute deux plaques. Découpez deux tubes à air à l'aide d'un couteau, puis enfoncez-les à l'arrière des plaques. Posez celles-ci au fond de la cuve ; elles doivent recouvrir la base totalement. Pour améliorer le flot dans l'aquarium, ajoutez une pompe de circulation au sommet des cheminées à air.

2 **Ajoutez la laine filtrante.** Recouvrez la totalité du filtre sous gravier de laine. Ainsi, les grains de sable n'iront pas boucher les trous dans les plaques, ce qui empêcherait l'eau de circuler.

3 **Recouvrez l'ensemble.** Pour que le filtre sous gravier fonctionne correctement, il faut le recouvrir d'une couche d'*au moins* 5 cm, s'élevant en pente vers l'arrière jusqu'à 7 à 10 cm.

Attache en plastique

Combiné thermostat-résistance

Tube d'eau sous pression

Pompe de circulation

4 **Montez le combiné thermostat-résistance.** Installez-le de biais sur la vitre arrière de l'aquarium, grâce à des attaches en plastique, et *non* métalliques (le métal est un poison pour les poissons). Le dispositif de chauffage ne doit absolument pas toucher le sable.

5 Disposez roches et coraux. Vérifiez que les roches qui vous plaisent correspondent aux exigences de l'aquarium *(voir p. 157)*. Calez solidement roches et coraux pour qu'ils ne tombent pas quand les poissons se mettront à creuser le sable.

6 Fabriquez de l'eau de mer. Suivez les indications du fabricant. Il s'agit, en général, de remplir un seau en plastique avec de l'eau du robinet et d'y ajouter un paquet de mélange. Ventilez le tout pendant 2 ou 3 heures avant de l'introduire dans l'aquarium.

7 Versez le mélange dans le bac. Versez le tout dans la cuve jusqu'à 2 ou 3 cm du bord. Gardez le reste du mélange. Remettez en marche le filtre et le chauffage. Mettez en place le densimètre pour mesurer la densité de l'eau *(voir ci-dessus, à droite)*.

LA DENSITÉ DE L'EAU

Pour connaître la salinité de l'eau, ou son poids, on mesure sa densité *(voir p. 147)*. Pour vérifier la densité du mélange, prenez un densimètre.

Vérifier et stabiliser la densité de l'eau dans un nouveau bac
Dès que la température de l'eau s'est stabilisée dans l'aquarium, vérifiez son taux de salinité avec le densimètre. Regardez le niveau indiqué par la surface de l'eau *(voir p. 147)*.
Une zone colorée doit indiquer approximativement 1 020-1 023. Si tel est le cas, ajoutez le reste du mélange.
Si le résultat est trop élevé, ajoutez de l'eau pure ; s'il est trop bas, corrigez en rajoutant de l'eau salée synthétique.

Vérifiez régulièrement la densité
N'oubliez pas de contrôler le taux de salinité toutes les deux ou trois semaines.

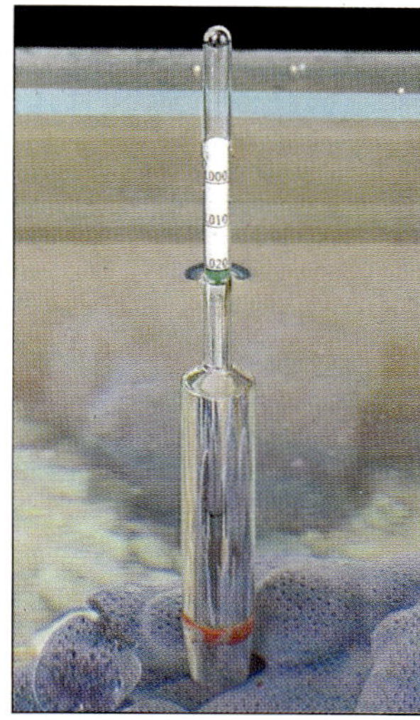

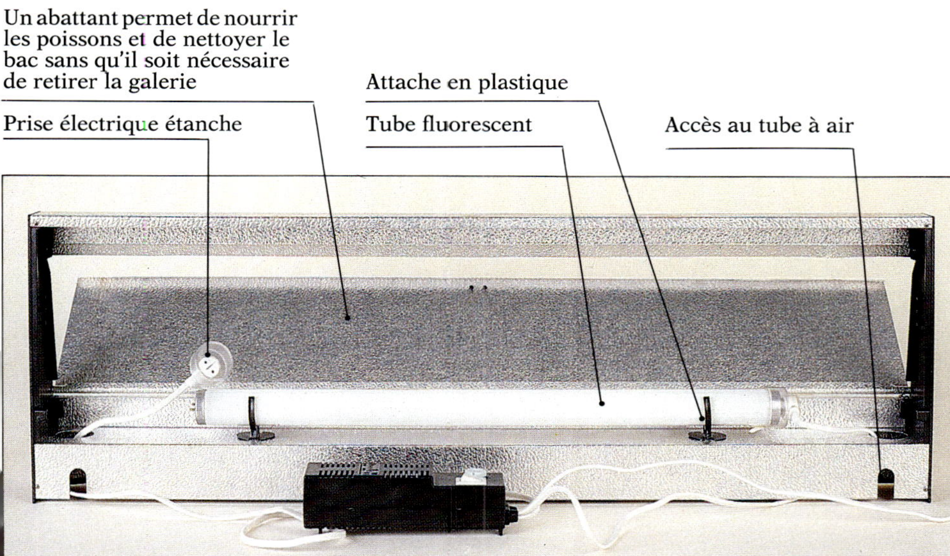

8 **Posez la galerie et l'éclairage.** Dans un aquarium d'eau de mer, une vitre doit impérativement recouvrir le bac pour empêcher que la condensation ne fasse retomber dans l'aquarium l'eau polluée par le métal. Fixez les tubes fluorescents dans la galerie, à l'aide d'attaches en plastique. Les branchements doivent être étanches. Certaines galeries comportent des logements pour les tubes *(voir p. 183)*. La galerie s'en trouve alourdie et il faut la manipuler avec précaution, surtout si le couvercle de l'aquarium est en verre.

9 Introduisez le thermomètre et les poissons. Fixez, à l'aide de la ventouse, le thermomètre sur la vitre frontale. Puis, pendant 10 à 15 minutes, laissez flotter dans l'eau le sac contenant les nouveaux spécimens pour égaliser les températures *(voir p. 29)* avant de libérer les nouveaux occupants de l'aquarium.

Pomacentrus caeruleus, une Demoiselle bleue (voir p. 96)
Acropora pulchra Ce corail blanc vient des océans Pacifique et Indien
Branchement chauffage-thermostat
Turbine à moteur (voir stade 1)
Exhausteur sortant du filtre
Galerie-réflecteur (voir stade 8)
Tube à air fixé dans la plaque du filtre sous gravier (voir stade 1)
Tubipora musica Corail rouge en tuyaux d'orgue, se rencontrant dans l'océan Pacifique et l'océan Indien
Dascyllus aruanus, une Demoiselle à queue blanche (voir p. 96)
Anémone de mer
Morceaux de corail (voir stade 3)
Sable de corail réduit en poudre (voir stade 3)
Amphiprion sebae jeune, une variété noire à queue jaune de l'*Amphiprion ocellaris* (Clown commun), voir p. 97
Dascyllus trimaculatus (Demoiselle à trois taches), version sombre de *Dascyllus albisella* (voir p. 97)

L'aquarium d'eau de mer froide

Ce système peut se mettre sur pied à peu de frais. On peut pêcher les poissons et les mettre dans un aquarium d'occasion ou fait maison. Choisissez votre endroit pour le mettre, tout en veillant à y avoir accès de tous les côtés. Puis entourez-vous des ustensiles nécessaires :

- Gravier rincé.
- Eau de mer artificielle.
- Outils : pinces, couteau pointu, scie à métaux, cisaille, seau en plastique.
- Matériel technique : colle spéciale, feuille de plastique ondulé, tuyauterie pour le filtre sous gravier, diffuseur, valve de retenue, pompe à air, gouttière en plastique avec bouchons aux extrémités, branchement pour l'éclairage et peinture blanche pour l'intérieur de la galerie, lampes.
- Éléments de décoration : roches, galets, coquillages ramassés sur la plage.
- Poissons et invertébrés récoltés.

ESPÈCES INDIGÈNES

On trouve souvent les espèces suivantes sur nos rivages :

- *Blennius gattorugine* (Blennie gattorugine), voir p. 110.
- *Blennius pholis* (Blennie mordocet).
- *Gobius scorpoides* (Gobie scorpoïde).
- *Taelia felina* (Poteron), voir p. 110.
- *Actinia equina* (Anémone).
- *Asterias rubens* (Étoile de mer commune), voir p. 111.
- *Serpula* (Serpule, Ver à panache), voir p. 111.
- *Lysimata* (Crevette rose).

La collecte dans les trous rocheux
Regardez attentivement : poissons et crevettes sont vifs à se cacher tandis que les anémones refermées ne se repèrent pas aisément. Prenez quelques précautions :

- Les rochers couverts d'algues sont glissants à marée basse.
- N'oubliez pas la marée : elle peut arriver plus vite que vous l'imaginez.

Il faut aussi respecter quelques lois écologiques :

- Ne récoltez que les spécimens qu'il vous faut.
- Si vous déplacez une pierre pour chercher un poisson qui se cache dessous, remettez-la en place pour qu'elle continue de servir de refuge lors de la marée suivante.

1 Recollez un aquarium d'occasion. Travaillez dans un endroit aéré. Appliquez la colle en continu et étalez-la avec le doigt.

2 Fabriquez un filtre sous gravier. Coupez une feuille de plastique ondulée qui s'adapte exactement aux dimensions de l'aquarium. Pratiquez des fentes. Découpez un trou de 25 mm dans un angle du fond pour y introduire le tube d'air.

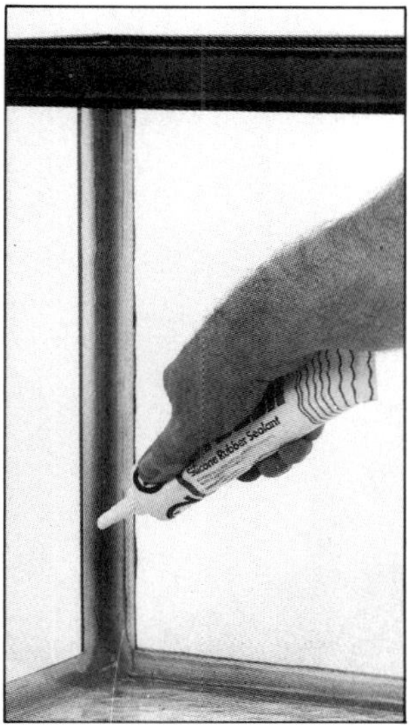

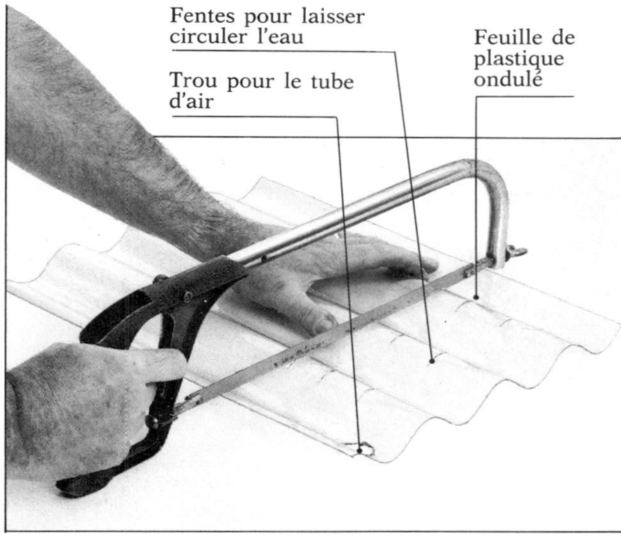

3 Fabriquez un tube à air comprimé. Coupez un tuyau en plastique de 25 mm, un peu moins long que la profondeur de l'aquarium, et glissez-le dans le trou aménagé dans la feuille de plastique. Collez (les fentes vers le fond, le tube vers le haut). Vous pouvez ajouter un coude en plastique au sommet de la cheminée pour que le flot traverse tout le bac.

4 Ajoutez le matériau couvrant. Recouvrez la plaque de gravier assez fin (3 mm), puis de galets. La couche de gravier doit faire *au moins* 5 cm vers l'avant, et le double à l'arrière.

5 Disposez les roches sélectionnées *(voir p. 157)* au-dessus des galets, sans oublier de les caler solidement.

6 Installez le diffuseur et la pompe à air. Pour renforcer le flot dans le filtre, placez un diffuseur dans le tube d'air, actionné par la pompe à air. Quand la pompe est près du réservoir, posez un antisiphon pour éviter le reflux.

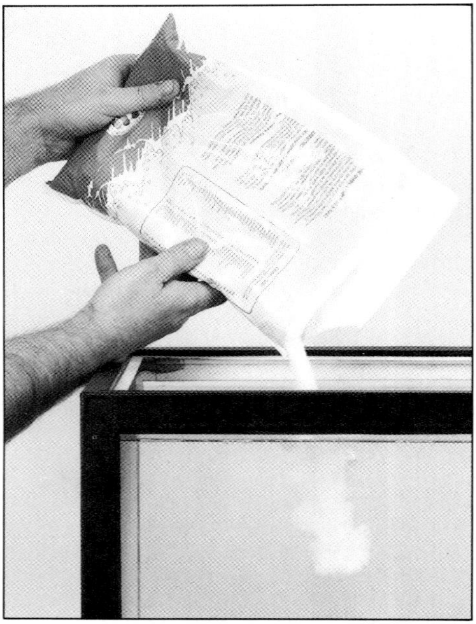

Sea
à couverc

Seau couvert
d'un film de plastique

7 Ajoutez de l'eau de mer en poudre. A l'aide d'un tuyau d'arrosage, remplissez l'aquarium d'eau du robinet, ajoutez la poudre et mélangez pour que le sel fonde. Vérifiez la densité. Corrigez au besoin. Ventilez vigoureusement pendant 24 heures.

8 Récoltez et transportez les poissons. Récoltez des poissons sur la plage *(voir p. 192)*. Emportez avec vous deux seaux : ne mettez pas les poissons et les invertébrés ensemble si vous ne voulez pas retrouver vos poissons morts. Si les anémones de mer adhèrent à leurs rochers, ne les entassez pas, de peur que l'édifice s'écroule en chemin. Recouvrez les seaux d'un film de plastique ou d'un couvercle afin d'éviter de répandre de l'eau ou de perdre des poissons.

9 Fabriquez la galerie-réflecteur. Achetez ou fabriquez-vous une galerie avec un morceau de gouttière en plastique de la bonne taille, peint à l'intérieur en blanc ou en gris métallisé.

10 Fixez les douilles. Pour adapter un système étanche sur une galerie, montez deux douilles électriques dans des embouts en caoutchouc et fixez-les de chaque côté de la gouttière.

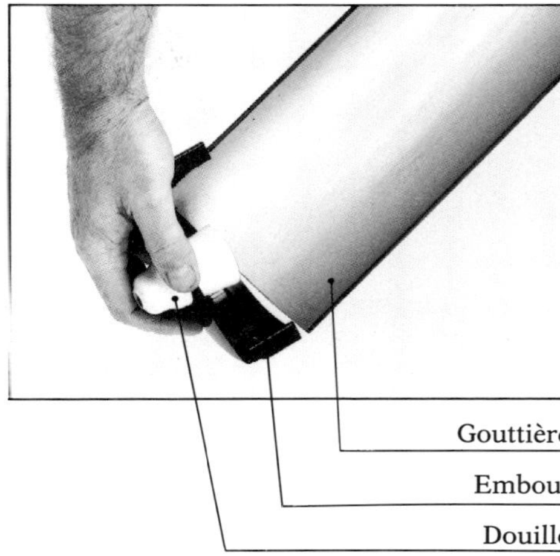

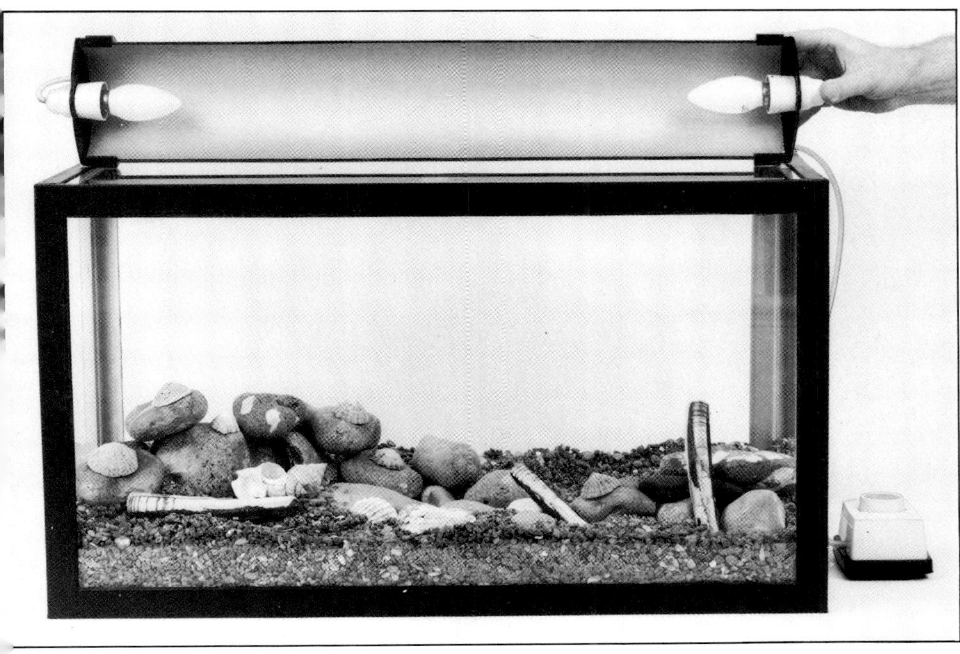

11 Installez la vitre de protection et les lampes. Le couvercle vitré protégera les lampes des éclaboussures. Pour que le réflecteur repose bien à plat sur le couvercle vitré, prenez de petites ampoules en forme de flamme ou un mince tube fluorescent. Peut-être faudra-t-il pratiquer des trous dans la galerie pour la ventilation, afin que la chaleur émise par les lampes puisse s'évacuer.

12 Introduisez les hôtes. A l'aide d'un filet ou d'un sac en plastique *(voir p. 215),* faites passer doucement, un à un, poissons et invertébrés du seau *(voir p. 194)* à l'aquarium.

Patella vulgata (Patelle). On trouve ce gastropode collé aux rochers au bord de la mer du Nord, de l'océan Atlantique et de la Manche.

Actinia equina Ces anémones rouge sombre ou vertes partagent l'habitat de l'Anémone dahlia (voir p. 110)

Patella vulgata (Patelle)

Galet fin (voir stade 4)

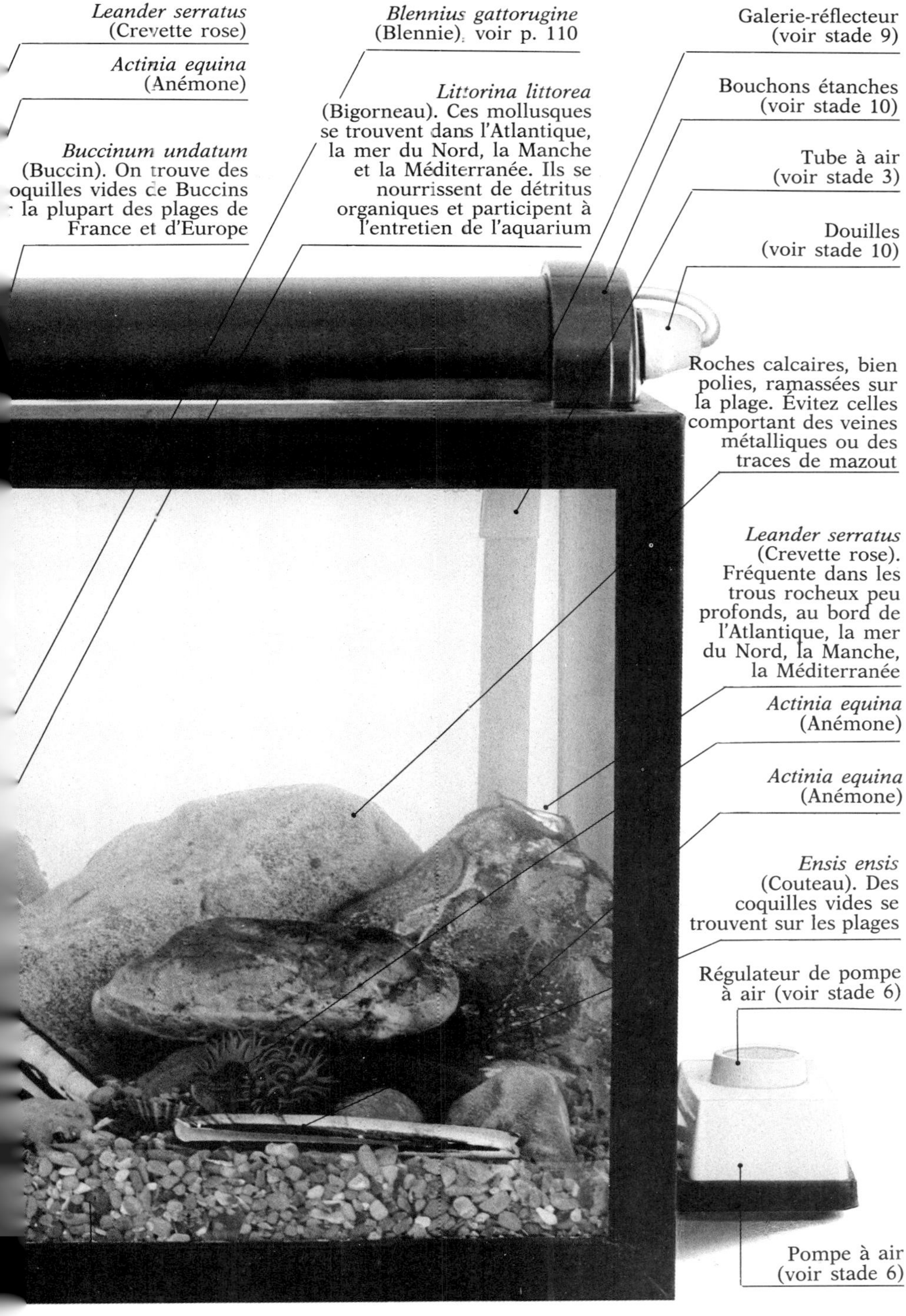

Leander serratus
(Crevette rose)
Actinia equina
(Anémone)
Buccinum undatum
(Buccin). On trouve des
oquilles vides de Buccins
: la plupart des plages de
France et d'Europe
Blennius gattorugine
(Blennie), voir p. 110
Littorina littorea
(Bigorneau). Ces mollusques
se trouvent dans l'Atlantique,
la mer du Nord, la Manche
et la Méditerranée. Ils se
nourrissent de détritus
organiques et participent à
l'entretien de l'aquarium
Galerie-réflecteur
(voir stade 9)
Bouchons étanches
(voir stade 10)
Tube à air
(voir stade 3)
Douilles
(voir stade 10)
Roches calcaires, bien
polies, ramassées sur
la plage. Évitez celles
comportant des veines
métalliques ou des
traces de mazout
Leander serratus
(Crevette rose).
Fréquente dans les
trous rocheux peu
profonds, au bord de
l'Atlantique, la mer
du Nord, la Manche,
la Méditerranée
Actinia equina
(Anémone)
Actinia equina
(Anémone)
Ensis ensis
(Couteau). Des
coquilles vides se
trouvent sur les plages
Régulateur de pompe
à air (voir stade 6)
Pompe à air
(voir stade 6)

6

L'ALIMENTATION

Quand un poisson d'aquarium a faim, il ne peut trouver à manger qu'en s'attaquant à ses voisins plus faibles. Il est donc important d'assurer aux hôtes de l'aquarium une alimentation adaptée et suffisante, puisque ceux-ci se trouvent dans une situation de dépendance absolue. D'ailleurs, un mauvais régime alimentaire peut mettre en danger la vie des poissons. Leurs besoins ne sont pourtant pas très difficiles à satisfaire ; il existe sur le marché un grand choix de nourriture équilibrée, d'un emploi très pratique.

Le régime de base

Vous devez avant tout vérifier que le genre et la quantité de nourriture que vous donnez correspond bien aux spécimens que vous possédez. Si vous mettez trop de nourriture ou si vous vous trompez de type d'alimentation, les poissons n'y toucheront pas. Elle pourrira dans l'aquarium et en détériorera les conditions. Il faut vous rapprocher le plus possible des conditions naturelles d'alimentation des poissons.

Poissons en liberté

Dans leur milieu naturel, les poissons reçoivent parfois leur alimentation du dehors – insectes, graines ou fruits tombés dans l'eau. Mais ils se nourrissent surtout dans l'eau, de vers aquatiques, crustacés et larves d'insectes, ou de fragments de plantes, algues, coraux, mollusques et petits poissons.

Variations saisonnières

La nourriture des poissons varie selon les saisons. Ainsi, les insectes foisonnent quand les pluies de l'été font déborder les rivières, constituant une part importante de l'alimentation des poissons.

Les niveaux

Selon l'anatomie de la bouche *(voir p. 15)*, un poisson peut s'alimenter en trois endroits différents. Certains trouvent leur nourriture à la surface de l'eau, en s'emparant d'insectes flottants ; d'autres en pleine eau, où ils

LES VITAMINES

Si vous alternez aliments naturels et aliments préparés, vous n'aurez pas à vous soucier de la quantité de vitamines ingérées par les poissons. Celles-ci sont aussi indispensables aux poissons qu'aux hommes. Ces derniers ont en fait, semble-t-il, des besoins proportionnellement plus grands pour compenser des processus biochimiques plus délicats.

Un régime équilibré doit intégrer toutes les vitamines principales :

A. Crustacés, jaune d'œuf, verdure.

B1, B2, B6, B12. Algues, verdure, poissons, foie de bœuf, œufs, levure de bière.

C. Verdure, algues, foie de bœuf, œufs de poissons.

D. Vers de terre, vers de farine, algues, varech, escargots, puces d'eau, crevettes.

E. Algues, verdure, jaune d'œuf.

H. Jaune d'œuf, foie, levure de bière.

K. Foie de bœuf, verdure, puces d'eau.

Type
PROTÉINES **Manufacturées** (granulés, flocons, boulettes, comprimés)
Viande (rouge)
Viande (blanche)
Poisson
Insectes et crustacés
Vers
VÉGÉTAUX
Farineux (pommes de terre et céréales)

mangent des algues et des matières emportées par les courants ; les derniers fouillent le lit des rivières et des lacs, dont ils extraient de petits animaux vivant dans la vase.

Substituts pour aquarium

Comme les poissons tropicaux vivent en aquarium en dehors de leur milieu d'origine, il faut leur fournir des substituts convenables. En fait, même les espèces indigènes sont difficiles à nourrir d'une façon naturelle. On peut donner trois types d'aliments aux poissons d'aquarium : les nourritures industrielles *(voir pp. 204-205)*, les nourritures trouvées dans la nature ou cultivées *(voir pp. 206-207)*, et les restes *(voir p. 208)*.

Les besoins nutritionnels

Les poissons ont besoin de protéines, de graisses, de glucides, de minéraux, de vitamines et d'eau, comme tous les vertébrés, humains compris. Les protéines apportent au poisson le matériau à partir duquel se constituent muscles, cellules et tissus. Les glucides donnent l'énergie, tandis que les vitamines et les minéraux font des poissons en bonne santé, résistants à la maladie, tout en renforçant leur squelette.

Assurer les besoins

Vitamines et minéraux sont ajoutés aux aliments manufacturés, lyophilisés et surgelés, lors de leur préparation. Les aliments vivants ou naturels en contiennent. La quantité de protéines et de glucides est mentionnée sur les paquets des aliments industriels, mais ces chiffres peuvent vous induire en erreur. Pour être sûr que vos poissons reçoivent suffisamment de protéines, vitamines, glucides et minéraux, variez leur alimentation.

LES PRINCIPAUX ALIMENTS

Préparation	Valeur nutritive	Commentaires
Prêts à l'emploi	Conçues pour apporter une alimentation équilibrée ; souvent adaptées à un certain type de poisson	Faciles à l'emploi
Accrocher une fine tranche de viande rouge à un bout de coton	Riche en protéines	Donner de très petites quantités
Cuite ou servie comme la viande rouge	Riche en protéines	Donner de très petites quantités
On peut distribuer de petits poissons vivants ou de fines tranches de poisson cru	Riche en protéines	Certains poissons sont cannibales
Surgelés-lyophilisés, attrapés ou cultivés	Apport protéinique	Certains éléments récoltés peuvent être porteurs de maladies
Surgelés-lyophilisés ou vivants, récoltés ou cultivés	Riches en protéines	Ceux récoltés dans la nature peuvent être porteurs de maladies
Hacher finement les gros morceaux	Apport vitaminique	Certains poissons sont végétariens
Hacher fin les gros morceaux	Apport de glucides	Utiles pour des poissons végétariens

Les aliments préparés

Heureusement pour les poissons, les choses ont bien changé depuis que les aquariophiles croyaient ne pouvoir les alimenter qu'avec des œufs de fourmis ! Les besoins diététiques des poissons font maintenant l'objet de recherches intensives, et l'on trouve dans le commerce un vaste choix de nourritures industrielles bien équilibrées. Beaucoup conviennent à tous les types de poissons. Celles destinées à des espèces précises en portent la mention sur le paquet.

ALIMENTS MANUFACTURÉS

On les trouve sous des formes variées : boulettes, flocons, comprimés ou granulés. Chaque forme a une action différente dans l'eau, pour convenir aux comportements alimentaires des différents poissons. Ces nourritures contiennent divers ingrédients : céréales, viande, poisson et végétaux, enrichis de vitamines et de minéraux.

Les pastilles
On peut les faire adhérer à la vitre à différents niveaux ou les déposer sur le gravier.

Boulettes tombantes

Pastilles adhésives

Les boulettes
Certaines flottent et sont destinées aux espèces de surface. D'autres sombrent vers le fond.

Boulettes flottantes

Pastilles tombantes

Boulettes pour espèces tropicales

Les flocons
Certaines compositions sont destinées aux carnivores, d'autres aux végétariens ou aux omnivores. Les flocons commencent par flotter, puis s'enfoncent lentement.

Flocons pour poissons rouges

Les granulés
Comme les grains tombent très vite, les granulés sont excellents pour les espèces de fond.

Granulés

ALIMENTS SURGELÉS-LYOPHILISÉS

On peut congeler ou faire dessécher ces nourritures récoltées dans la nature pour les distribuer plus tard, sans qu'elles perdent de leur valeur nutritive. Ce type d'aliment peut se coller contre la vitre ou flotter dans l'aquarium. Si vous les destinez aux espèces de fond, disposez-les dans un récipient spécial.

Tubifex
Ces vers nutritifs congelés se présentent en blocs ou en cubes correspondant à un repas.

Cubes de tubifex

Puces d'eau
Les Daphnies (voir p. 204) *existent lyophilisées ou congelées.*

Daphnies

Larves de moustique

Larves de moustique
Recommandées en période de reproduction ou pour les poissons destinés à être exposés.

Vers rouges
Ces « vers », en fait des larves de moucheron, sont très appréciés des poissons.

Vers rouges

Krill

Krill
Il faut broyer ces crevettes, en raison de leur taille, pour de petits poissons.

Crevette du Pacifique
Ce crustacé est très semblable au krill et peut être donné à tous les poissons.

Crevette du Pacifique

Artemia

Artemia
Ces minuscules crustacés, Artemia salina, *conviennent à tous les types de poissons, même au frai.*

Les nourritures vivantes

Les poissons tirent un grand apport nutritionnel de la nourriture vivante. De plus, ils aiment chasser et attraper au vol les insectes vivants qu'on introduit dans l'aquarium. Ceux-ci se trouvent dans les jardins, les étangs, les rivières.

Examinez soigneusement le fruit de la récolte pour éviter d'introduire dans l'aquarium des prédateurs très dangereux. Rincez abondamment les tubifex, laissez-les dégorger dans un courant d'eau claire ou mettez-les au réfrigérateur, dans un récipient, jusqu'à l'emploi. Retirez sans attendre toute nourriture vivante non consommée qui, en mourant, polluerait inévitablement le bac.

NOURRITURES AQUATIQUES

L'étang est une source inépuisable d'aliments aquatiques. Essayez d'en repérer un sans poissons pour réduire les risques de maladies. Servez-vous d'un filet fin et de récipients à couvercle étanche pour déposer la récolte.

Larves de moustique et de cousin
On trouve ces larves dans les étangs et les tonneaux de jardins.

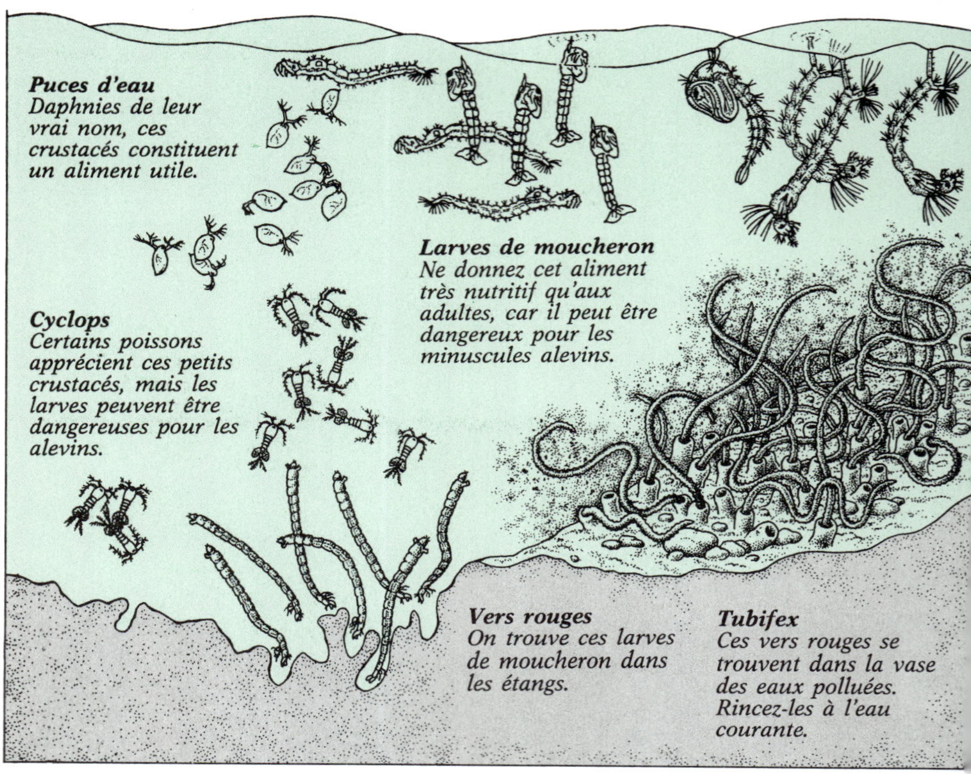

Puces d'eau
Daphnies de leur vrai nom, ces crustacés constituent un aliment utile.

Larves de moucheron
Ne donnez cet aliment très nutritif qu'aux adultes, car il peut être dangereux pour les minuscules alevins.

Cyclops
Certains poissons apprécient ces petits crustacés, mais les larves peuvent être dangereuses pour les alevins.

Vers rouges
On trouve ces larves de moucheron dans les étangs.

Tubifex
Ces vers rouges se trouvent dans la vase des eaux polluées. Rincez-les à l'eau courante.

NOURRITURES NON AQUATIQUES

On peut trouver sur terre une certaine quantité d'aliments intéressants. Le jardin, une prairie ou le bord d'un ruisseau ne sont pas à négliger. Le coin du compost est un endroit particulièrement fructueux. Prévoyez des récipients pourvus de couvercles laissant passer l'air. Évitez absolument tout ce qui peut provenir d'un endroit ayant été traité à l'aide de produits chimiques. Hachez menu, râpez, rincez tout ce que vous aurez trouvé.

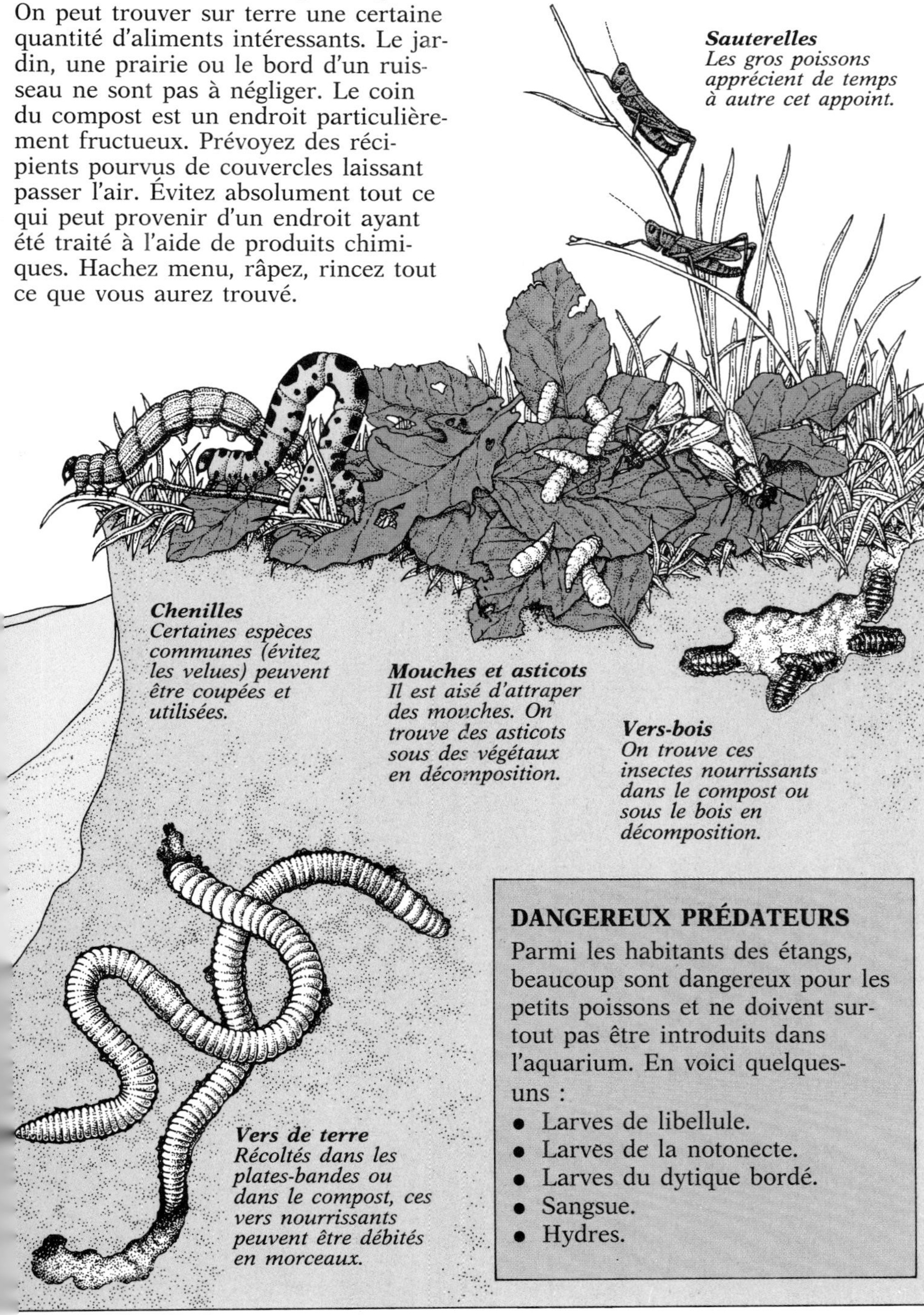

Sauterelles
Les gros poissons apprécient de temps à autre cet appoint.

Chenilles
Certaines espèces communes (évitez les velues) peuvent être coupées et utilisées.

Mouches et asticots
Il est aisé d'attraper des mouches. On trouve des asticots sous des végétaux en décomposition.

Vers-bois
On trouve ces insectes nourrissants dans le compost ou sous le bois en décomposition.

Vers de terre
Récoltés dans les plates-bandes ou dans le compost, ces vers nourrissants peuvent être débités en morceaux.

DANGEREUX PRÉDATEURS

Parmi les habitants des étangs, beaucoup sont dangereux pour les petits poissons et ne doivent surtout pas être introduits dans l'aquarium. En voici quelques-uns :

- Larves de libellule.
- Larves de la notonecte.
- Larves du dytique bordé.
- Sangsue.
- Hydres.

Autres nourritures

Les aliments pour poissons ne sortent pas tous d'une boîte ou d'un étang. Il en existe d'autres types. Pour les poissons, une alimentation diversifiée est souhaitable. Ainsi, nombre de poissons ont besoin d'un apport en végétaux, ce qui se trouve résolu en leur donnant des algues (qui poussent dans leur aquarium ou dans un autre) ou des restes de votre repas *(voir ci-contre)*. Mettez au point vos propres recettes en mélangeant au mixer divers ingrédients avec de la gélatine.

Aliments pour chiens et chats
Certains aquariophiles font des économies en utilisant des aliments pour chiens et chats. Mais ne vous y avisez pas sans expérience des aliments industriels. Certaines de ces nourritures, très grasses, peuvent polluer l'eau.

LES RESTES
Beaucoup de nos aliments sont comestibles pour les poissons si l'on prend soin de doser les quantités.

- Fines tranches de viande crue (cœur, foie de bœuf).
- Fines tranches de viande blanche cuite (froide), comme le poulet.
- Miettes de fromage.
- Pomme de terre cuite réduite en purée.
- Fines tranches de poisson cru.
- Œufs de poisson.
- Fines tranches de mollusques.
- Laitue hachée ou en lanières.
- Feuilles d'épinards hachées.
- Petits pois en boîte.
- Germes de blé.
- Flocons d'avoine.

ÉLEVER LA NOURRITURE VIVANTE

On peut élever soi-même des petits vers ou des crustacés, qui constitueront un apport permanent. Pour commencer un élevage de vers, il faut se procurer un échantillon *(voir p. 205)*, puis suivre les instructions ci-contre. Ils se multiplient rapidement. Pour les crevettes, acheter des œufs qui ont éclos.

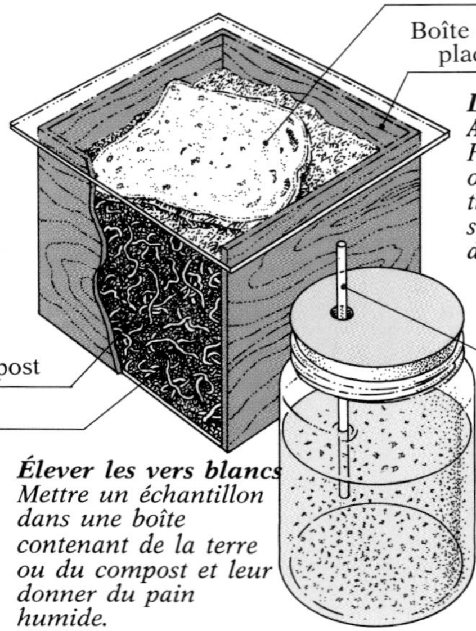

L'éclosion des Artemias
Faire tremper les œufs dans une solution d'eau chaude salée (1 cm³ par litre d'eau du robinet).

Élever les vers blancs
Mettre un échantillon dans une boîte contenant de la terre ou du compost et leur donner du pain humide.

Détail d'un ver blanc

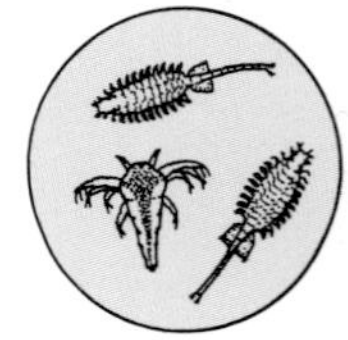

Détail d'Artemias

Les méthodes d'alimentation

L'un des secrets de l'aquariophilie réside dans cette formule : « Nourrir peu. » Les poissons s'arrêtent d'ingérer dès qu'ils ont assez mangé, et toute nourriture non consommée se décompose dans l'aquarium, qu'elle contribue à polluer.

Évaluation des quantités

Il ne faut distribuer que la nourriture qui sera immédiatement consommée. Même s'il vous est difficile de résister à la tentation, même si les poissons sont collés à la vitre et paraissent en redemander, ne cédez pas. Mieux vaut d'ailleurs les laisser un peu sur leur faim, ce qui les forcera à manger toutes les miettes disséminées et gardera l'aquarium propre. Pour avoir la bonne dose, donnez-leur la pincée que vous attrapez entre le pouce et le majeur. Si vous avez un aquarium communautaire, vous constaterez qu'il n'est pas possible de distribuer des aliments différents selon les espèces. Donnez une fois des pastilles, une autre fois des flocons ou de la nourriture vivante, et ainsi de suite.

À ÉVITER

- La suralimentation ; apprenez les besoins exacts en nourriture de vos poissons.
- Évitez de vous en tenir à une alimentation particulière ou à un type de nourriture.
- Ne distribuez pas de la nourriture vivante récoltée dans la nature sans vérifier qu'elle ne contient aucune larve dangereuse *(voir p. 205)*.
- N'oubliez pas les espèces nocturnes ; donnez-leur de la nourriture juste avant d'éteindre les lumières.
- Ne leur donnez pas trop souvent des Artemias ; elles sont trop grasses.
- N'oubliez pas de faire dégorger les Tubifex avant de les distribuer dans l'aquarium.

Fréquence des repas

« Peu et souvent » est la formule consacrée, plutôt qu'un grand repas une fois par jour. Ajoutez de petites quantités deux ou trois fois par jour et essayez de varier pour exciter l'appétit des poissons. Distribuez, si possible, de la nourriture vivante régulièrement. Les poissons en seront reconnaissants.

Si vous êtes plusieurs dans la maison à vous occuper de l'alimentation des poissons, établissez un horaire et définissez les responsabilités pour ne pas les suralimenter.

Faire face aux problèmes d'alimentation

Il peut arriver que les poissons refusent d'absorber une nourriture nouvelle. En ce cas, il vous appartient de les amener à la manger. Commencez par les laisser jeûner pendant un jour ou deux, puis faites-la-leur goûter peu à peu au lieu de la leur administrer brutalement. Vérifiez bien que la nourriture a été absorbée, sans être recrachée.

La période des vacances

Si les poissons ont reçu une alimentation correcte dans la période précédant immédiatement les vacances, ils pourront endurer sans risques un jeûne de deux semaines. Cela vous reviendra moins cher que l'achat d'un distributeur automatique de nourriture, et ce sera aussi moins dangereux que de confier la responsabilité de leur alimentation à un voisin néophyte.

Si vous avez un ami expérimenté et disponible, préparez-lui des petits sachets de nourriture avec la dose exacte pour un repas et indiquez-lui à quel moment précis il doit les donner.

Pour une alimentation complète
Certains poissons peuvent rater un repas parce que la nourriture n'aura pas atteint le niveau auquel ils s'alimentent. Organisez bien les repas en pensant à tout le monde. Divers articles existent pour vous aider, y compris un distributeur de vers, ainsi que des paniers perforés pour faire tomber la nourriture congelée ou lyophilisée sur le fond de l'aquarium.

NOURRIR LES HABITANTS DE NIVEAUX DIFFÉRENTS

La façon de nager de certains poissons fait qu'ils ne peuvent atteindre la nourriture se trouvant à certains niveaux. Les espèces de surface ratent souvent les vers, qui tombent trop vite au fond. Les fouilleurs de fond n'ont pas accès aux aliments lyophilisés, qui ont tendance à rester en suspension.

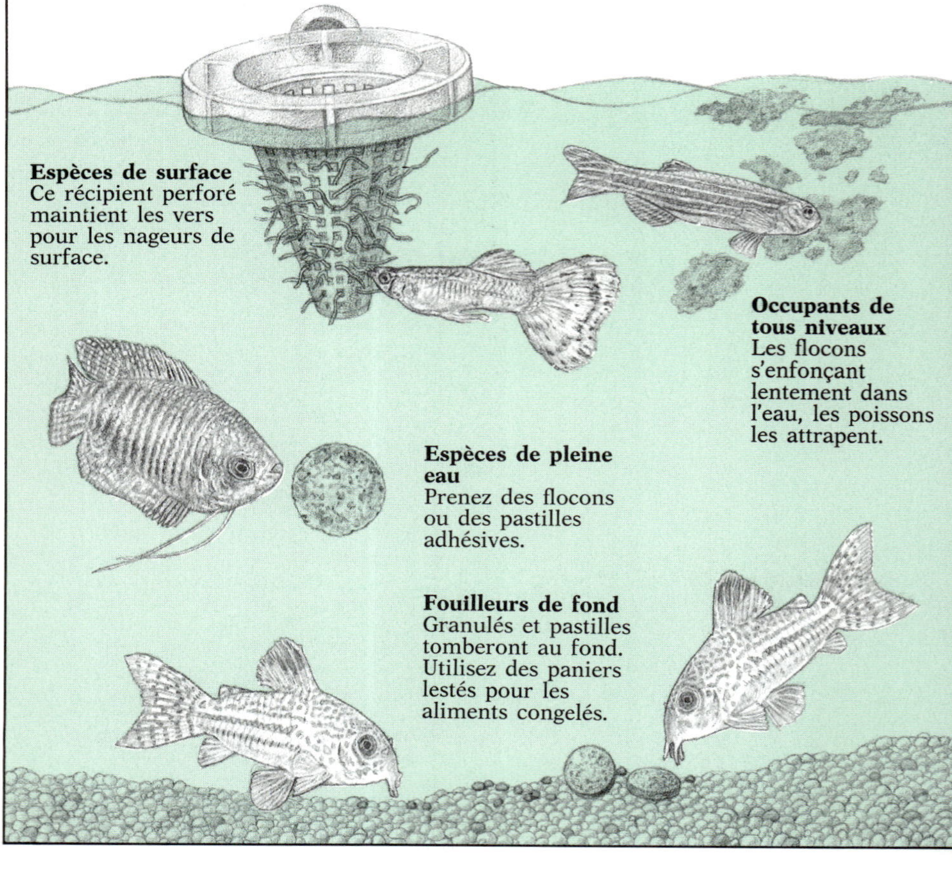

L'alimentation des alevins

Le frai, d'une manière générale, se nourrit d'aliments minuscules, mais les jeunes des espèces ovipares ingèrent des morceaux plus petits que ceux des espèces vivipares.

Nourriture vivante pour frai
Les Infusoires (ou « eau verte ») constituent la meilleure alimentation pour le frai nouveau-né. Il y a deux façons de procéder : vous pouvez le récolter, à l'aide d'un filet de fine mousseline, dans un étang du voisinage, en vérifiant qu'aucun prédateur ne se trouve parmi la récolte, ou l'élever en utilisant des pastilles spéciales. Cette méthode vaut mieux que l'ancienne, qui consistait à verser de l'eau bouillante sur des épluchures de pommes de terre ou du foin et d'attendre le résultat. Sont également recommandés le riz-paddy, c'est-à-dire le riz brut, tel qu'il est avant la récolte, et les micro-vers élevés en boîte *(voir p. 206)*. On peut se procurer les éléments nécessaires chez un marchand spécialisé ou dans une société d'aquariophilie.

Le frai peut consommer aussi les Nauplies, Artemias à peine écloses. L'*Artemia salina* pond des œufs que l'on peut stocker à sec pendant des mois, voire des années. Il suffit ensuite de les plonger dans une solution d'eau salée (1 cm^3 de sel pour 1 litre d'eau du robinet) pour les voir éclore en deux jours.

Pour disposer en permanence d'une source de nourriture pour vos poissons, prévoyez un échelonnement de l'élevage.

Nourriture industrielle pour frai
Les principales marques d'aliments pour frai sont disponibles sous forme liquide ou en poudre. On distingue deux grandes formules : l'une destinée aux besoins diététiques du frai des ovipares, l'autre pour le frai des vivipares, qui comporte une plus grande quantité de matières végétales.

Quand commencer à nourrir le frai
Les alevins vivipares consomment dès la naissance les aliments en poudre ainsi que les Artemias. Il est difficile de savoir quand, exactement, il faut commencer à nourrir le frai tout juste éclos. Trop tôt, il ne mangera rien, et l'aquarium sera pollué. Mais si vous attendez trop longtemps, le frai en souffrira. Observez attentivement les nouveau-nés : dès que le vitellus de leur vésicule ombilicale sera résorbé, donnez-leur à manger. Programmez bien vos élevages pour disposer à temps des aliments nécessaires.

Fréquence des repas
Les alevins doivent avoir de quoi manger en permanence. Il faut mettre les Infusoires dans une mangeoire flottante (récipient équipé d'un système d'évacuation par lequel s'échappe la nourriture, par simple pesanteur). Prenez un bocal, remplissez-le de la culture et placez-le de manière que le fond du pot soit plus haut que le sommet de l'aquarium. Faites passer un tube souple du fond du bocal jusque dans le bac et posez une bride de serrage sur l'extrémité se trouvant dans l'aquarium pour que l'infusion s'écoule lentement.

Passage au régime adulte
Au bout de quelques jours, vous pouvez passer à des aliments lyophilisés en poudre. A mesure que les alevins grandissent, donnez-leur des particules plus grosses, mais conformes à la dimension de leur bouche. N'oubliez pas de renouveler l'eau régulièrement.

7

LA SANTÉ

Pour acheter vos poissons, forts des conseils indiqués dans le chapitre « Choisir les poissons » *(voir p. 24),* vous vous êtes efforcé de prendre des spécimens robustes et en bonne santé. Mais même l'isolement dans un aquarium sûr ne met pas ses hôtes à l'abri de la maladie. Deux menaces pèsent sur la santé des poissons : le stress et un aquarium mal entretenu. La première partie de ce chapitre, « La prévention des maladies », vous indique comment éviter ce risque. Si, en dépit de vos précautions, le mal fait des victimes, vous trouverez dans la seconde partie, « Maladies et affections », des indications sur les diagnostics et les soins à apporter.

Un poisson sain

Pour conserver des poissons en bonne santé, il vous faut les observer souvent et attentivement. Cette habitude fondamentale vous aidera, d'une part, à repérer immédiatement tout poisson malade, et, d'autre part, à prendre toute mesure nécessaire pour conserver un aquarium en bon état. Vous trouverez aux pages 26-27 et 260-261 différents symptômes de maladie.

Observer les poissons
Tout d'abord, vérifiez régulièrement que tous les poissons sont présents. L'heure du repas est un bon moment pour « faire l'appel » ; vous remarquerez aussitôt les absents. Ne vous affolez pas d'emblée si vous ne voyez pas tout le monde accourir sur-le-champ. Si vous avez acquis des espèces qui occupent tous les niveaux de l'aquarium, les nocturnes se cacheront dans la journée. Mais si vous ne voyez pas un poisson pendant deux ou trois jours, enquêtez : il se peut qu'il soit mort, ou coincé derrière une roche, ou qu'il ait été mangé par un plus gros poisson – voire qu'il ait sauté par-dessus bord. Toujours est-il que vous devez rechercher la cause de sa disparition et la trouver ! Car son cadavre risque de polluer le bac.

Repérer les mauvaises manières
Guettez les manifestations d'agressivité de vos hôtes. Certains, en bousculent d'autres ou mordent leurs nageoires. Il suffit souvent d'isoler le coupable pour une brève période dans un bac suspendu à un coin de l'aquarium. Mais beaucoup de poissons présentent ce type de comportement quand ils sont seuls ou s'ennuient. Essayez donc de procurer au coupable une compagnie conforme à ses besoins avant de l'isoler.

COMMENT UTILISER CE CHAPITRE

Diagnostic
Pour comprendre les symptômes manifestés par le malade, commencez par vous reporter au « Tableau des diagnostics »
- Diagnostic visuel des problèmes de santé *(p. 221).*
- Problèmes de peau *(pp. 222-223).*
- Problèmes de nage *(pp. 224-225).* Ces tableaux vous renverront au texte détaillé dans la partie consacrée aux maladies *(p. 226 à 235).*

Prévention
Reportez-vous à la section « La prévention des maladies » *(p. 213 à 219).*

Voir également :
- Problèmes d'yeux *(p. 228).*
- Intoxications *(p. 214).*
- Soigner des poissons malades *(pp. 234-235).*

Parasitoses
Parasite ancré *(p. 236).*
Dactylogyrose *(p. 231).*
Oodinium ocellatum (p. 231).
Oodinium limneticum (p 231).
Peau visqueuse *(p. 232).*
Points blancs *(p. 230).*
Pou des poissons *(p. 232).*

Maladies
Maladie de la colonne *(p. 233).*
Pourriture des nageoires *(p. 233).*
Saprolégniose *(p. 233).*
Septicémies *(p. 229).*
Tuberculose *(p. 229).*

LA PRÉVENTION DES MALADIES

Les maladies n'étant pas toujours d'une guérison aisée, la prévention est la meilleure garantie de santé pour les poissons. Si vous avez un poisson déjà malade, reportez-vous aux pages de diagnostic *(voir p. 220 à 225)* et à la description des maladies et affections *(voir p. 226 à 235).*

La santé des poissons dépend avant tout de leur environnement : une eau sale, le stress ou une mauvaise alimentation peuvent engendrer la maladie. Or c'est à vous, et vous seul, qu'incombe la responsabilité de l'entretien de l'aquarium. Cela implique diverses procédures pour empêcher l'introduction de la maladie : mettre en quarantaine les nouveaux arrivants ; manipuler correctement les poissons et leur donner la nourriture qui leur convient ; ne pas introduire de sources d'intoxication ni de prédateurs dans le bac ; entretenir le chauffage, l'éclairage, l'aération, la filtration ; enfin, vérifier que l'eau est propre, fraîche et qu'elle correspond aux besoins des poissons. Les plantes faisant partie de l'écosystème de l'aquarium, elles jouent un rôle non négligeable et méritent aussi vos soins.

Un aquarium en bonne santé

Pour avoir des poissons en bonne santé, il ne faut pas qu'ils souffrent du stress, et l'on doit veiller à ce que l'aquarium reste propre, avec une eau stable.

La quarantaine
Tous les poissons, quelle que soit leur origine, ont parcouru un certain trajet avant d'arriver chez le revendeur. Il faut donc leur accorder quelque temps pour qu'ils récupèrent avant de les transférer une nouvelle fois jusque chez vous. C'est pendant qu'ils sont en transit chez le marchand qu'il faut surveiller toute manifestation suspecte.

Si vous aménagez votre premier aquarium, tous les nouveaux venus devront subir, pendant quelques semaines et ensemble, une quarantaine complémentaire en arrivant chez vous. Ensuite, et *sans exception,* toute nouvelle acquisition devra être tenue à l'écart, dans un bac séparé, pendant quelques semaines avant de rejoindre le groupe.

Diminuer le stress
Le stress est provoqué par des manipulations maladroites ou par un comportement brutal. Il faut donc apprendre à agir en douceur avec les poissons *(voir « Savoir se servir d'une épuisette », page ci-contre)* et s'appliquer à éviter toute maladresse en les faisant passer d'un bac à un autre. Un poisson en état de stress peut être victime d'une maladie à laquelle il aurait très bien résisté si on l'avait traité correctement.

Transférer les poissons sans danger
Il faut désinfecter l'épuisette qui a servi à retirer un poisson malade avant de s'en resservir dans l'aquarium communautaire : rincez-la dans un désinfectant pour aquarium. Réservez une épuisette à un aquarium précis. Cela vous évitera, le cas échéant, d'utiliser dans un aquarium sain une épuisette ayant servi dans un milieu infecté.

Pour trouver des indications sur la manière de transporter les poissons et de les transférer sans les blesser, lire « Choisir les poissons », page 29.

Les effets du milieu sur la santé
Divers facteurs pouvant influer sur le bien-être des poissons dépendent de vous. Vous ne devez pas les négliger.

L'alimentation
Comme une suralimentation peut faire proliférer les algues *(voir p. 219)* et polluer l'eau, veillez à ne distribuer que la quantité de nourriture correspondant aux besoins des poissons *(voir p. 207).*

Une insuffisance vitaminique peut affaiblir la résistance à la maladie *(voir p. 200)* ; il faut donc corriger le régime alimentaire des poissons. Si

ÉVITER LES INTOXICATIONS

Pour éviter tout risque d'intoxication, vérifiez tout ce qui pénètre dans l'aquarium :

- Ne laissez aucun métal plonger dans l'eau, surtout dans les bacs d'eau de mer. La condensation qui s'égoutte d'une galerie métallique contaminera l'eau.
- Isolez toute attache métallique (les crochets d'un thermostat externe, par exemple). Une enveloppe de plastique évitera tout contact avec l'eau.
- Éliminez les combinés chauffage-thermostat d'intérieur munis d'attaches métalliques.

vous n'utilisez que des nourritures industrielles, variez les marques. C'est ainsi que vous donnerez à vos poissons toutes les vitamines dont ils ont besoin, tout en évitant de les lasser – ce qu'il faut aussi éviter, ne serait-ce que pour ne pas voir l'aquarium se polluer très vite. Quand vous ajoutez à leur régime une nourriture vivante, vérifiez qu'elle est sans danger.

Changements d'eau

Renouveler l'eau *(voir p. 218)*, contrairement à ce que l'on pourrait croire, n'est pas une expérience stressante. Nombre de poissons ont l'air d'apprécier ce changement. Sur la température de la nouvelle eau, il y a deux écoles de pensée. Certains aquariophiles estiment qu'il est indispensable que la température de la nouvelle soit aussi proche que possible de celle de l'ancienne. Les autres affirment que les poissons sont ravis de recevoir une eau fraîche. Peut-être serait-il sage de trouver un moyen terme, en prodiguant aux poissons une « douche froide » en été, mais en leur évitant une eau trop froide en hiver.

Changements d'éclairage

Comme l'éclairage de l'aquarium fonctionne pendant plusieurs heures par jour *(voir p. 148)*, le passage brusque de la lumière à l'obscurité (et l'inverse) peut traumatiser les poissons. Un changement soudain peut déclencher une réaction brutale : le poisson peut foncer dans l'eau, se cognant aux vitres de l'aquarium. On amortira le choc en éteignant progressivement des lumières : d'abord celles du bac, et ensuite seulement celles de la pièce. Inversement, le matin, s'il fait encore sombre, éclairez d'abord la pièce avant d'allumer les lampes de l'aquarium.

SAVOIR SE SERVIR D'UNE ÉPUISETTE

L'épuisette peut être quelque chose de terrifiant pour les poissons. En y mettant un minimum de soins et d'attention, et en utilisant la taille qui convient au poisson que vous vous proposez d'attraper, vous éviterez d'aggraver les choses. Le sac en plastique est pratiquement invisible dans l'eau, de sorte que le poisson est plus facile à attraper, et la matière douce risque moins d'endommager les nageoires délicates.

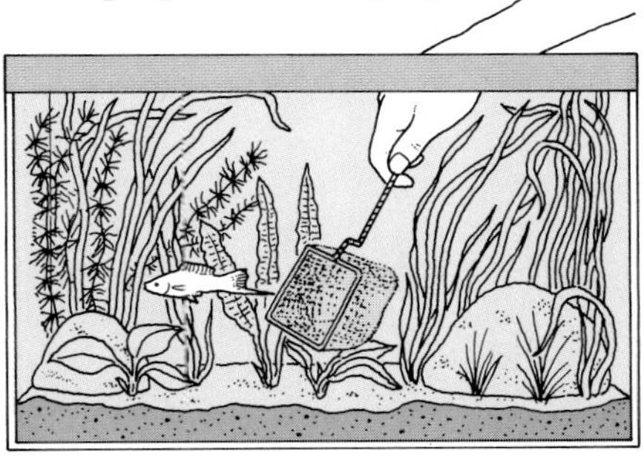

Méthode à épuisette unique
Remuez-la constamment. L'épuisette illustrée possède un manche pour aller dans les coins et les anfractuosités.

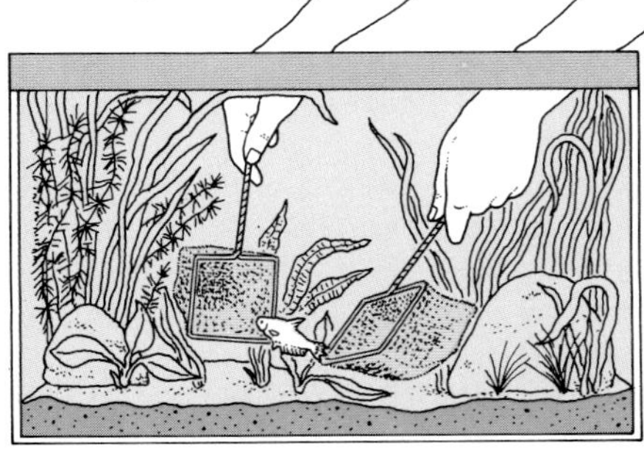

Méthode à double épuisette
Pour aller plus vite, prenez deux épuisettes. Agitez l'une tandis que vous laissez l'autre immobile, sur la trajectoire du poisson.

Les vibrations
Comme les poissons sont traumatisés par tout choc se produisant contre la vitre, installez l'aquarium dans un endroit sûr, où il ne risquera pas d'être cogné accidentellement. Apprenez aux enfants à ne pas frapper contre le verre. Évitez également les portes qui claquent. N'installez pas trop près de l'aquarium les haut-parleurs d'une chaîne stéréophonique ou la télévision.

Entretien de l'aquarium
Pour le bien-être de vos poissons, veillez à leur assurer, avant tout, un milieu stable et propre.

Conserver la bonne température
La température, dans les aquariums tropicaux, doit se maintenir toute seule, mais il vaut mieux vérifier de temps à autre le thermomètre pour prévenir les défaillances de la mécanique. En cas de panne de chauffage ou de coupure de courant, la chute de la température est progressive et d'autant plus lente que le bac est grand. Dans ce cas, vous pouvez efficacement protéger l'aquarium en le recouvrant d'une bonne épaisseur de journaux ou de couvertures.

Pendant les mois d'été, c'est le problème inverse qui risque de se poser pour les aquariums d'eau froide. Améliorer l'aération permettra de maintenir le niveau d'oxygène, mais en cas de véritable canicule, songez à mettre quelques glaçons dans un sac en plastique que vous laisserez flotter dans l'eau.

La pureté atmosphérique
Comme c'est l'air de la pièce que la pompe à air introduit dans l'aquarium, toute pollution, comme la fumée de cigarette, les aérosols ou les émanations de peinture, pénètrent aussi dans le bac. De plus, en plongeant les mains dans le réservoir, vous pouvez être porteur de particules de saleté, de savon ou de désinfectant qui vont se dissoudre dans l'eau.

Mais il ne s'agit pas d'imposer le port de blouses blanches ! Il suffira d'un peu de bon sens. Si de fortes odeurs ou des émanations risquent de se produire dans la pièce, ouvrez simplement les fenêtres. Assurez-vous que vos mains sont propres et ne portent pas d'odeurs avant de les plonger dans l'eau du bac.

Maintenir la qualité de l'eau
Capitale pour la santé de ses hôtes, l'eau de l'aquarium doit rester propre et fraîche. Le filtre doit fonctionner correctement, et, pour cela, il faut le nettoyer régulièrement. Le matériau filtrant se nettoie lui aussi (on peut souvent le réutiliser après l'avoir lavé). Il faut retirer les algues des tubes qui entrent dans le bac et en sortent.

En général, les filtres électriques sont soudés, mais il faut veiller à huiler les anciens modèles.

La fréquence de ces opérations de nettoyage dépend du type et du nombre de poissons, de la taille et de la qualité du filtre. Un petit filtre dans un bac contenant des poissons gros mangeurs s'encrassera très vite, alors qu'un grand filtre dans un bac abritant quelques petits poissons fonctionnera longtemps sans problème.

Les filtres sous gravier nécessitent quelque entretien. Il faut, de temps à autre, adapter un siphon en haut du tube à air pour retirer la vase qui pourrait stagner sous le filtre-plaque. Remuez régulièrement le gravier pour le répartir et l'empêcher de trop se tasser.

L'entretien de l'éclairage
Avant de remplacer ou de modifier les lampes, *éteignez-les.* Pour être sûr que vos plantes et vos poissons profitent

bien, remplacez les ampoules défectueuses et nettoyez le réflecteur. Quand un tube fluorescent ne s'allume pas, vérifiez les branchements avant de le remplacer. Posez un couvercle vitré pour réduire les effets de la condensation sur les lampes. La quantité de lumière nécessaire ne sera pas la même si la vitre protectrice n'est pas impeccable (elle devient vite sale, car elle se couvre d'algues et de taches d'eau).

Emploi du temps pour maintenir un environnement de qualité

Pour le bien-être de vos poissons et la beauté de votre aquarium, vous devez accepter de vous livrer à quelques tâches. Certaines se répètent chaque jour ou chaque semaine, les autres ne demandent qu'un minimum d'attention de temps à autre.

Tâches quotidiennes

- Vérifiez que tous les poissons sont présents et en bon état.
- Surveillez la température de l'eau pour les aquariums tropicaux, et assurez-vous qu'elle ne s'élève pas trop en été dans les aquariums tempérés.
- Contrôlez la densité et le taux de nitrites dans les aquariums tropicaux d'eau de mer.

Tâches hebdomadaires

- Retirez les feuilles mortes.
- Taillez les plantes à croissance rapide et replantez les boutures.
- Siphonnez les détritus inesthétiques qui se sont déposés au fond.

Tâches périodiques

- Nettoyez et (ou) remplacez le matériau filtrant.
- Renouvelez 20 à 25 pour cent de l'eau *(voir p. 218)*. Pour les aquariums d'eau de mer, préparez à l'avance la quantité nécessaire de mélange de synthèse.
- Retirez les algues de la vitre de devant et du couvercle en verre *(voir p. 219)*.
- Remuez la garniture du fond de l'aquarium, surtout avec un filtre sous gravier.
- Vérifiez le pH dans les aquariums marins. Dans les systèmes d'eau douce, cela n'est nécessaire que si, pour des raisons particulières comme la reproduction d'espèces difficiles, on veut maintenir l'eau à un niveau précis.
- Vérifiez que les diffuseurs ne sont pas obstrués, surtout dans les bacs d'eau de mer.
- Nettoyez le disque de feutrine et les valves des pompes à air *(voir ci-dessous)*.

ENTRETIEN DE LA POMPE

Comme la pompe procure aux poissons l'oxygène qui leur est vital *(voir p. 123)*, n'oubliez pas de lui accorder une attention particulière. Surtout, *débranchez* l'appareil avant de retirer le couvercle de la pompe. Nettoyez tous les trois mois le disque de feutrine et les valves à air, à l'intérieur du bloc à membrane de caoutchouc. (Le matériau filtrant se trouve généralement dans un logement sous le corps de la pompe et les valves à air se situent à l'intérieur du corps de la pompe.) Si la pompe doit être graissée, faites-le régulièrement et placez un filtre dans le tuyau à air pour que l'huile ne pénètre pas dans le bac.

Si une pompe à vibreur se met à cliqueter, cela signifie que le diaphragme a éclaté. Il faut le remplacer. Retirez le bras qui le maintient en place, puis détachez de la valve la rondelle en caoutchouc. Nettoyez les petites valves souples d'entrée et de sortie dans le bloc. Posez le nouveau diaphragme et remontez la pompe.

- Vérifiez toutes les connexions d'eau, celles du filtre électrique surtout.
- Remplacez les lampes défaillantes et changez les tubes fluorescents.

Renouveler l'eau

Il faut renouveler une partie de l'eau régulièrement. Pour l'aquarium d'eau douce, il est conseillé de changer 20 pour cent du total toutes les trois à quatre semaines, alors que pour un aquarium d'eau de mer il faut en changer 25 pour cent toutes les deux à trois semaines. Vous pouvez siphonner l'eau usée et ajouter l'eau propre à la main, ou vous servir d'un appareil automatique comportant deux tuyaux (l'un relié au robinet, l'autre à l'évacuation). Ainsi, on réduit la quantité de produits de déchets dans l'eau en en retirant une partie et en diluant ce qui reste. Lorsque vous procédez au renouvellement partiel de l'eau dans un aquarium marin, respectez les indications pour la dilution du mélange marin afin que la nouvelle eau ait la bonne densité. Évitez de traumatiser les poissons au cours de ces opérations *(voir p. 214).*

Remplacer l'eau évaporée

Le niveau de l'eau a tendance à baisser. C'est normal. L'évaporation en est la cause, surtout en l'absence de couvercle. Cette eau perdue doit être remplacée, surtout s'il s'agit d'eau de mer, car le sel, lui, ne s'évapore pas. Certains aquariophiles recommandent de siphonner autant d'eau qu'il y en a d'évaporée avant de compenser la perte avec de l'eau neuve.

Équilibrer la composition

L'eau douce doit avoir un pH donné *(voir p. 145)* ; elle ne doit être ni trop acide ni trop alcaline ; et l'eau de mer doit avoir la densité et le pH voulus *(voir p. 189)*. Une eau dont le pH ne correspondrait pas aux besoins des

COMMENT CHANGER L'EAU

Un renouvellement partiel et régulier de l'eau vous permettra de retirer de l'aquarium des déchets dissous sans déranger les poissons.

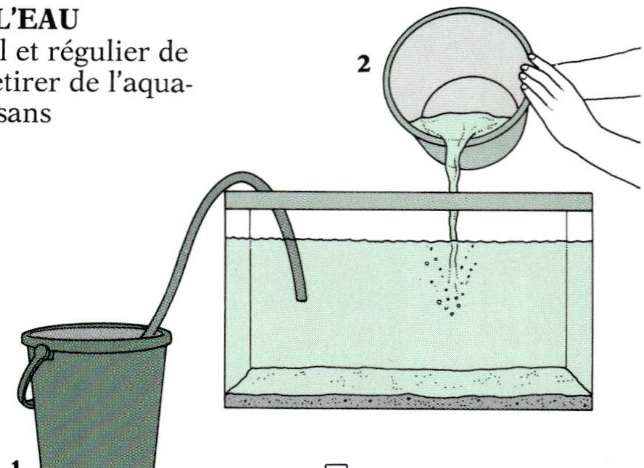

Première étape
Siphonnez environ 20 pour cent (eau douce) ou 25 pour cent (eau de mer) du contenu de l'aquarium.

Deuxième étape
Remplissez l'aquarium avec de l'eau douce ou un mélange d'eau de mer à la même température.

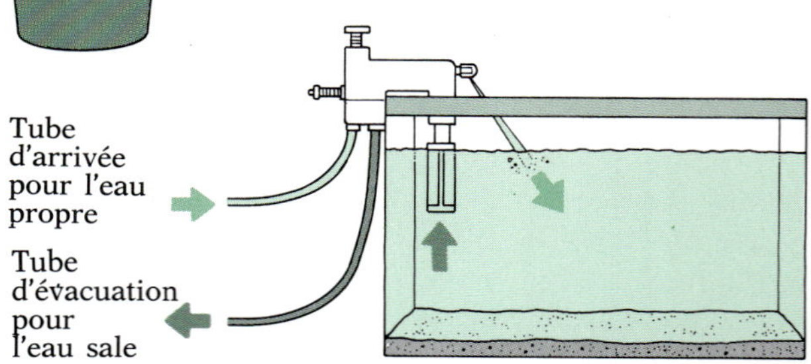

Un changeur d'eau
Cet appareil permet d'évacuer automatiquement l'eau sale, qu'il remplace par de l'eau propre. Fixez le tube d'arrivée au robinet et placez le tube d'évacuation dans l'évier.

poissons peut mettre en danger leur santé et leur vie.

Pour une bonne santé des poissons
Même si vous ne pouvez mettre vos poissons à l'abri de toutes les maladies, quelques mesures doivent être prises pour les garder en bonne santé :

- N'achetez que des poissons compatibles et robustes *(voir p. 24)*.
- Mettez en quarantaine toute nouvelle acquisition *(voir p. 214)*.
- Évitez de stresser les poissons *(voir p. 214)*.
- Ne les suralimentez pas. Si vous leur donnez des restes de table ou d'autres nourritures « non aquatiques », éliminez tout ce qui n'a pas été consommé.
- Isolez les malades *(voir p. 235)*.
- Désinfectez l'épuisette qui a servi à transférer le malade.
- Ne transvasez pas d'eau de l'aquarium-hôpital dans l'aquarium principal.
- Ne mettez pas de métal en contact avec l'eau *(voir p. 214)*.

CONTRÔLER LES ALGUES

La présence d'algues est souhaitable en aquarium marin, et celles-ci servent de verdure pour les poissons végétariens de l'aquarium d'eau douce. Si elles deviennent trop envahissantes, utilisez le grattoir magnétique.

ENTRETIEN DES PLANTES

Il faut examiner attentivement les nouvelles plantes et les rincer avant de les introduire dans l'aquarium *(voir ci-contre)*.

Vérifiez chaque mois toutes les plantes et retirez plantes et feuilles mortes (certaines ont pu tomber sur le fond de l'aquarium). Replantez celles qui se sont affaissées.

Taillez celles qui sont devenues trop encombrantes ; replantez les boutures dans d'autres bacs. Coupez les stolons des plantes grasses (comme *Vallisneria* ou *Sagittaria*) et repiquez les pousses.

Ayez à l'œil les plantes flottantes, qui peuvent se développer très vite et recouvrir toute la surface, privant les plantes immergées de lumière.

Première étape
Examinez les nouvelles plantes pour repérer toute présence indésirable, tels les œufs d'escargots (vérifiez de près le revers des feuilles).

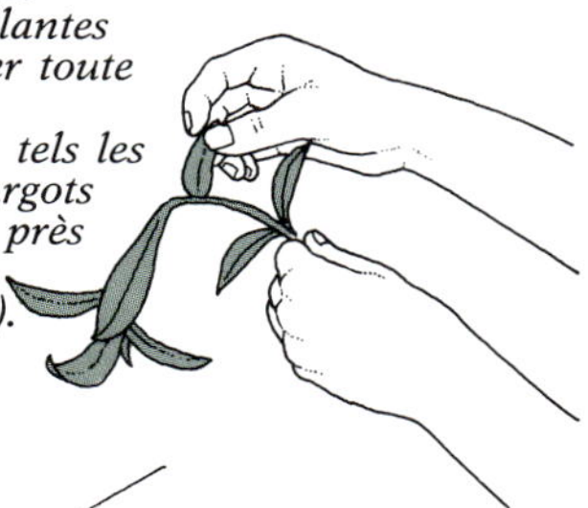

Deuxième étape
Rincez-les bien dans une solution de permanganate de potassium ou un désinfectant spécial.

TABLEAUX DE DIAGNOSTIC

Lorsqu'un poisson est malade, il faut que vous vous en rendiez compte très vite, car une intervention rapide peut le sauver et éviter que la maladie ne se propage parmi les autres occupants de l'aquarium. Malheureusement, certaines maladies sont presque impossibles à diagnostiquer, car elles ne provoquent aucun signe visible. Les poissons, dans ce cas, auront l'air en parfaite santé un jour et mourront le lendemain, sans que rien ne le laisse présager. On ne pourra connaître la cause de la mort qu'en examinant les organes du poisson. Pourtant, la plupart des maladies s'accompagnent de symptômes qu'on peut apprendre à reconnaître.

Pour savoir détecter la maladie, il faut régulièrement observer les poissons *(voir p. 212)*. Vous prendrez ainsi l'habitude de les voir sous leur apparence et dans leur comportement normaux. Cela vous évitera de prendre pour un symptôme de maladie des caractéristiques particulières qui, chez d'autres espèces, seraient un signe d'affection. Ainsi, les écailles du *Pachypanchax playfairi* mâle *(voir p. 72)* se hérissent pendant le frai, alors que pour d'autres espèces il s'agit là d'un signe d'hydropisie *(voir p. 228)*, comme dans le cas du poisson illustré ci-dessus.

En outre, comme certaines espèces sont particulièrement exposées à un certain nombre de maladies, guettez l'apparition éventuelle de leurs symptômes. Ainsi, l'*Etroplus maculatus,* ou Cichlide doré *(voir p. 56)*, est prédisposé à la maladie de la colonne *(voir p. 233)*, alors que l'*Holocanthus tricolor,* ou Poisson-ange tricolore *(voir p. 99)*, a tendance à souffrir de problèmes de peau *(voir p. 227)*.

Le diagnostic visuel

Lorsque vous examinez vos poissons, relevez toute modification apparente : grosseurs anormales, changement dans la forme du corps, des écailles ou de la couche superficielle, ou nageoires endommagées. Repérez la présence éventuelle de parasites et observez si un poisson a du mal à nager. Mais tout changement n'est pas une affection, car certains poissons changent de couleur en période de reproduction.

Dactylogyrose des branchies. *Dans des cas moins avancés* (voir p. 231), *les branchies sont moins abîmées, mais couvertes de mucus.*

Points blancs (ou ichthyo). *Maladie* (voir p. 230) *parasitaire : de minuscules points blancs recouvrent le corps et les nageoires.*

Hydropisie. *L'abdomen gonflé et les écailles hérissées, ce poisson souffre d'hydropisie aiguë* (voir p. 228).

Maladie du parasite ancré (voir p. 232). *Le parasite enfouit sa tête dans le corps du poisson, mais on peut en voir l'arrière.*

Exophtalmie. *La septicémie ou la tuberculose* (voir p. 229) *sont probablement la cause de ces yeux exorbités* (voir p. 228).

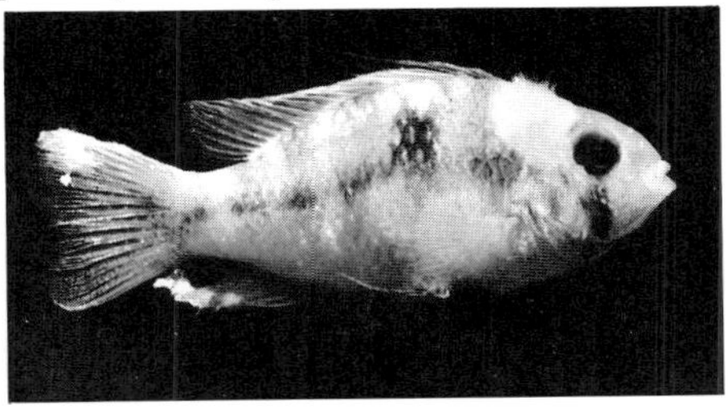

Saprolégniose (ou mousse). *Des touffes cotonneuses et sales apparaissent sur les nageoires et le corps* (voir p. 233).

Troubles de la vessie natatoire. *Évidents chez ce Molly qui nage le ventre en l'air* (voir p. 228).

Problèmes de peau

Un poisson atteint d'un mal dermatologique souffre probablement d'une maladie parasitaire curable. En cas de doute, n'hésitez pas à consulter un aquariophile plus aguerri ou un vétérinaire spécialisé dans les poisssons.

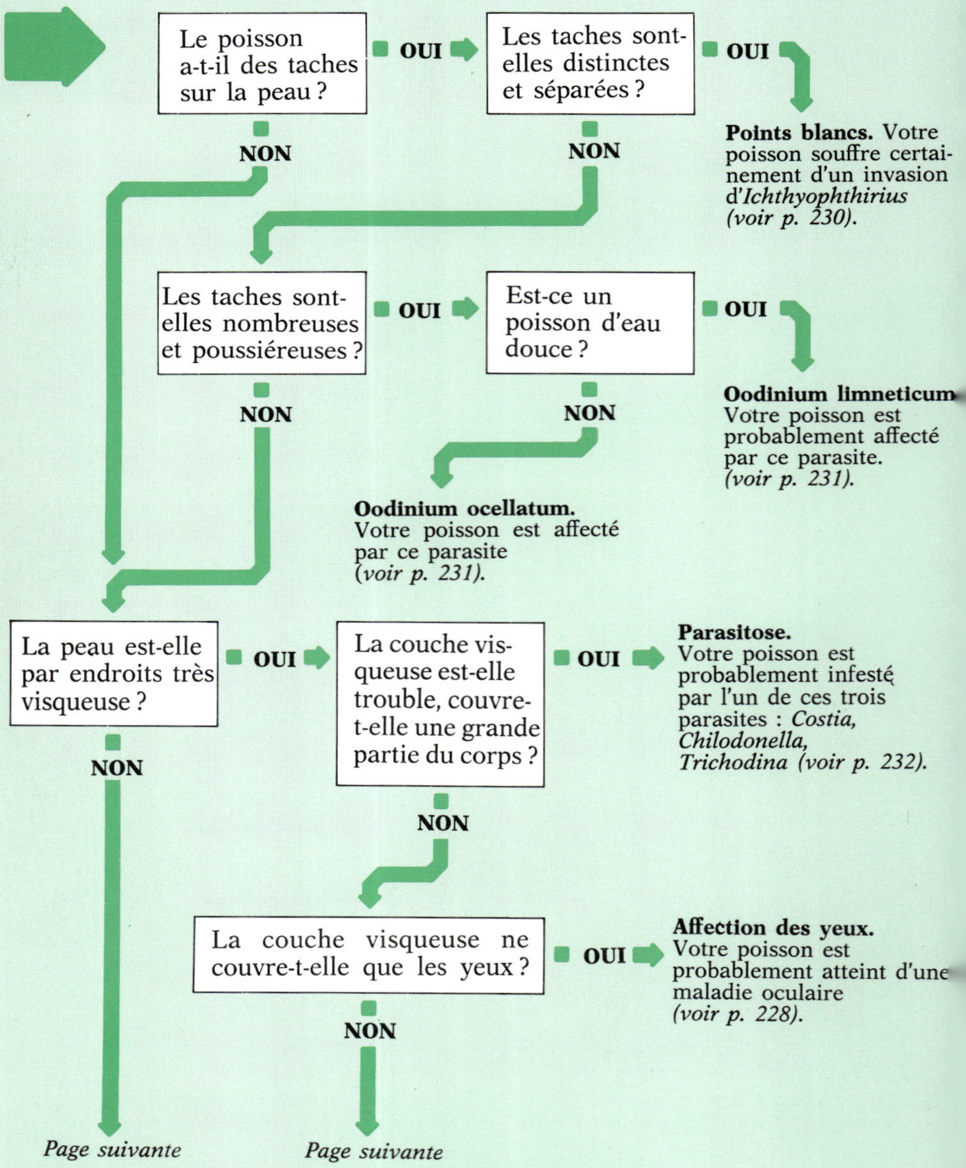

La mousse est-elle autour de la bouche du poisson et comprend-elle de fins filaments courts et poudreux ?

OUI → **Maladie de la colonne.** Votre poisson a probablement un bacille *(voir p. 233).*

NON ↓

La mousse est-elle sur le corps du poisson et fait-elle des filaments poudreux comme de l'ouate ?

OUI → **Saprolégniose.** Votre poisson est probablement affecté par un champignon *(voir p. 233).*

NON ↓

Voyez-vous un parasite ?

OUI → A-t-il la forme d'un ver ?

OUI → **Maladie du parasite ancré.** Votre poisson est probablement parasité par un *Lernaea (voir p. 232).*

NON ↓

Est-il de forme arrondie ?

OUI → **Pou des poissons.** Votre poisson est probablement parasité par l'*Argulus (voir p. 232).*

NON ↓

Voyez-vous un ulcère ?

OUI → **Ulcérations.** Cet état est provoqué par des bactéries et peut indiquer une septicémie *(voir p. 229).*

NON ↓

Des nageoires congestionnées ?

OUI → A-t-il l'air terne ?

OUI → **Maladie bactérienne ou virale** *(voir p. 229).*

NON ↓

Est-ce un poisson d'eau douce à longues nageoires ?

OUI → **Stress.** Ce type de poisson est très sensible aux changements dans son environnement *(voir p. 214).*

NON ↓

Si ce tableau ne vous suffit pas pour poser un diagnostic, consultez un vétérinaire spécialisé.

Problèmes de nage

Si votre poisson semble avoir du mal à nager, cela peut indiquer qu'il ne se porte pas bien ou que la composition de l'eau ne lui convient pas. En cas de doute concernant sa santé, n'hésitez pas à consulter un aquariophile aguerri ou un vétérinaire spécialisé.

Le poisson a-t-il un équilibre anormal ?

OUI → **Troubles de la vessie natatoire.** Votre poisson est probablement atteint de troubles de la vessie natatoire *(voir p. 228).*

NON ↓

Reste-t-il « suspendu » juste sous la surface ?

OUI → Respire-t-il à son rythme normal ?

- OUI → **Asphyxie.** Votre poisson souffre probablement d'une insuffisance d'oxygène dans l'eau *(voir p. 216).*
- NON ↓ Reste-t-il sur place, même si on le touche ?
  - OUI → **Mauvais état.** Votre poisson souffre probablement à cause d'un pH trop faible de l'eau *(voir p. 145).* Sinon, il peut souffrir d'une intoxication *(voir p. 214)* ou d'une maladie incurable *(voir p. 228).*
  - NON ↓

NON ↓

A-t-il une respiration saccadée, les branchies décolorées et écartées ?

OUI → **Maladie des branchies.** Votre poisson souffre probablement d'une parasitose due à l'*Oodinium ocellatum (voir p. 231)* ou de dactylogyrose des branchies *(voir p. 231).*

NON ↓

Continuez page suivante

Est-il très agité ?

OUI → Ondule-t-il rapidement tout en restant sur place ?

OUI → **Shimmy.** Votre poisson est probablement atteint du shimmy *(voir p. 228).*

NON → Est-ce un nouveau venu qui fonce, essaie de sauter par-dessus bord et reste suspendu à la surface ?

OUI → **Mauvais état de l'aquarium.** La température du bac est probablement trop basse *(voir p. 216)* ou le pH est trop faible *(voir p. 145).*

NON → Est-il agité, comme pris de convulsions, nageoires déployées et la bouche ouverte ?

OUI → **Maladie grave ou intoxication.** Votre poisson souffre probablement d'une maladie grave *(voir p. 228)* ou d'une intoxication *(voir p. 214).*

NON → Se frotte-t-il contre les roches et les feuilles ?

OUI → **Gyrodactylose.** Votre poisson est probablement affecté par un parasite *(voir p. 231).*

NON (et NON à « Est-il très agité ? ») →

Si vous ne pouvez poser un diagnostic, consultez un vétérinaire spécialisé.

MALADIES ET AFFECTIONS

La plupart des maux dont souffrent les poissons d'aquarium sont aisément identifiables. Ces maladies sont en général d'origine parasitaire, mycostique ou bactérienne, et les symptômes sont visibles extérieurement. On peut le plus souvent les traiter avec succès. Les poissons peuvent aussi souffrir d'une affection interne. En ce cas, comme chez les mammifères, le traitement est plus difficile, d'autant que les poissons peuvent ne manifester aucun signe extérieur de la maladie jusqu'à la phase ultime.

Selon le type de maladie, il peut être préférable de retirer le malade et de l'isoler pour le soigner, ou de le laisser avec les autres pour administrer un traitement d'ensemble.

Dans le cas des maladies contagieuses, des soins collectifs sont mieux indiqués. Si un poisson est affecté par de gros parasites adultes visibles, comme le parasite ancré, les soins individuels sont préférables. Par contre, si un poisson est infesté par des parasites à la phase larvaire, un traitement collectif s'impose.

Peu de vétérinaires sont spécialistes en poissons, et la consultation coûte cher. Si votre vétérinaire n'est pas spécialisé dans ce domaine, demandez-lui l'adresse d'un confrère. Le spécialiste aura besoin des informations suivantes : dimensions du bac, type de filtration, composition de l'eau, température, nourriture et traitement donné. **Attention :** certains traitements comportent des produits dangereux. Il faut *tous* les considérer comme des médicaments et les garder hors de portée des enfants.

Comment les poissons tombent malades

Les affections externes de la peau sont faciles à voir et à traiter. Mais un dérangement interne, souvent indiscernable avant un stade avancé, est très difficile à soigner.

Les parasites

Les poissons peuvent être porteurs de parasites sans que la maladie ne se manifeste apparemment, mais lorsque les parasites pullulent ou que le poisson est affaibli, ou encore que les conditions de la multiplication du parasite sont réalisées (surpopulation, conditions défavorables du milieu), la maladie se déclencle et revêt ses aspects les plus graves. C'est le cas notamment pour les protozoaires (*Costia, Ichthyphtirius,* par exemple) et certains vers plats (*Dactylogyrus* ou *Gyrodactylus*), dont la reproduction n'a pas besoin d'un hôte intermédiaire.

Les bactéries et les champignons

Un aquarium mal entretenu – feuilles mortes, excrétions, nourriture non consommée – favorise le développement des bactéries et des champignons. La meilleure défense est le maintien d'un environnement propre, bien oxygéné, et une bonne alimentation. Certaines affections bactériennes *(voir p. 212)* relèvent d'un traitement spécifique, et d'autres d'un traitement antibactérien plus général.

Affections cutanées

Courantes chez les poissons, les affections cutanées sont généralement d'origine bactérienne, parasitaire ou mycosique.

Symptômes

Les problèmes de peau s'accompagnent de plusieurs signes : □ Le poisson se frotte contre les roches et le gravier. □ Il a l'air délavé et terne. □ Yeux ternes. En l'absence de traitement, d'autres signes peuvent apparaître : □ Nageoires en lambeaux et effilochées. □ Manque d'appétit. □ Coloration grisâtre et lactescente à cause d'une surproduction de mucus. □ Zones d'inflammation rougeâtres.

Les infections bactériennes de la peau présentent d'autres signes : □ Taches blanches, avec quelquefois de fins filaments blanchâtres visibles. □ Érosion (pourriture des nageoires ou ulcérations). Les poissons très atteints peuvent présenter les symptômes suivants (manifestations de maladies générales septicémiques) : □ Papules (protubérances) ou ulcères. □ Hémorragies périoculaires. □ Nageoires congestionnées. □ Yeux protubérants. □ Écailles hérissées.

Affections des branchies

Tout comme nos problèmes respiratoires, les affections des branchies – organes qui assurent les échanges respiratoires chez les poissons – peuvent être plus ou moins graves.

Symptômes

Les problèmes de branchies ne sont pas toujours visibles : □ Le poisson peut dédaigner la nourriture. □ Il pipe, suspendu à la surface, à la pierre poreuse ou à la cheminée du filtre (où l'eau est plus riche en oxygène). □ Les battements d'ouïes sont plus rapides qu'à l'ordinaire. □ L'intérieur des branchies est souvent visible ; il peut être gonflé et grisâtre. □ On peut voir de larges plaques érodées où le tissu a été mangé. □ Du mucus peut être accroché aux branchies.

Au bout d'un certain temps, les branchies s'épaississent à cause de l'irritation chronique. Le poisson finit par mourir d'asphyxie, en particulier dans les cas de prolifération excessive de mucus *(voir p. 232),* ou d'une attaque bactérienne *(voir p. 231).*

Affections oculaires
Les affections oculaires peuvent être des signes généraux (exophtalmie, hémorragies périoculaires, cécité) ou des signes locaux superficiels affectant la cornée, qui devient translucide, lactescente à cause de la présence de parasites externes ou de la production de mucus.

Symptômes
Trois indications principales : □ Des excroissances poudreuses comme un feutrage ou un duvet d'ouate, signes d'une mycose *(voir p. 232).* □ Yeux laiteux ; cela peut être dû à un changement de l'état de l'eau *(voir p. 215),* à une infection bactérienne *(voir p. 212),* à une hyperproduction de mucus *(voir p. 232),* à une parasitose. □ Yeux exorbités : exophtalmie, état accompagnant généralement une affection septicémique ou une tuberculose *(voir p. 229).*

Hydropisie
« Hydropisie » signifie : présence de liquide dans l'abdomen. Mais, en aquariophilie, cela désigne toutes les maladies où l'abdomen est anormalement gonflé. Souvent, ces maladies ne peuvent être distinguées les unes des autres qu'à l'autopsie.

Hydropisie chronique
Un abdomen distendu qui se gonfle lentement dénote généralement un cancer des organes internes ou la présence de gros parasites (conséquence de leur seule taille, ou parce qu'ils ont provoqué des lésions du foie ou des reins, ou une péritonite). Dans de tels cas, l'hydropisie ne contaminera pas les autres occupants si vous avez retiré le poisson de l'aquarium d'ensemble dès qu'il est tombé malade. Pour avoir un diagnostic exact – dans l'intérêt des survivants –, faites faire un examen des organes après la mort.

Hydropisie aiguë
Un gonflement brusque fait hérisser les écailles du poisson. Elle s'accompagne d'autres signes de maladie infectieuse et apparaît sur plusieurs sujets. Il faudra administrer un traitement comprenant des antibiotiques.

Ballonnement de Malawi
Cette affection atteint surtout les Cichlidés, entraînant une hydropisie qui n'est pas encore bien comprise ; elle peut être liée à des bactéries ou à un état semi-cancéreux de l'estomac. Retirez le poisson de l'aquarium d'ensemble pour faire pratiquer un examen des organes par le vétérinaire *(voir p. 235).*

Amaigrissement
Une lente perte de poids, qui donne au poisson une allure déséquilibrée (tête normale sur corps amoindri), peut avoir deux causes : l'agressivité d'un autre poisson, qui empêche l'accès à la nourriture, ou, plus probablement, une maladie du genre tuberculose *(voir p. 229).*

Troubles de l'équilibre
Des difficultés à nager ou à garder l'équilibre peuvent avoir les causes suivantes : □ Vessie natatoire congénitalement malformée. □ Cancer ou tuberculose des organes voisins de la vessie natatoire. □ Constipation. □ Mauvaise alimentation *(voir p. 201).* □ Frissonnements *(voir p. 215).* □ Infections parasitaires graves *(voir p. 212).* □ Infections bactériennes graves *(voir p. 212).*

Si votre poisson paraît avoir des troubles de la vessie natatoire, commencez par le traiter pour d'autres maladies. Lorsque vous aurez éliminé les autres causes possibles, vérifiez son alimentation *(voir p. 200)* et assurez-vous que les selles sont normales. En cas de doute, donnez-lui de la nourriture vivante *(voir pp. 204-205)* et contrôlez la température de l'eau.

AFFECTIONS INTERNES

Le diagnostic de ces affections intervient souvent trop tard pour traiter les poissons malades, mais il servira pour les autres. Les maladies bactériennes et virales s'accompagnent de lésions organiques graves, de congestion et d'hémorragies entraînant la mort dans de brefs délais. La tuberculose pisciaire (mycobactériose), qu'il n'est pas indiqué de traiter, doit néanmoins être diagnostiquée aussi bien pour la sauvegarde des autres occupants de l'aquarium que pour les êtres humains.

MALADIES BACTÉRIENNES ET VIRALES

Elles peuvent survenir à la suite d'infections de la peau, ou être liées à de mauvaises conditions d'hygiène. Les bactéries pénètrent dans le sang et circulent dans les tissus, provoquant inflammations et lésions. Les vaisseaux sanguins et le tissu cardiaque endommagés laissent les liquides s'écouler dans l'abdomen, provoquant parfois l'hydropisie *(voir p. 228)*. Les vaisseaux sanguins enflammés saillent dans la peau et à la base des nageoires.

Signes à surveiller

- Base des nageoires rouge.
- Petites hémorragies perioculaires.
- Apathie.
- Manque d'appétit.

Traitement

Consultez un vétérinaire. Il vous prescrira un antibiotique. Désinfectez l'aquarium.

TUBERCULOSE PISCIAIRE (MYCOBACTÉRIOSE)

La tuberculose est une maladie bactérienne infectieuse, chronique à évolution lente. Il *faut* retirer aussitôt les spécimens atteints pour éviter la contamination. Un poisson tuberculeux se nourrit normalement, mais il perd du poids à mesure que ses organes se trouvent endommagés. Des nodules peuvent apparaître sous la peau et provoquer des ulcérations décolorées transparentes. Chez d'autres, des nodules apparaissent derrière les yeux, qui deviennent protubérants.

Bien que la bactérie ou le bacille à l'origine du mal se développe à une température en principe moins élevée que les bacilles tuberculeux humains, la tuberculose des poissons peut contaminer les humains et inversement. Dès que le diagnostic est fait, une hygiène très rigoureuse s'impose. Un diagnostic plus poussé n'est possible qu'à l'autopsie.

Signes à surveiller

- Décoloration de la peau au siège de la lésion.
- Perte de poids.
- Nageoires repliées.
- Ulcérations cutanées.

Traitement

Consultez un vétérinaire. Il faut enlever les poissons et les sacrifier *(voir p. 234). Ne les laissez pas mourir dans le bac,* où les autres occupants auront vite fait de les dévorer et de tomber malades à leur tour. Ceux qui ont été en contact avec le poisson tuberculeux doivent être considérés comme contaminés. Sacrifiez tous les poissons. Nettoyez et désinfectez l'aquarium.

AFFECTIONS EXTERNES

Les problèmes de santé les plus courants, causés pour la plupart par des parasites *(voir p. 212),* affectent principalement la peau et les branchies. Souvent, le diagnostic est simple, de même que le traitement. Les gros parasites sont très visibles ; les plus petits se voient à l'aide d'une loupe ou au microscope (si le poisson est vivant).

Comme les parasites sont souvent introduits dans l'aquarium par de nouveaux poissons, une quarantaine préventive est indispensable *(voir p. 214).*

POINTS BLANCS, FORME D'EAU DOUCE *(Ichthyophthirius)*

Les parasites causant cette maladie sont visibles à l'œil nu sous la forme de points blancs sales de 1 mm de diamètre sur la peau. L'*Ichthyophtirius* a une évolution cyclique : il quitte le poisson pour se reproduire, lui laissant dans la peau une cavité qui l'expose à une infection bactérienne ou fongique secondaire. Le parasite tombe au fond du bac et s'entoure d'une sorte de gelée qu'il sécrète : le kyste. Il se multiplie à l'intérieur de ce kyste. Puis le kyste éclate et de jeunes parasites partent à la recherche d'un nouvel hôte. Les stades intradermique et enkysté résistent au traitement.

Signes à surveiller

- La peau et les nageoires sont recouvertes de minuscules points blancs à contours nets.
- Un poisson très atteint agite fébrilement ses branchies.

Traitement

Quand le parasite se trouve sous l'épiderme du poisson et à l'état de kyste, il ne peut être traité. Pour éliminer l'*Ichthyophthirius,* diluez dans l'aquarium, avant que le kyste ne se forme ou après son éclatement, le remède approprié. Retirez les plantes et le charbon actif du filtre.

POINTS BLANCS, FORME MARINE *(Cryptocaryon)*

Seuls les poissons d'eau de mer sont victimes de ce parasite, équivalent de l'*Ichthyophthirius (voir ci-dessus)* qui se rencontre chez les poissons d'eau douce. Le *Cryptocaryon* a une évolution cyclique et quitte le poisson pour se reproduire. En s'enfonçant sous l'épiderme du poisson, il creuse une cavité qu'il abandonne quand il parvient à maturité.

Signes à surveiller

- Le corps et les nageoires sont envahis de minuscules points blancs (1 mm de diamètre).
- Peau visqueuse.
- Rapides mouvements de branchies.
- Les yeux ont un aspect trouble.

Traitement

Pendant que le parasite est sous la peau ou à l'état de kyste, il résiste au traitement. Le *Cryptocaryon* ne peut être éliminé qu'en ajoutant un médicament approprié à l'eau avant que le kyste ne se forme ou quand il libère de nouveaux parasites prêts à attaquer le poisson. Lisez avec soin la notice d'utilisation du remède : il est en général conseillé de retirer les plantes, le charbon actif des filtres, et les invertébrés.

MALADIE DU VELOURS *(Oodinium limneticum)*

Ce minuscule parasite forme une sorte de « poussière dorée » sur la peau, qui devient terne. Comme les plantes, il utilise la lumière comme source d'énergie.

Signes à surveiller

- La peau et les nageoires se couvrent d'une poudre veloutée, qui ressemble à une poussière dorée.
- Le poisson agite vivement ses branchies.

Traitement

Traitez l'aquarium avec un remède approprié. On peut recouvrir le bac pour priver le parasite de clarté et retirer du filtre le charbon actif.

MALADIE DU POISSON DE CORAIL *(Oodinium ocellatum)*

Même maladie que ci-dessus, mais affectant les branchies des espèces marines.

Signes à surveiller

- Mouvements rapides des branchies.
- Branchies enflammées.
- Pellicule poudreuse.

Traitement

Traitez l'aquarium avec un remède approprié après avoir retiré les invertébrés. Le mieux est de laisser l'aquarium 8 à 10 jours sans poissons.

DACTYLOGYROSE DES BRANCHIES *(Dactylogyrus)*

Les parasites se fixent de préférence sur les branchies.

Signes à surveiller

- Les branchies s'agitent rapidement.
- Le poisson pipe.
- Les branchies sont couvertes de mucus et en partie dévorées.
- Le poisson essaie de se frotter contre des objets.

Traitement

Les parasites pondent des œufs qui tombent au fond du bac et résistent au traitement. Deux angles d'attaque :

1. Diluez le produit approprié dans un aquarium-hôpital et mettez-y tous les poissons.
2. Plongez brièvement les poissons atteints dans une solution de formol *(voir p. 234)*. Désinfectez l'aquarium habituel.

GYRODACTYLOSE *(Gyrodactylus)*

Les parasites se fixent sur la peau, en particulier au niveau des nageoires caudale et dorsale.

Signes à surveiller

- Le poisson se frotte contre des objets.
- Les couleurs s'affadissent à mesure que le corps du poisson se couvre de mucus.
- La peau rougit par endroits.
- Les nageoires s'effilochent.

Traitement

Diluez dans l'eau le remède approprié et plongez rapidement le poisson dans un bain à base de formol *(voir p. 234)*.

PEAU VISQUEUSE *Chilodonella, Costia (Ichtybodo), Cyclochaeta (Trichodina)*

Trois protozoaires – *Chilodonella, Costia (Ichtybodo)* et *Cyclochaeta (Trichodina)* – s'attaquent à la peau.

Signes à surveiller

- Une surproduction de mucus donne un aspect lactescent au niveau des nageoires dorsale et caudale.
- Nageoires effilochées.
- Faiblesse.
- Branchies abîmées
- Mort.

Traitement

Traitez l'aquarium avec un produit approprié. Si cela ne suffit pas, c'est qu'il s'agit probablement de *Chilodonella*. Plongez rapidement le poisson dans une solution à base de formol *(voir p. 234)*. Si les branchies sont atteintes, immergez rapidement le poisson dans un bain salé *(voir p. 234)*, suivi aussitôt d'un bain rapide à base de formol *(voir p. 234)* si le parasite a résisté au sel.

MALADIE DU PARASITE ANCRÉ *(Lernaa)*

Ce crustacé enfouit sa tête en forme d'ancre dans les tissus du poisson, traînant ses sacs ovigères derrière lui. Il est très visible sur le poisson et peut laisser après son passage de vilains ulcères.

Signes à surveiller

- Le poisson se frotte contre des objets.
- Des filaments verdâtres sont accrochés à la peau du poisson, avec une zone enflammée au point d'attache.

Traitement

Retirez de l'aquarium le poisson atteint (il peut survivre 1 ou 2 minutes) ; posez-le sur un linge humide et retirez le parasite avec une pince à épiler. Passez un tampon sur la plaie, enduit de mercurochrome ou de teinture d'iode. Un vétérinaire opérera sous anesthésie. Remettez le poisson dans une eau pure additionnée du médicament approprié pour que des bactéries ou une mycose ne s'attaquent pas à la plaie.

POU DES POISSONS *(Argulus)*

Proche du crabe des plages, ce parasite passe d'un hôte à l'autre, s'attachant à sa victime par de fortes ventouses et pénétrant sous la peau à l'aide d'un aiguillon empoisonné.

Signes à surveiller

- Le poisson se frotte contre des objets.
- Parasites (5 mm de diamètre) visibles.

Traitement

Sortez le poisson de l'aquarium (il peut survivre 1 ou 2 minutes) ; posez-le sur un linge humide et retirez le pou adulte à l'aide de pinces. S'il résiste, appliquez une goutte de solution saline (15 à 30 grammes par litre d'eau) avec un pinceau (ne touchez pas la peau du poisson). Transférez le poisson malade et ses compagnons dans l'aquarium-hôpital *(voir p. 235)*, puis diluez dans l'aquarium principal le produit approprié pour tuer toute larve de pou restante. Remettez les poissons dans leur aquarium, mais veillez à ce qu'il ne reste aucun pou adulte ni aucune larve, car le produit n'est pas toujours efficace.

POURRITURE DES NAGEOIRES

Les poissons très fortement pigmentés, comme les Black Mollies, et ceux qui ont de longues nageoires traînantes, comme certains Poissons rouges, sont particulièrement sujets à cette affection. Causes : □ Aquarium mal entretenu. □ Alimentation pauvre en vitamines. □ Hivernage à l'extérieur des Poissons rouges. □ Attaques d'un autre poisson. □ Mauvaise qualité de l'eau.

Signes à surveiller

- Nageoires rongées ou en lambeaux.

Traitement

Plongez rapidement le poisson atteint dans un bain contenant le remède approprié. Dans les cas graves, consultez un vétérinaire spécialisé, qui amputera sous anesthésie la partie malade, puis appliquera une solution antibactérienne. Une épidémie de pourriture des nageoires dans un aquarium marin implique des soins particuliers. Faites appel à un vétérinaire, un revendeur spécialisé ou un aquariophile averti.

SAPROLÉGNIOSE OU MALADIE DE LA MOUSSE

Cette maladie apparaît à la phase finale d'une maladie infectieuse ou parasitaire. La mycose la plus répandue est causée par un champignon, le *Saprolegnia*. Elle peut affecter tous les poissons, mais elle se rencontre surtout en eau froide. Le champignon forme une sorte de feutrage ouaté blanc grisâtre.

Signes à surveiller

- Des touffes de duvet cotonneux d'apparence poussiéreuse recouvrent parfois une grande partie du poisson.

Traitement

Prenez du coton imbibé d'eau, essorez-le à fond et trempez-le dans du mercurochrome. Sortez le poisson de l'aquarium (il peut vivre 1 à 2 minutes hors de l'eau) ; posez-le sur un linge humide et frottez les plaques avec le coton préparé. Placez le poisson dans un aquarium-hôpital et traitez-le avec un produit à large spectre.

MALADIE DE LA COLONNE *(Chondrococcus columnaris)*

Le *Chondrococcus columnaris* est un fin bacille, peu mobile, qui forme des amas en colonne mais pas de filaments bourgeonnants, contrairement au fungus. Les vivipares sont particulièrement sujets à cette infection.

Signes à surveiller

- Des touffes blanches autour de la bouche et des ouïes.
- Des plaques blanches sur la peau.

Traitement

Ajoutez un produit spécial à l'eau de l'aquarium pour traiter l'ensemble. En cas d'échec, transférez le poisson dans un aquarium-hôpital et administrez des antibiotiques (prescrits par le vétérinaire). Servez-vous de l'épuisette pour faire entrer le poisson dans un sac en plastique. A titre préventif, ajoutez une petite quantité de sel dans les aquariums contenant des vivipares.

Isolement et traitement des malades

Lorsqu'on veut évaluer la dose de médicament nécessaire pour le volume d'eau, le calcul risque d'être faussé par les roches et les éléments de décor disposés dans le bac. Tenez-en compte. Si vous isolez préalablement les nouveaux venus *(voir p. 214),* vous possédez un deuxième bac qui peut servir d'hôpital pour les malades. C'est une solution intéressante, car le traitement vous obligera à modifier le filtre biologique, surtout si vous utilisez du bleu de méthylène, des antibiotiques ou des produits bactéricides. Dans certains cas, l'ablation d'un gros parasite par exemple, mieux vaut vous adresser à un vétérinaire spécialisé.

Convalescence
Quand le poisson est guéri, ne le remettez pas d'office dans l'aquarium principal. Remplacez progressivement l'eau de l'hôpital pour réhabituer le poisson à son milieu d'origine. Ce n'est qu'après qu'il pourra retourner dans l'aquarium d'ensemble. Pour opérer, servez-vous d'un sac en plastique et *pas* d'une épuisette.

Le bain de courte durée
Pour soigner un seul poisson du groupe, il est souvent conseillé de le plonger dans une solution. Cela implique d'additionner le médicament à une eau de même température et de verser le mélange dans un petit bac. L'eau du récipient doit être ventilée. Immergez le poisson souffrant dans ce bain pendant la durée indiquée (5 minutes à 1 heure en général). Si le poisson paraît en souffrir, retirez-le. Les poissons dont les branchies sont très endommagées ne sont pas assez solides pour supporter un tel bain.

Solution au formol
On utilise un concentré de formaldéhyde à 35 %, contenant 0,2 ml de formol par litre d'eau.
Attention : mettez des gants ou une crème spéciale (vaseline) pour protéger vos mains quand vous manipulez du formol ou d'autres poisons.

Euthanasie et destruction
Les poissons atteints d'un mal grave incurable doivent être supprimés. Pour éviter de les faire souffrir, plongez-les dans de l'eau additionnée de glace pilée, ou administrez-leur une surdose d'anesthésique.

Autopsies
Si vous n'êtes pas sûr de la cause de la maladie, emportez le poisson malade chez le vétérinaire qui, après euthanasie, examinera les organes. Sinon, vous pouvez conserver le poisson dans le formol (1 dose pour 9 volumes d'eau) et l'emporter chez le vétérinaire, qui l'enverra dans un laboratoire spécialisé. Autre possibilité : envoyez-le directement à un laboratoire dont votre fournisseur spécialisé vous aura fourni l'adresse. Ces démarches sont assez onéreuses, mais elles peuvent aider à préserver la santé des autres occupants de l'aquarium, et se révéler ainsi rentables à long terme. Cela peut également contribuer à la compréhension des maladies.

Tenez un dossier médical
Il est recommandé de consigner par écrit, pour chaque poisson, ce qui concerne sa santé : signes de maladie, comportement au cours de la quarantaine et tout traitement éventuel. Cela vous aidera à apprendre quels sont les meilleurs remèdes à employer le cas échéant.

L'AQUARIUM-HÔPITAL

Comme il est peu probable que vous ayez à l'utiliser constamment, veillez à désinfecter parfaitement l'aquarium-hôpital et tous les ustensiles après chaque emploi. Essayez de créer un environnement rassurant pour le malade en y mettant des fausses plantes et des refuges afin de ne pas provoquer, en plus de la maladie, un état de stress. Pour conserver de bonnes conditions d'hygiène dans l'aquarium-hôpital :

- Installez un chauffage et un thermostat pour les espèces tropicales.
- Prévoyez une aération supplémentaire, car beaucoup de médicaments appauvrissent l'eau en oxygène.
- Supprimez les filtres à charbon, qui élimineraient les médications diluées dans l'eau.
- Atténuez la lumière : certains remèdes sont neutralisés par une lumière forte et d'autres sensibilisent les poissons à la lumière, ce qui entraîne des maladies de peau.
- L'eau doit être aussi proche que possible de celle du bac principal, pour ne pas traumatiser les poissons.
- N'utilisez pas d'épuisette pour le transfert : elles peuvent être contaminées.
- Le bac pour poissons d'eau de mer doit faire au moins la moitié de la taille de l'aquarium principal.

L'aquarium-hôpital
Le bac ci-dessous, sans système de chauffage, ne convient qu'aux espèces d'eau froide. Comme il n'y a pas de gravier, les plantes en plastique sont maintenues par une base lestée.

8

LA REPRODUCTION

Pour réussir la reproduction en aquarium, il vous faut savoir deux choses : vous devez tout d'abord parfaitement maîtriser la méthode de reproduction des espèces que vous avez l'intention d'élever, et vous devez aussi connaître les conditions que vous devrez leur fournir. Ce chapitre traitera principalement de la reproduction des espèces d'eau douce, car on dispose à leur sujet d'une somme d'expériences et de documentation, alors que le comportement des poissons d'eau de mer, dans la nature ou en captivité, est aujourd'hui encore mal connu.

Le processus de reproduction

Les poissons se reproduisent en fécondant des œufs, desquels sortent des jeunes. Selon les espèces, les œufs sont fécondés à l'extérieur ou à l'intérieur du corps de la femelle. Les alevins des poissons qui fécondent les œufs à l'extérieur (ovipares) sont petits et faibles quand ils éclosent, alors que les espèces vivipares donnent naissance à des jeunes capables de nager dès la naissance et de se débrouiller seuls.

Les ovipares

La majorité des poissons d'aquarium sont ovipares : les œufs sont pondus par la femelle et fécondés par le mâle pendant la reproduction *(voir pp. 246-247)*. On peut distinguer, chez les ovipares, cinq modes de reproduction : ceux qui dispersent leurs œufs, ceux qui les enfouissent, ceux qui les déposent, les incubateurs buccaux et ceux qui construisent un nid.

LA REPRODUCTION CHEZ LES OVIPARES

Les ovipares mâles produisent du sperme, appelé « laitance », dans leurs testicules. La laitance est déversée directement dans l'orifice génito-urinaire, d'où elle est évacuée. Elle entre alors en contact avec les œufs de la femelle, ou « ovules », qu'elle féconde. Ceux-ci, sécrétés par les ovaires, sont transmis dans l'orifice génito-urinaire, d'où ils sont évacués, en général après stimulation par le mâle *(voir p. 244)*.

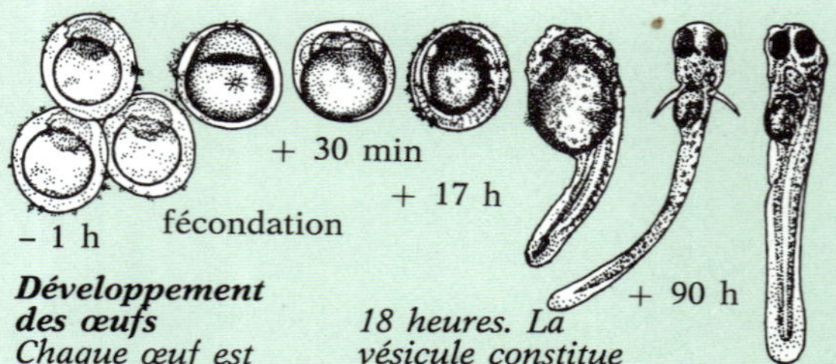

Développement des œufs
Chaque œuf est fécondé par un spermatozoïde. La tête et la vésicule vitelline se forment en moins de 18 heures. La vésicule constitue la seule nourriture de l'embryon, qui ne nage pas tant que celle-ci n'a pas été résorbée.

Les organes sexuels
Le dimorphisme sexuel, chez ce couple de Barbus, n'est pas visible.

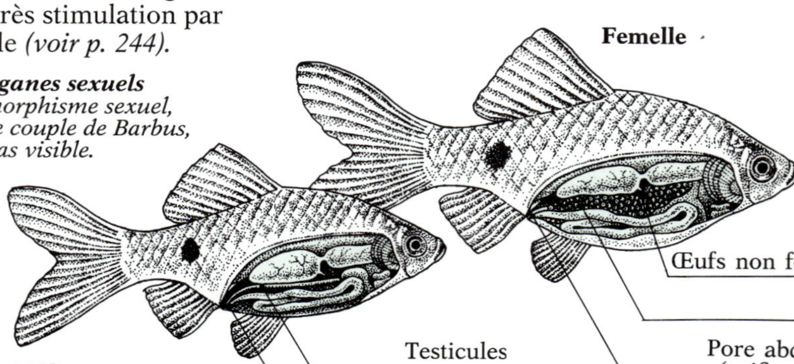

POISSONS DISPERSANT LEURS ŒUFS

Aucune attention ou presque n'est portée aux œufs par les parents. Les œufs, adhésifs ou non, tombent au fond de l'eau ou s'accrochent aux plantes aquatiques. Dans la nature, ils s'enfonceraient probablement dans le limon ou seraient entraînés par le courant, de sorte que tout soin (ou instinct) parental serait superflu.

Dans l'aquarium, toutefois, les œufs ne sont pas à l'abri, et il est recommandé de prendre quelques mesures pour les protéger des adultes. On peut tapisser le fond de l'aquarium de reproduction de cailloux polis ou de billes, ou le couvrir de plantes touffues *(voir p. 248).*

Poissons qui dispersent leurs œufs
☐ Barbus. ☐ Danios. ☐ Certains Rasboras. ☐ Certains Characidés et espèces proches. ☐ Poissons rouges.

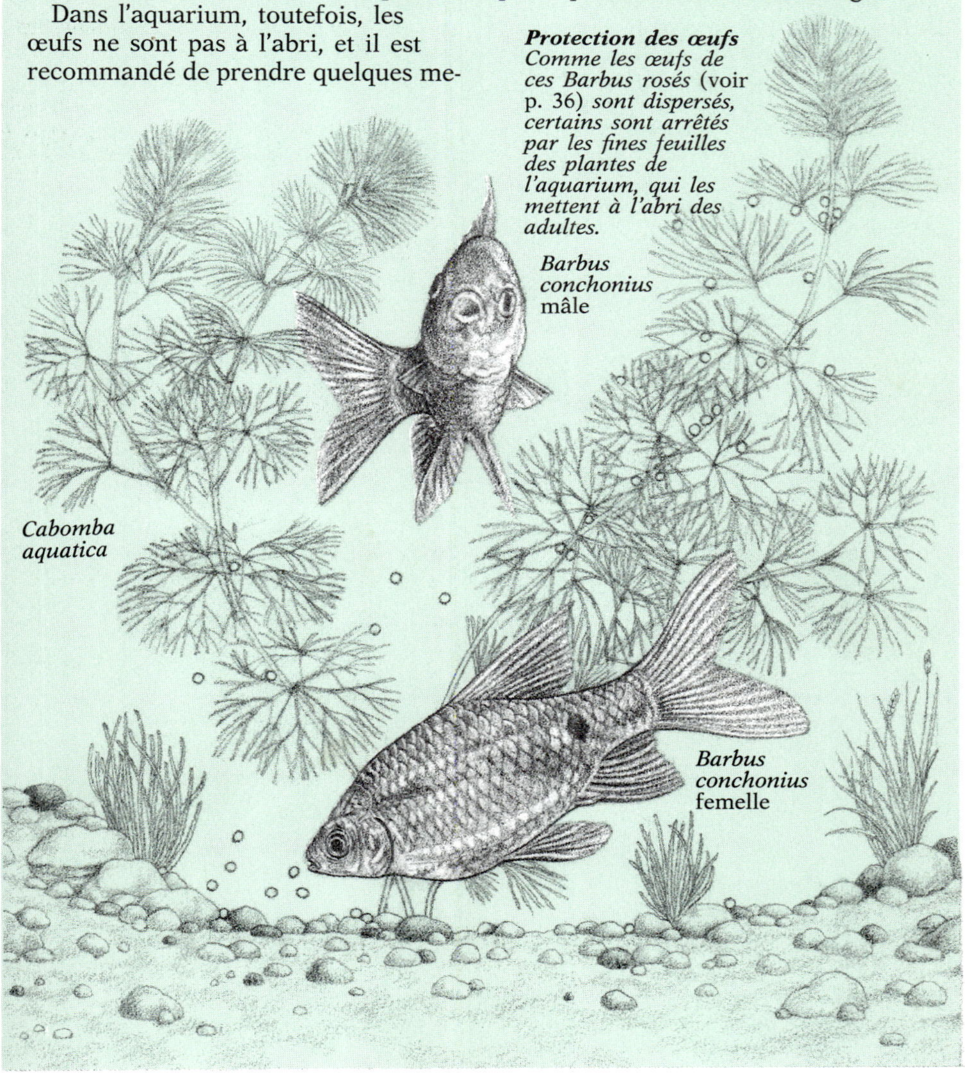

Protection des œufs
Comme les œufs de ces Barbus rosés (voir p. 36) *sont dispersés, certains sont arrêtés par les fines feuilles des plantes de l'aquarium, qui les mettent à l'abri des adultes.*

POISSONS ENFOUISSANT LEURS ŒUFS

Les points d'eau qui constituent l'habitat naturel de certains poissons s'assèchent totalement chaque année. C'est pourquoi, pour perpétuer l'espèce, la reproduction doit intervenir avant le début de la saison sèche. Les poissons adultes enfouissent ensuite les œufs dans le limon pour qu'ils survivent à la sécheresse, à laquelle eux-mêmes ne survivront pas. Dès le début de la saison humide, les œufs éclosent. Les alevins ne disposent que de quelques mois pour parvenir à maturité et se reproduire avant de périr à la nouvelle saison sèche. Les poissons sud-américains de cette espèce s'enfoncent généralement dans la boue pour que leurs œufs s'enfouissent dans le limon au cours de la reproduction. Les poissons africains du genre *Nothobranchius* se reproduisent côte à côte, tandis que la femelle, en recourbant sa nageoire anale, confectionne un tube de ponte qui déverse les œufs dans le substrat.

Comme il n'y a pas d'assèchement dans l'aquarium, ces poissons vivront pour la plupart plus d'un an. Leurs œufs se conserveront dans la tourbe, qui servira de substitut au limon *(voir p. 251)*.

Certains Killies, pondront dans des massifs de plantes ou sur des buissons synthétiques *(voir p. 250)*.

Poissons enfouissant leurs œufs.
☐ Killies (y compris les espèces annuelles).

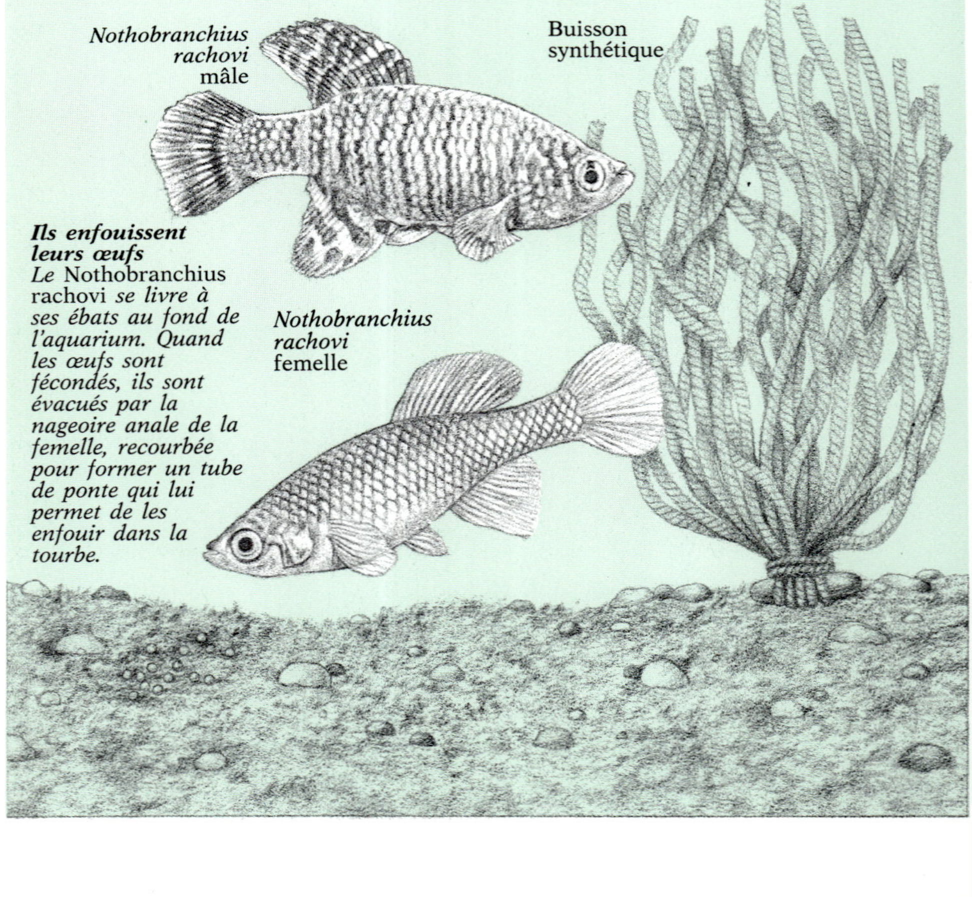

Ils enfouissent leurs œufs
Le Nothobranchius rachovi *se livre à ses ébats au fond de l'aquarium. Quand les œufs sont fécondés, ils sont évacués par la nageoire anale de la femelle, recourbée pour former un tube de ponte qui lui permet de les enfouir dans la tourbe.*

POISSONS PONDEURS SUR SUBSTRAT

Les Cichlidés ont des méthodes de reproduction complexes et accordent à leur progéniture un soin attentif. Ils élisent eux-mêmes leur partenaire, avant de choisir et de nettoyer le lieu du frai (en ramassant avec leur bouche les morceaux d'algue, par exemple). Le lieu choisi peut être à découvert, sur une feuille ou sur une roche, ou ce peut être un lieu discret, dans une anfractuosité ou sous un pot de fleur renversé. Ils chasseront tout importun qui s'en approchera.

Après la ponte et la fécondation, le couple évente les œufs pour entretenir auprès d'eux un courant ; ils les transfèrent vers d'autres lieux, préalablement nettoyés, jusqu'à l'éclosion. Pendant les deux ou trois premières semaines où le frai apprend à nager librement, les parents l'accompagnent, gardant les prédateurs à l'écart.

D'autres espèces déposent leurs œufs sur les feuilles des plantes aquatiques, sur les parois de l'aquarium ou dans des dépressions du gravier. Mais tous ne manifestent pas le même sens de la responsabilité parentale que les Cichlidés.

Le *Copella arnoldi* prend des précautions extrêmes contre les prédateurs : il dépose ses œufs et les féconde hors de l'eau, sous une feuille émergée. En aquarium, le couvercle en verre offre souvent un substitut pour la reproduction.

Pondeurs sur substrat. □ Corydoras. □ Poissons-chats. □ Cichlidés. □ Quelques Rasboras. □ *Copella arnoldi.* □ Centrarchidés.

Pelvicachromis pulcher femelle

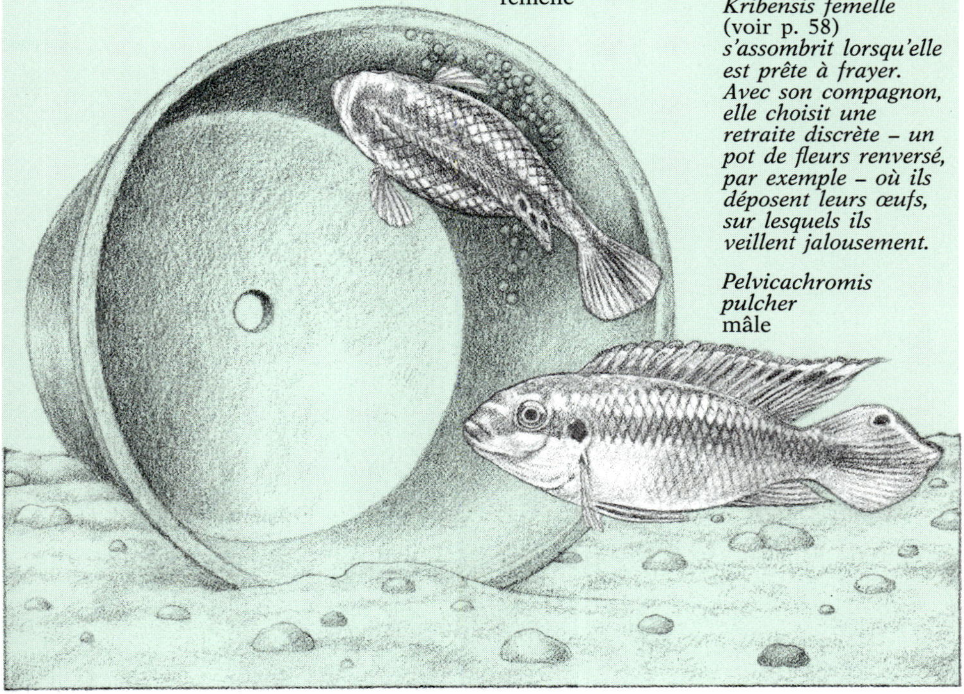

Ils déposent leurs œufs
La coloration du Kribensis femelle (voir p. 58) *s'assombrit lorsqu'elle est prête à frayer. Avec son compagnon, elle choisit une retraite discrète – un pot de fleurs renversé, par exemple – où ils déposent leurs œufs, sur lesquels ils veillent jalousement.*

Pelvicachromis pulcher mâle

POISSONS INCUBATEURS BUCCAUX

Ces poissons gardent les œufs dans leur bouche jusqu'à ce qu'ils éclosent. Souvent, ils portent aussi les alevins de cette façon. Les adultes construisent un nid en creusant un cratère dans le gravier où sont pondus les œufs. La femelle (dans quelques rares cas, le mâle) prend les œufs dans sa bouche et les fait incuber. Chez certaines espèces, la femelle prend les œufs après qu'ils ont été fécondés. Chez d'autres, la fécondation s'effectue au moment même où la femelle s'en empare. La femelle est alors attirée vers le pore abdominal du mâle par une ocelle imitant un œuf située sous sa nageoire anale, et elle absorbe ainsi la laitance du mâle avec les œufs. Durant la période d'incubation (environ deux semaines), la femelle ne prend aucune nourriture.

Poissons incubateurs. □ Quelques Cichlidés. □ Quelques *Betta.*

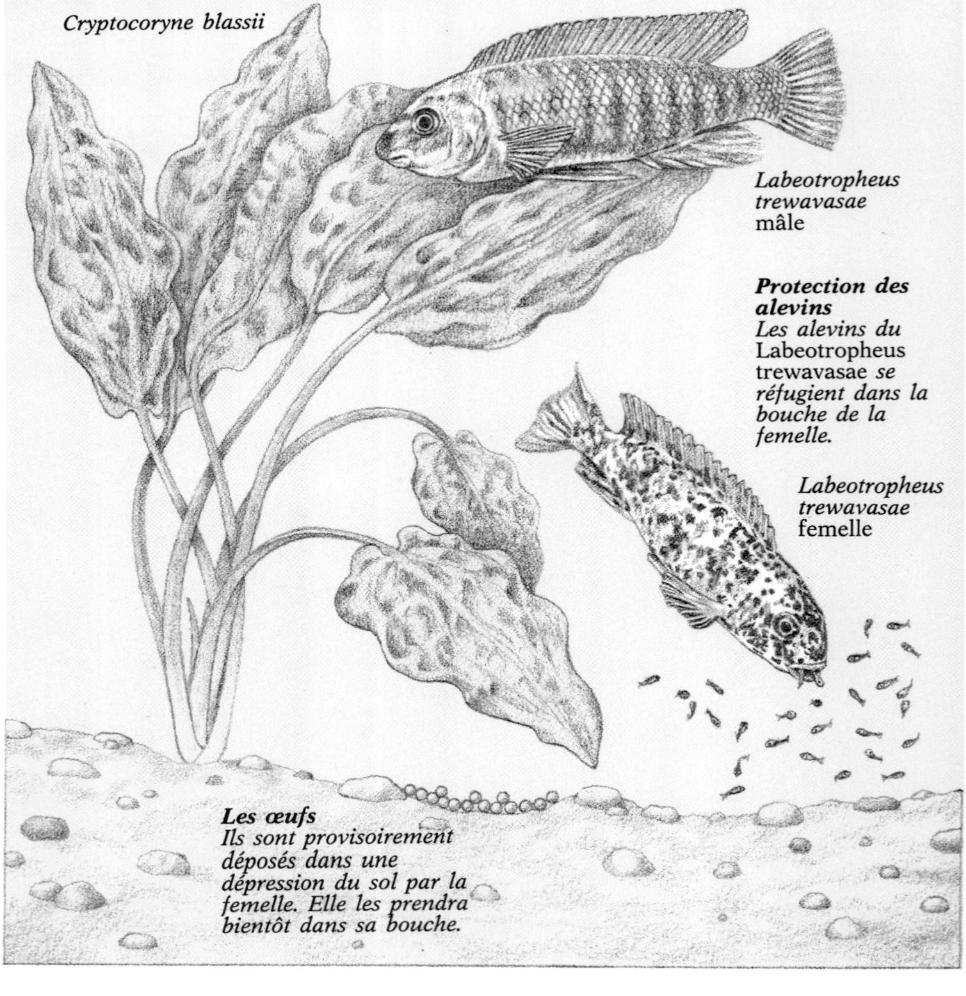

CONSTRUCTEURS DE NIDS

Les œufs fertilisés sont déposés dans un nid et gardés par les adultes jusqu'à l'éclosion. Le nid, constitué de bulles d'air enrobées de mucus salivaire, flotte à la surface ou dans un endroit préparé à cet effet au fond ou sur une feuille. Comme le mâle a tendance à devenir agressif après la ponte, il est préférable de retirer la femelle.

Poissons constructeurs de nids.
☐ *Betta splendens.* ☐ Gouramis. ☐ Des Centrarchidés. ☐ Des Cichlidés. ☐ Des Poissons-chats

Couple de *Colisa lalia*

Après la ponte, *le mâle* Colisa lalia *porte les œufs fécondés dans le nid et les garde farouchement. Retirez la femelle du bac.*

Echinodorus grandiflorus

Vallisneria gigantea

Trichopsis pumilus femelle

Ce couple de Gouramys (voir p. 65) *a construit son nid de bulles sur le revers d'une feuille.*

Trichopsis pumilus mâle

LES VIVIPARES

Les vivipares mettent bas 30 à 200 nouveau-nés en plusieurs fois. Certaines femelles gardent la laitance plusieurs mois, de sorte qu'un seul accouplement peut engendrer plusieurs mises bas.

Vivipares. □ Guppys. □ Platys. □ Porte-épée. □ Mollys. □ Dermogenys.

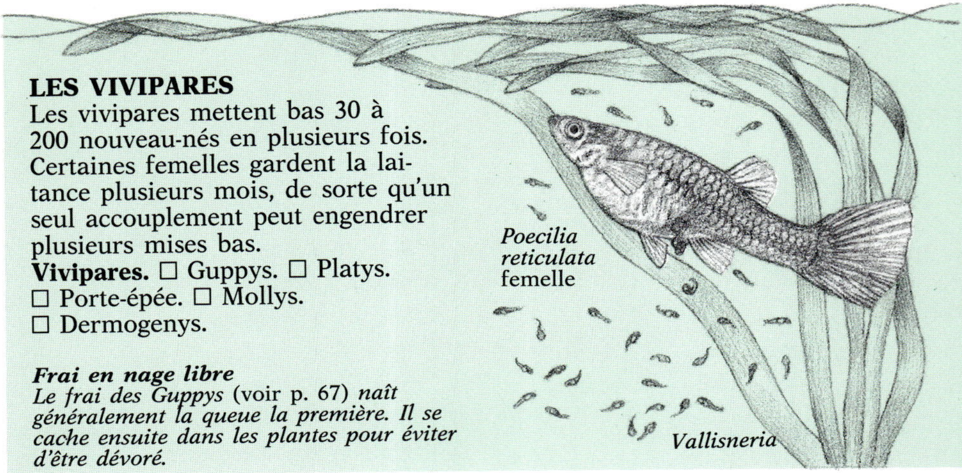

Frai en nage libre
Le frai des Guppys (voir p. 67) *naît généralement la queue la première. Il se cache ensuite dans les plantes pour éviter d'être dévoré.*

LES VIVIPARES

Chez les vivipares, les œufs se développent *à l'intérieur* de la femelle. La nageoire anale du mâle, le gonopode, est modifiée pour introduire la laitance à l'intérieur de la femelle. On distingue les « vivipares », dont l'embryon est nourri dans le sein de la mère, et les « ovovivipares », dont l'embryon se nourrit dans l'œuf.

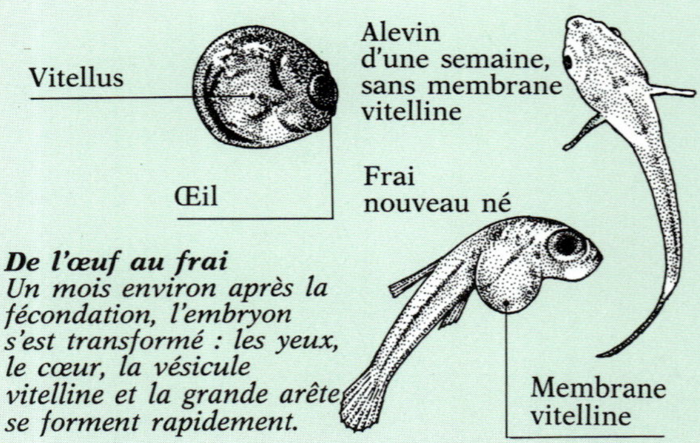

De l'œuf au frai
Un mois environ après la fécondation, l'embryon s'est transformé : les yeux, le cœur, la vésicule vitelline et la grande arête se forment rapidement.

Les organes sexuels
L'anatomie interne et externe diffère selon le sexe. Les œufs sont fécondés et se développent dans l'ovaire de la femelle.

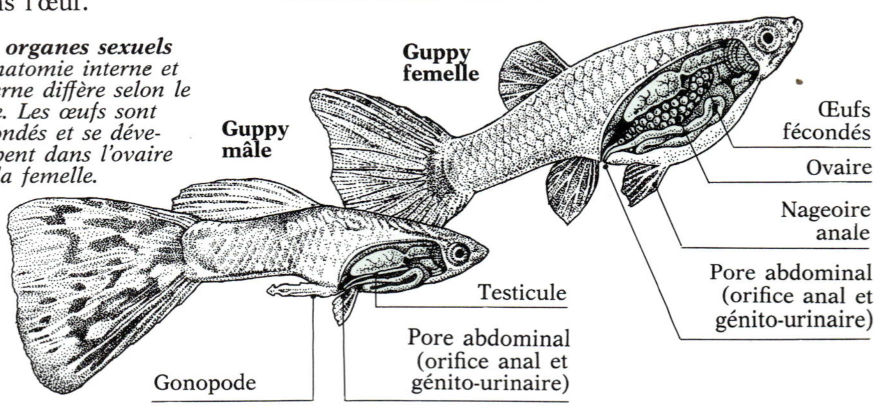

Préparatifs pour la reproduction

Commencez par choisir un mâle et une femelle convenables de l'espèce que vous souhaitez voir se reproduire. Ils doivent être dépourvus de défauts physiques et d'anomalies de coloration, qu'ils risqueraient de transmettre à leur descendance. Ils doivent être tout à fait adultes et en excellente condition. Chez la majorité des espèces ovipares, vous pouvez former les couples. Mais les Cichlidés font exception à la règle : ce sont eux qui choisissent leur partenaire.

Les poissons ovipares
Distinguer les sexes chez les ovipares peut être difficile, car il n'existe pas de différences manifestes comme chez les vivipares. Certaines caractéristiques générales facilitent cependant l'identification des sexes. Les mâles sont souvent plus fins, avec des couleurs plus vives et des nageoires plus longues, tandis que les femelles, vues par en dessous, sont plus grosses, en raison de la réserve d'œufs qu'elles abritent. A l'époque du frai, de petites excroissances blanches, appelées boutons nuptiaux, poussent sur les opercules et sur la tête de certains mâles, comme les Poissons rouges. D'autres espèces changent de couleur. Ainsi, le *Rhodeus sericeus amarus* *(voir p. 93)* passe, à la saison du frai, du gris argenté au violet et vert brillant.

L'observation du comportement des poissons peut aussi vous fournir des indices qui vous permettront de distinguer les sexes. Pourtant, pour les espèces où les couples se choisissent librement, il vous faudra attendre le moment de la ponte pour voir confirmer vos suppositions.

Les poissons vivipares
Déterminer le sexe chez les vivipares est chose facile *(voir ci-contre)*. En outre, pendant la gestation, la femelle grossit, la zone du pore abdominal fonce et, vers la fin, elle devient plus massive.

LE SEXE DES VIVIPARES

Chez la plupart des espèces, la nageoire anale du mâle forme un tube, le gonopode. Chez les femelles, elle est en éventail.

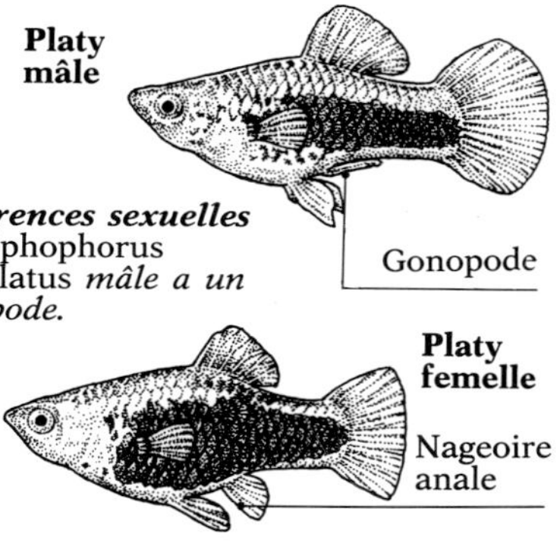

Différences sexuelles
Le Xiphophorus maculatus *mâle a un gonopode.*

Mise en condition du couple
Pour que le frai soit réussi et donne naissance à de nombreux jeunes, il faut que les adultes (surtout s'ils sont ovipares) soient arrivés à maturité. Vous obtiendrez de meilleurs résultats en leur donnant une nourriture de bonne qualité, principalement vivante, et en séparant le couple potentiel pendant deux semaines. Vous pouvez mettre une séparation à l'intérieur de l'aquarium, de sorte que les poissons continuent de se voir. Ce petit tour a tendance à les stimuler en leur faisant anticiper le moment du frai. Au bout d'une quinzaine de jours, retirez simplement la cloison médiane.

Chez les espèces qui choisissent leur propre partenaire, cette séparation préalable n'est pas nécessaire. Mais, avant d'introduire les poissons dans l'aquarium de reproduction, observez-les quelque temps pour voir si deux d'entre eux manifestent un intérêt particulier l'un pour l'autre.

Le frai

Les poissons en liberté ont une période de reproduction bien définie, qui peut durer trois mois et survient généralement après la saison des pluies, alors que la nourriture est abondante. En aquarium, on doit pouvoir amener les couples à se reproduire à toute époque de l'année en leur donnant une bonne alimentation et une température convenable *(voir pp. 248-249).*

Le cycle de reproduction varie d'une espèce à l'autre. Ainsi, s'ils sont bien nourris et placés dans de bonnes conditions, les ovipares en bonne santé *(voir p. 236)* sont prêts à frayer tous les 10 à 14 jours. Chez les vivipares *(voir p. 244),* il faut compter un mois de gestation entre la fécondation et la mise bas, après laquelle la femelle a besoin de quelques jours de repos.

Formation des couples

Si les ovipares ont été préalablement séparés à l'intérieur d'un même bac *(voir p. 245),* il suffit pour réunir le couple d'enlever la cloison. Mais s'ils ont été totalement séparés, il vaut mieux introduire la femelle la première dans le bac de reproduction. Cela lui donne le temps de s'habituer à l'endroit et de trouver des refuges, et cela signifie aussi pour le mâle qu'elle se trouve sur son propre territoire et qu'il doit « lui faire la cour ». Il sera alors moins agressif.

Le frai chez les poissons construisant des nids de bulles

Les préparatifs, chez le *Trichogaster leeri* sont typiques de ceux de la plupart des Anabantidés, avec une « cour » élaborée. Le mâle est l'instigateur des ébats qu'il domine.

Stade 1
Le mâle commence à manifester un intérêt pour la femelle, qu'il entraîne, en tournant autour d'elle, vers le nid de bulles.

Stade 2
Lorsqu'ils sont sous le nid, le mâle entoure de son corps la femelle. Il recouvre de laitance les œufs qui sont évacués et les place dans le nid.

Avec les vivipares, il est très important de n'avoir, en permanence, que des individus de même patron de coloration pour qu'ils ne se reproduisent pas n'importe comment. Les vivipares sont prolifiques et choisissent leur propre partenaire.

Le frai
Le moment du frai doit être surveillé de près, car certains mâles se montrent alors très agressifs. Si la femelle se fait attaquer, retirez-la, séparez le couple ou essayez une autre femelle également préparée. On peut aussi mettre deux ou trois femelles avec un mâle. Les poissons dispersant leurs œufs restent en banc.

Reproduction artificielle
Certains poissons, tels le Poisson rouge et la Carpe Koï, peuvent se reproduire sans jamais se rencontrer. Il est en effet possible d'extraire de façon manuelle les ovules et la laitance.

Il faut pour cela élever progressivement la température de l'eau sur une semaine à dix jours. On peut alors retirer les poissons de l'eau, les poser sur une serviette humide et presser doucement leurs flancs pour extraire ovules et laitance par l'orifice génito-urinaire. On mélange ensuite les deux et on les fait incuber jusqu'à l'éclosion des œufs. C'est une méthode compliquée, que seuls les aquariophiles avertis peuvent mener à bien. Elle offre un double avantage : en sélectionnant les parents, on peut améliorer l'élevage, et, avec une sélection rigoureuse, on peut créer de nouveaux patrons de coloration.

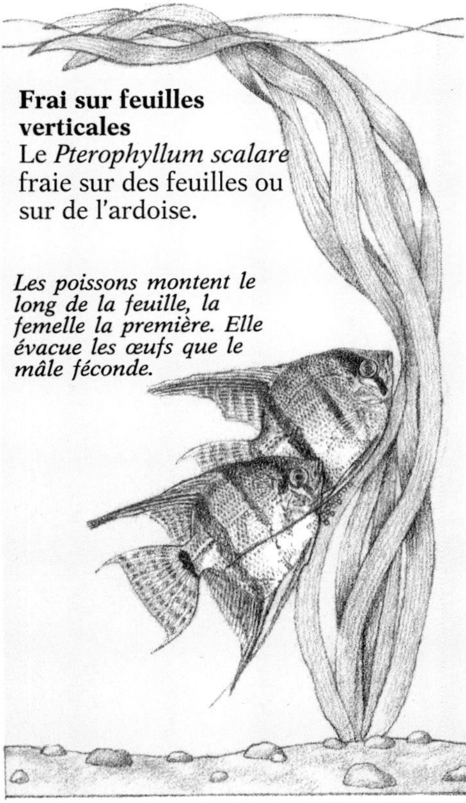

Frai sur feuilles verticales
Le *Pterophyllum scalare* fraie sur des feuilles ou sur de l'ardoise.

Les poissons montent le long de la feuille, la femelle la première. Elle évacue les œufs que le mâle féconde.

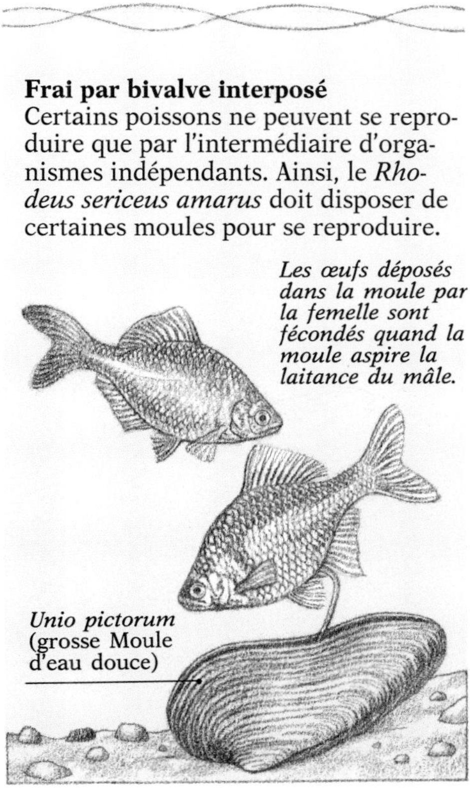

Frai par bivalve interposé
Certains poissons ne peuvent se reproduire que par l'intermédiaire d'organismes indépendants. Ainsi, le *Rhodeus sericeus amarus* doit disposer de certaines moules pour se reproduire.

Les œufs déposés dans la moule par la femelle sont fécondés quand la moule aspire la laitance du mâle.

Unio pictorum (grosse Moule d'eau douce)

L'aquarium de reproduction

Bien que les poissons puissent frayer dans l'aquarium principal, il est préférable d'installer un aquarium de frai. Les poissons aiment jouir d'une certaine intimité, et les alevins auront ainsi de meilleures chances de survivre.

Aménagement de l'aquarium

L'aquarium d'élevage doit être installé à l'avance. Vérifiez que tout est bien au point à l'intérieur du bac : aération, filtration, plantes, chauffage et eau adéquate.

Filtration

Si l'eau doit être d'une propreté absolue le matériel de filtration ne doit pas moins être choisi avec soin. Un flot trop fort, de même que le filtre sous gravier, sont déconseillés, car le courant entraî-

AMÉNAGEMENT DE L'AQUARIUM D'ÉLEVAGE

Il faut tenir compte du comportement amoureux des poissons auxquels le bac de reproduction est destiné. Prenez de la tourbe pour les espèces qui enfouissent leurs œufs. Ceux qui construisent des nids auront besoin de particules végétales pour « cimenter » les bulles. Et ceux qui sont des reproducteurs discrets apprécieront de disposer d'un abri pour pondre. Les dimensions du bac ont une importance : il faut compter 60 à 90 cm de long pour de grands ovipares, alors que 45 cm suffiront pour des vivipares ou pour de petits ovipares.

Bac pour poissons « disperseurs » d'œufs 1re solution
Un filet de nylon replié sur les rebords du bac laissera les œufs tomber au fond de l'aquarium, où ils seront hors d'atteinte. La reproduction peut être assurée par couples ou par bancs.
- Barbus conchonius.
- *Filet de nylon.*

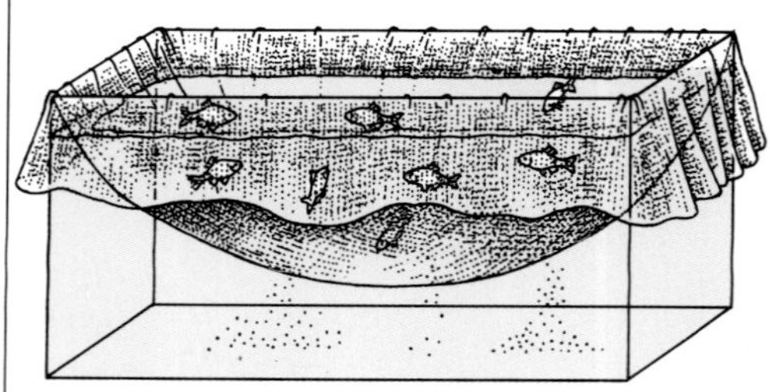

Bac pour poissons « disperseurs » d'œufs 2e solution
Les œufs tomberont entre les billes dont on a recouvert le fond du bac et seront à l'abri de la vivacité des parents.
- Barbus tetrazona.
- *Billes de verre.*

Bac pour poissons « disperseurs » d'œufs 3e solution
Disposez des plantes touffues à fines feuilles dans des plateaux remplis de gravier. Les œufs adhèrent au revers des feuilles, à l'abri des parents.
- Brachydanio rerio.
- Ceratophyllum.
- *Plateau rempli de gravier.*

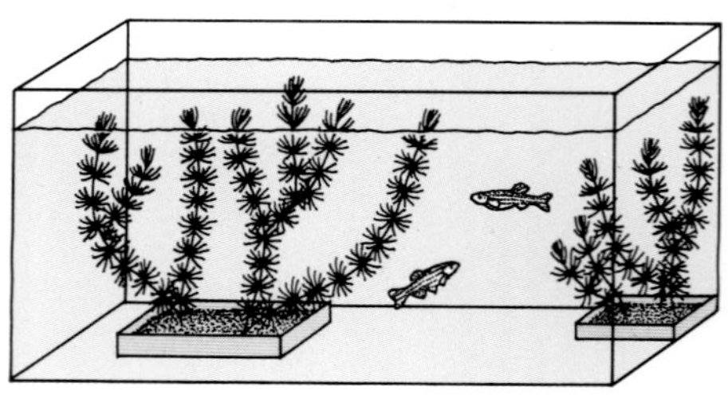

nerait le frai minuscule. Un simple filtre à air avec éponge *(voir p. 125)* est recommandé. Quand les alevins deviennent plus gros, on peut utiliser des filtres intérieurs *(voir p. 126)*.

Aération

Une aération trop forte dans l'aquarium de frai provoquera des turbulences néfastes pour le jeune frai. Il suffit d'installer un diffuseur, qui provoquera un léger courant d'air. Mais l'aération doit augmenter avec la croissance du frai.

Qualité de l'eau

Vous devez pouvoir modifier les conditions à l'intérieur de l'aquarium *(voir p. 147)*, en particulier la température de l'eau. En général, les poissons sont stimulés par une légère augmentation de la température, de 2 degrés environ. La température dans l'aquarium d'élevage doit être la même que dans le bac principal en temps normal, mais il faut l'augmenter progressivement lorsqu'on y introduit les poissons.

Inversement, quelques espèces, comme les Corydoras, peuvent être stimulées si

Bac pour poissons construisant un nid

Les plantes servent à construire le nid.

- Colisa lalia.
- Ceratophyllum.
- Hygrophila.

Les incubateurs buccaux

Disposez une couche de 5 cm de gravier.

- Labeotropheus trewavasae.
- Vallisneria.
- *5 cm de gravier.*

Bac pour pondeurs sur substrat

Installez souches, pots de fleurs et plantes pour le frai.

- Etroplus maculatus.
- Pelvicachromis.
- Pterophyllum scalare.
- Echinodorus.
- Eleocharis.
- Sagittaria.
- Vallisneria.
- *Souches, pots.*
- *Gravier.*

Bac pour poissons enfouissant leurs œufs

Pour ces espèces, recouvrez le fond de l'aquarium d'une couche de 5 cm de tourbe synthétique. Faites bouillir avant emploi pour éliminer les micro-organismes dangereux.

- Nothobranchius rachovi.
- *Tourbe de jardin.*

Bac pour vivipares

Bien qu'il soit possible d'utiliser un bac flottant, il est préférable de mettre le vivipare gravide dans un aquarium garni de plantes. Le frai pourra y trouver refuge.

- Poecilia reticulata.
- Cabomba.
- *Garniture de fond.*

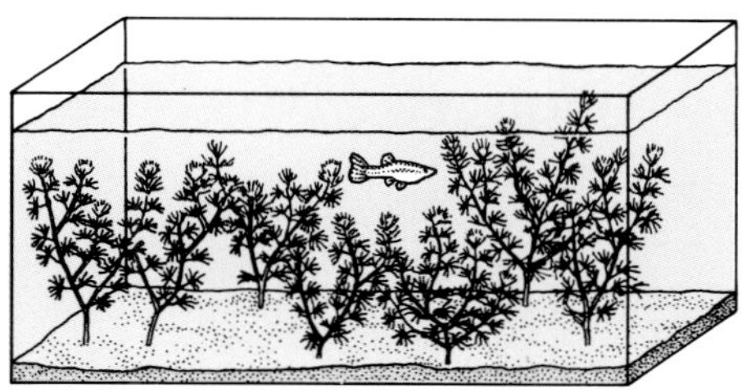

l'on siphonne 2 centimètres d'eau pour la remplacer par de l'eau fraîche.

Les plantes
Placez-les sur un plateau rempli de gravier. Le gravier est inutile dans l'aquarium même.

L'emplacement de l'aquarium d'élevage
Alors que l'aquarium principal doit être installé à l'abri du soleil direct *(voir p. 120)*, un aquarium d'élevage peut recevoir le soleil matinal. Les poissons ne devant pas rester longtemps dans ce bac et le soleil stimulant le frai, vous devez changer temporairement d'habitudes.

Bacs spéciaux flottants pour vivipares
On peut utiliser un bac spécial flottant pour éviter que les vivipares ne dévorent leur frai. Placé à l'intérieur du grand, il retient la femelle, mais les jeunes peuvent s'échapper. Il faut utiliser avec discernement ce bac, car certaines femelles hypersensibles ont tendance à mettre bas prématurément lorsqu'elles sont ainsi « emprisonnées ».

LA FABRICATION DE BUISSONS DE REPRODUCTION

Beaucoup de poissons pondent des œufs adhésifs qui, dans leur habitat naturel, se fixent sur les feuilles de plantes touffues, où ils sont à l'abri des prédateurs. En aquarium, les buissons artificiels servent de substitut. Ils offrent l'avantage de faciliter la récolte et le transfert des œufs *(voir page ci-contre)*.

1 Il vous faut de la laine de nylon, des ciseaux et un carnet ou un bout de carton (6 à 8 cm de large).

2 Faites plusieurs tours autour du carnet et réunissez tous les liens sur un seul fil. Nouez.

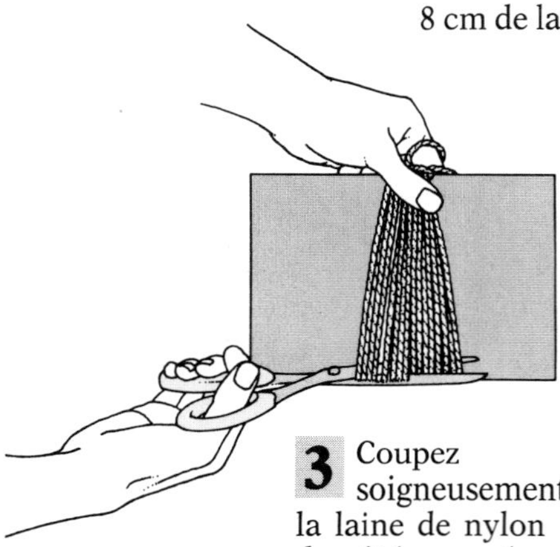

3 Coupez soigneusement la laine de nylon du côté opposé au nœud.

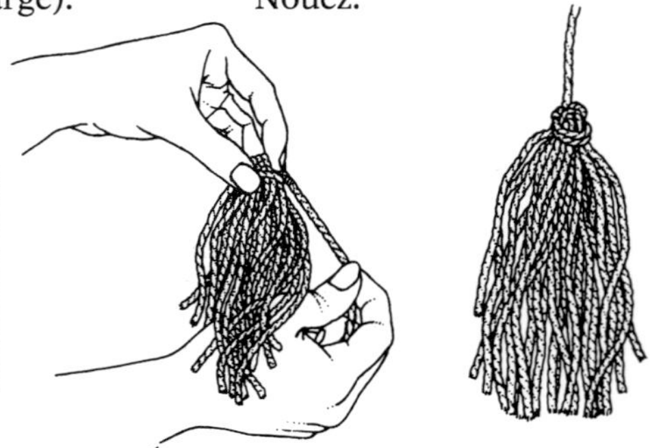

4 Écartez et faites gonfler les bouts de laine. Accrochez votre buisson en le faisant pendre par-dessus le rebord de l'aquarium ou en le fixant sur un morceau de liège.

La naissance des alevins

Beaucoup d'espèces pondent dans l'heure qui suit leur introduction dans l'aquarium. En attendant l'éclosion des œufs ou la naissance des alevins, dans le cas des espèces vivipares, préparez-vous pour pouvoir leur offrir les conditions nécessaires à leur survie.

Après la ponte
Selon les espèces, vous serez amené à retirer du bac l'un ou l'autre des parents, parfois même les deux, pour protéger les œufs ou le frai de leur voracité, ou encore pour éviter à la femelle de subir les assauts brutaux du mâle. Vous devez aussi vous assurer que les conditions favorables à une bonne éclosion soit réunies.

Œufs dispersés
Retirez les adultes après la ponte et tamisez la lumière. Laissez les œufs éclore.

Œufs enfouis
Retirez les adultes après la ponte. Vous pouvez récolter les œufs et les faire éclore de différentes façons *(voir ci-dessous).*

Œufs déposés dans un nid
Retirez la femelle immédiatement après la ponte, car le mâle peut se montrer très agressif. Normalement, il gardera lui-même le nid.

L'ÉCLOSION DES ŒUFS ENFOUIS

Après la ponte, récoltez les œufs. Mettez ceux qui se trouvent sur les buissons artificiels dans un récipient rempli d'eau, et ceux qui sont enfouis dans la tourbe dans un sachet.

Œufs pondus sur buissons
Vous verrez les yeux quand les œufs seront prêts d'éclore. (Ceux représentés ici font cinq fois leur taille normale.)

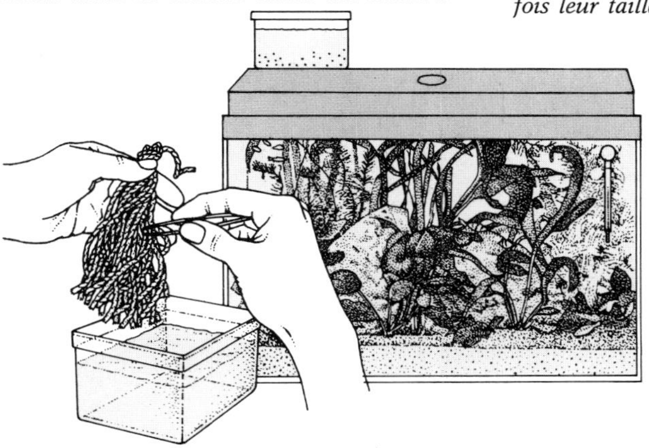

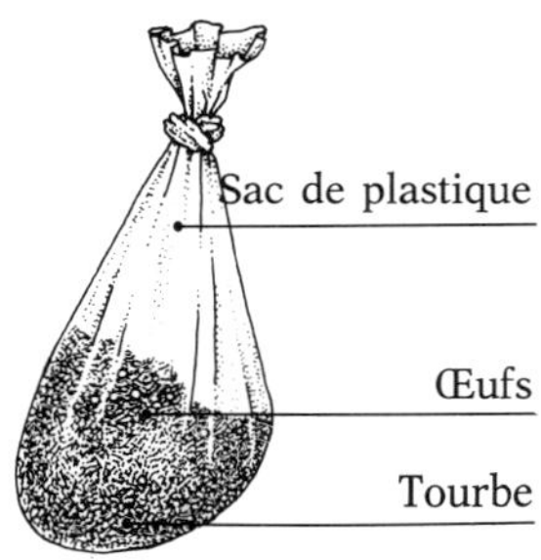

Œufs pondus sur buisson artificiel
Prélevez les œufs à l'aide d'une pince à épiler, puis mettez-les dans un récipient en plastique contenant 2 ou 3 cm d'eau. Ce récipient peut être placé dans l'aquarium, où il flottera jusqu'à l'éclosion du frai (2 à 3 jours).

Œufs enfouis
Enfermez la tourbe et les œufs dans un sac en plastique. Rangez-le dans un endroit chaud. Au bout de 2 à 3 mois, immergez la tourbe pour faire éclore les œufs.

Les Cichlidés
Il n'est pas rare de voir les Cichlidés dévorer leur premier frai. Si cela se reproduit régulièrement, retirez les adultes aussitôt après le frai et faites éclore les œufs artificiellement.

Sinon, laissez les parents prendre soin des œufs. Ne vous inquiétez pas si vous les voyez prendre les œufs dans leur bouche : ils les nettoient puis les remettent en place, ou les changent de lieu. Il s'agit là d'un comportement fréquent.

Les incubateurs buccaux
Après l'éclosion, les jeunes continuent de chercher refuge dans la bouche de la mère, la nuit ou en cas de danger. Malheureusement, la femelle peut avaler les petits lorsque, pour une raison quelconque, elle a peur. Restez donc à proximité du bac après le frai pour que la mère et les jeunes s'habituent à votre présence et n'en soient pas effrayés.

Les vivipares
Après le frai, placez la femelle dans un bac spécialement aménagé garni de plantes, dans lequel vous maintiendrez l'eau à une température de 24 degrés. A un degré inférieur, les embryons se développent plus lentement et la mise bas est retardée. Lorsque la mise bas est imminente, une marque sombre, la tache gravide, apparaît autour de l'orifice génito-urinaire. Accordez à la femelle quelques jours de repos avant de la remettre dans l'aquarium principal, car les mâles risquent de la harceler aussitôt.

Durée de la gestation
Entre la fécondation des œufs et l'éclosion, il s'écoule un intervalle de temps variable selon les espèces. Mais il faut compter, à température normale, 18 à 72 heures après la fécondation pour la majeure partie des espèces disséminant leurs œufs ou construisant un nid.

Le jeune frai adhère aux parois de l'aquarium ou reste suspendu sous le nid de bulles comme des éclats de verre. Mais il ne nagera pas tant que le contenu de la réserve vitelline n'aura pas été résorbé, ce qui prend encore un jour ou deux.

Il faudra compter à peu près le même intervalle de temps pour les espèces déposant leurs œufs, mais le frai mettra encore une semaine à dix jours avant de nager librement.

En général, on ne voit pas le frai des reproducteurs discrets avant qu'il ne nage librement dans le bac. Il peut s'écouler deux semaines, pour les incubateurs buccaux, entre la fécondation et le moment où les jeunes sortent de la bouche de leur mère.

Selon les espèces, les œufs des Killies peuvent mettre jusqu'à trois mois pour éclore. Comme les œufs se conservent longtemps, vous avez la possibilité de programmer l'éclosion. Ainsi, certains éleveurs espacent les éclosions pour ne pas avoir à prendre soin d'un frai trop nombreux, ou prévoient l'éclosion en fonction d'un concours *(voir p. 266).*

CONSEILS D'ÉLEVAGE

- Vérifiez que le couple parental n'a aucun défaut physique.
- Veillez à ce que la température et les objets présents dans le bac d'élevage conviennent à l'espèce concernée.
- Ne transférez jamais des poissons dans un bac de reproduction sans les y avoir lentement préparés au préalable.
- Ne dérangez pas les poissons en train de frayer.
- Protégez les œufs et le frai contre les parents voraces.
- Veillez à sélectionner des poissons de coloration identique.
- Vérifiez régulièrement le filtre : les œufs fécondés peuvent s'y trouver entraînés et y éclore.

L'élevage des alevins

Les premiers jours de vie sont les plus critiques. Dès que vous êtes arrivé à nourrir les alevins *(voir p. 209)*, ceux-ci ont une bonne chance de survivre. Mais n'espérez pas les conserver tous : il est d'ailleurs préférable d'élever quelques alevins de qualité plutôt qu'un grand nombre de sujets chétifs. Lorsque les alevins sont assez gros, mettez-les dans l'aquarium communautaire.

L'éclairage

Si vous laissez en permanence la lumière dans l'aquarium, le frai bougera et se nourrira sans arrêt. Il grandira ainsi plus vite. Cependant, l'éclairage ne doit pas être trop puissant : une ampoule de 25 watts suffira.

Le sexe des alevins vivipares

Repérez *(voir p. 243)* et séparez le plus tôt possible mâles et femelles vivipares. En cas de doute, placez le poisson dans le bac des mâles, pour ne pas courir le risque de voir vos projets de reproduction bouleversés.

Soins spéciaux pour Gouramis

Le frai des Gouramis est sensible aux courants d'air. Une serviette posée sur la galerie de l'aquarium empêchera l'air froid de pénétrer.

Prenez des notes

Consignez toujours par écrit vos diverses expériences de reproduction des poissons, surtout pour les espèces réputées difficiles. Vous pourrez communiquer votre méthode à d'autres aquariophiles.

Surveiller le frai
Comme beaucoup de Cichlidés, ce couple de Kribensis (voir p. 58) *manifeste un intérêt irréprochable pour ses petits.*

9

EXPOSITIONS ET CONCOURS

Il peut sembler curieux que des gens puissent retirer des poissons de leur aquarium soigneusement arrangé et entretenu, puis les enfermer dans des boîtes isolantes pour les promener à travers le pays et les mettre dans de petits bacs vides, seulement pour s'entendre dire combien ils sont beaux. Le profit qu'ils en tirent est nul, puisqu'un poisson primé ne peut impliquer la hausse du prix de l'espèce, comme cela pourrait se faire pour un chat, un chien ou un cheval. Mais les expositions vous donneront le plaisir de montrer ce qui constitue pour vous une source de fierté et de joie, et vous procureront l'occasion de voir des espèces rares ou impossibles à élever chez vous. En outre, rencontrer d'autres aquariophiles passionnés, échanger avec eux conseils et points de vue vous sera hautement bénéfique.

Qu'est-ce qu'une exposition ?

L'importance des expositions ou des concours et leur organisation varient, comme nous l'indiquons ci-dessous. Mais certains traits fondamentaux sont communs à tous les concours ou expositions : les participants arrivent avec leurs poissons, les mettent dans de petits bacs totalement nus ; des juges qualifiés en aquariophilie évaluent les mérites des candidats en fonction des normes nationales, puis désignent les gagnants. Pour les concours, on partage les poissons en groupes, en fonction de leurs familles d'origine : il y a ainsi des catégories distinctes pour les Killies ou les Cichlidés. Le groupe des Poissons rouges se partage en sous-groupes, comme ceux à queue simple ou à queue double. Le nombre de classes dépend de l'importance du concours. Un premier prix, un deuxième et un troisième sont décernés dans chaque catégorie.

L'attribution des prix

Dans la plupart des concours, on demande aux participants et au public de quitter la salle pendant les délibérations. Il y a, dans chaque catégorie, un juge particulier, mais les juges peuvent délibérer ensemble. Le juge étudie les

L'ORGANISATION DES CONCOURS

L'organisation des concours et des expositions diffère selon leur nature et les pays où ils sont organisés. Ainsi, en Grande-Bretagne, il y a des groupes pour « Portées », « Plantes » et « Décoration d'aquariums », tels que ceux illustrés ci-dessous.

Une bonne façon de se préparer à un concours ou à une exposition est de présenter ses plus beaux spécimens lors des assemblées organisées par la société d'aquariophilie dont vous êtes membre.

Les concours ouverts

Ces expositions ouvertes, auxquelles tout le monde, membre ou non d'une société, peut participer, durent la journée. Elles sont souvent considérées comme le grand événement de l'année par les sociétés qui les organisent. En plus des classes individuelles, les concours ouverts comprennent parfois une exposition de décoration d'aquarium, ainsi que des groupes pour couples, pour portées, pour élevage et plantes aquatiques.

Les différents groupes

Outre la catégorie pour seuls poissons d'aquarium, beaucoup de concours comportent d'autres groupes où l'on peut s'inscrire. Ceux des plantes aquatiques ou de la décoration d'aquarium sont particulièrement populaires en Europe.

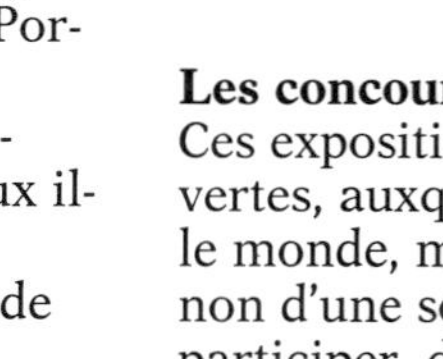

Les individus

Les groupes sont fonction des espèces, et les candidats sont montrés seuls.

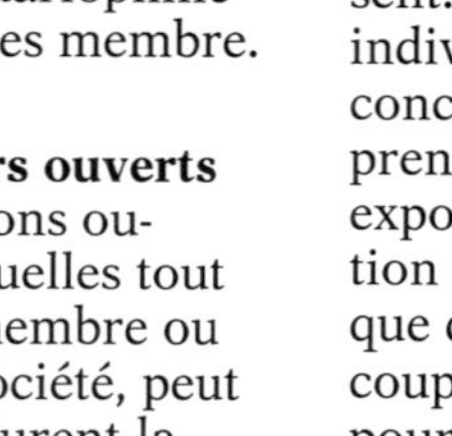

Les couples

Un couple harmonieux d'une même espèce est exposé.

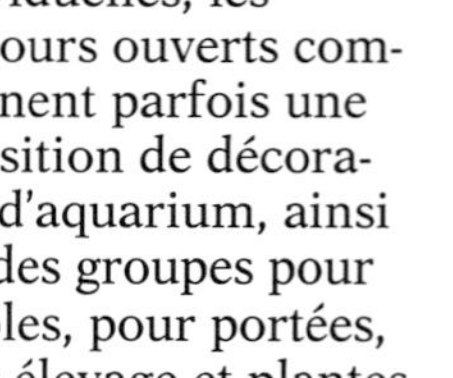

Les portées

On présente quatre ou six candidats de moins de 14 mois et provenant d'une même portée.

mérites de tous les candidats inscrits dans un groupe donné et attribue à chacun une note sur une feuille officielle en fonction des normes spécifiques reconnues et *non* des qualités des autres candidats.

Après l'annonce des résultats, les gagnants de chaque classe peuvent concourir pour le titre de « Meilleur candidat » *(voir p. 259)*. Celui qui emporte cette ultime distinction a généralement fait l'objet d'une décision commune de la part des juges.

Les organisateurs
Les concours et les expositions sont organisés par les sociétés d'aquariophilie et annoncés dans les revues spécialisées. Les concours ont lieu pendant le week-end et durent une journée. Les inscrits arrivent avant midi et les résultats sont prononcés en fin d'après-midi.

Certaines grandes expositions internationales, comme celles organisées par exemple par l'Association française des cichlidophiles, peuvent durer d'une quinzaine de jours à trois mois. A l'occasion de ces grandes manifestations, on organise des conférences et des séances de projection de films ou de diapositives. Les poissons ne sont pas alors soumis à jugement mais exposés puis vendus. Ces Bourses aux poissons sont l'occasion pour l'amateur de se procurer des spécimens rares que l'on ne trouve habituellement pas chez les détaillants.

Les expositions
Les plus grandes manifestations sont des expositions organisées par des associations qui ont une ampleur nationale, et même internationale, parfois avec le soutien d'une revue spécialisée. Elles ont lieu pendant le week-end et sont ouvertes à tous les membres affiliés. Elles comportent les mêmes types de groupes que les concours ouverts, mais les inscrits se comptent par centaines.
D'autres expositions, organisées par un club spécialisé, comme le Killi Club de France, par exemple, comprennent un plus grand nombre de groupes. On jugera ainsi d'espèces diverses comme les Grands Aphyosemion, les Petits Aphyosemion, les Nothobranchius, les annuels sud-américains et autres Rivulus.

Les plantes d'aquarium
Chaque inscrit est un spécimen unique, planté dans un pot, telle une bouture ou une plante flottante.

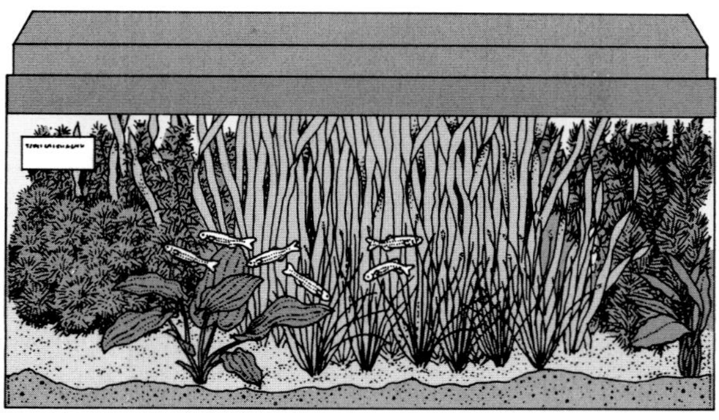

Décoration d'aquarium
Seul ce groupe comprend la totalité de l'aménagement de l'aquarium. Poissons et plantes, sains et compatibles, sont présentés ensemble.

Qu'est-ce qu'un beau poisson ?

Évaluer les mérites d'un poisson peut paraître une démarche très subjective : un poisson peut sembler superbe à l'un et quelconque à l'autre. Comment procède-t-on à une estimation correcte ? En ce qui concerne les expositions, les organismes nationaux ont résolu le problème en établissant des standards en fonction desquels le juge évalue chaque candidat. Ces juges suivent des cours de formation assurés sous l'égide des organismes spécialisés, et ils gravissent tous les échelons, depuis les petits concours des sociétés locales, avant de pouvoir participer aux grandes expositions nationales.

Le système d'évaluation
Un système très répandu consiste à attribuer à chaque candidat dans la catégorie individuelle un total théorique de 100 points. Ce total se divise, en principe, en cinq groupes de 20, chaque note concernant une « qualité » spécifique que doit considérer le juge. Il s'agit d'un certain nombre de caractéristiques qui doivent être prises en compte, comme la taille, la forme du corps, les nageoires, la coloration, l'état, le comportement, et, parfois, la compatibilité pour les couples.

Comment juge-t-on de la taille ?
+ Des points, 20 points maximum, sont attribués en fonction de la taille du candidat comparée à une taille maximale considérée comme la norme.
+ On attribue des points, augmentant de plus en plus à mesure que l'on approche de la taille adulte maximale. Il s'agit en fait de récompenser celui qui a su faire en sorte que son poisson se développe au maximum, puisque obtenir un poisson qui atteint la moitié de sa taille est à la portée de tous.

Comment juge-t-on du corps ?
+ On attribue des points pour la forme d'un corps qui se rapproche de celle considérée comme normale pour telle espèce.
— On retire des points si le corps est déformé ou mal proportionné.
— On retire des points pour tout écart par rapport aux normes requises pour tel poisson. Par exemple, l'absence de barbillons autour de la bouche d'un Barbus de Schwanenfeld.

Comment juge-t-on les nageoires ?
— On retire des points s'il manque des nageoires. Il peut arriver que des poissons naissent dépourvus de nageoires pelviennes et, curieusement, beaucoup ne le remarquent pas (chez certaines espèces, elles sont naturellement absentes).
— On retire des points si les nageoires ne sont pas en bon état (fendues ou effilochées, par exemple).
— On retire des points pour toute déviation par rapport à la norme. Ainsi, chez certaines variétés d'élevage comme le Queue-de-voile ou le Combattant, les nageoires doivent être disposées d'une manière précise, ou respecter entre elles ou par rapport au corps certaines proportions.
— On retire des points si les nageoires filamenteuses sont recourbées ou se ramifient.

Comment juge-t-on de la couleur ?
— On retire des points si la coloration du poisson s'éloigne de celle existant dans la nature, ou des normes établies pour les variétés élevées en aquarium.
— On retire des points quand la coloration est terne et mal répartie. Si la coloration doit s'étendre du corps vers les nageoires, celles-ci ne doivent pas présenter de décoloration.
— On retire des points si le patron de coloration, chez les poissons d'élevage, n'est pas net ou si les couleurs voisines, qui devraient être juxtaposées, bavent et se mélangent.

— On retire des points quand les couleurs ont été intensifiées non par les seuls soins de l'aquariophile et une nourriture vivante nutritive, mais artificiellement, à l'aide d'aliments enrichis d'hormones spéciales.

Comment juge-t-on de l'état du poisson ?
— On retire un grand nombre de points ou le poisson est disqualifié quand il est malade. Le juge signifie alors sa décision par écrit.
— On retire des points s'il s'agit d'une femelle vivipare en état de gestation avancée ou si elle met bas pendant l'exposition.

Comment juge-t-on du comportement ?
+ On attribue des points supplémentaires si les poissons se comportent naturellement et sans manifester de crainte.
— On retire des points si le poisson, au lieu de nager librement au milieu de l'aquarium, a l'air maussade ou s'il se tapit dans un coin. Si le poisson ne se montre pas lui-même devant le juge, comment celui-ci est-il censé s'en faire une idée ?
— On retire des points quand le poisson ne se comporte pas selon ses dispositions naturelles. Par exemple, le juge n'attend pas d'un fouilleur de fond qu'il fasse des cabrioles dans les hauteurs, ou d'un poisson de surface qu'il aille s'aplatir sur le fond.

Autres critères
Dans certaines classes, d'autres caractéristiques peuvent influencer la note :
- La taille peut ne pas intervenir pour les Poissons rouges, pour être remplacée par certaines « caractéristiques » qui cernent de plus près les différences entre les variétés.
- Dans la catégorie « Couples », une certaine harmonie entre le mâle et la femelle est exigée.
- Dans la catégorie « Portées », des points sont attribués pour les « efforts et difficultés », la « taille par rapport à l'âge » et l'« harmonie », ainsi que pour la « coloration » et l'« état et le comportement ».
- Une notation différente est évidemment appliquée dans les classes de plantes d'aquarium et de décoration, tenant compte des facteurs propres aux « candidats ».

Comment juge-t-on les plantes ?
Le système de notation utilisé pour juger les plantes est basé sur un maximum de 100 points divisés en cinq fois 20 points, attribués en fonction de la taille, de la couleur, des feuilles, de la difficulté et de l'état.

Comment juge-t-on de l'aménagement d'un aquarium ?
Plantes et poissons entrant dans cette classe doivent provenir du même secteur géographique. Les poissons ne comptent que pour le cinquième de la note (20 maximum). Les plantes sont aussi notées sur 20, les roches et le gravier également. Les 2/5 restants sont attribués au décor et à la technique.

Comment désigner le « meilleur candidat » du concours ?
Lorsque tous les candidats ont comparu devant le juge, une seconde sélection intervient pour désigner, entre les vainqueurs de la catégorie individuelle, le plus beau poisson du concours. Celui-ci ne sera pas nécessairement celui qui aura totalisé le plus grand nombre de points, car les juges ne notent pas tous de la même façon. Chaque juge présente donc ses choix pour le prix. Puis, en votant et en discutant, les juges éliminent un à un les candidats, jusqu'à ce qu'ils se soient mis d'accord sur un seul poisson, qui reçoit donc le prix final.

Peut-être ne serez-vous pas d'accord vous-même avec le choix des juges. Mais il faut tenir compte du fait que, depuis leur présentation devant eux, les poissons ont pu changer – en bien ou en mal...

UN MAUVAIS CANDIDAT

Rares sont les exposants sérieux qui songeraient à faire participer à un concours le malheureux spécimen ci-dessous. Il est présenté ici dans le but d'illustrer, à lui seul, toute une série de défauts courants qui vont jouer contre lui. Ce poisson échoue dans les cinq catégories : taille, corps, nageoires, couleur, état et comportement. En général, les poissons présentent quelques défauts dans l'une ou l'autre catégorie, et celui qui remporte le maximum de points dans chacune, comme le spécimen ci-contre, est extrêmement rare. Les gagnants totalisent le plus souvent entre 70 et 85 points.

Ne faites *jamais* concourir un poisson malade. Ne faites pas participer non plus un vivipare en état de gestation avancée : il risquerait de mettre bas prématurément.

POINTS OBTENUS :
56 (sur 100)

- **Taille : 13 points** (sur 20). Avec 75 mm, ce poisson n'atteint pas la taille normale.
- **Corps : 10 points** (sur 20). La forme du poisson n'est pas conforme aux normes requises : la tête est relevée, avec un profil irrégulier.
- **Nageoires : 10 points** (sur 20). Les nageoires ne sont pas conformes aux normes requises : les nageoires pelviennes sont recourbées, la caudale est fendue, et il manque les filaments d'extension.
- **Coloration : 13 points** (sur 20). Le poisson est trop pâle, les raies sombres n'ont pas un bord net.
- **État et comportement : 10 points** (sur 20). Le poisson est en mauvais état : les écailles sont endommagées, le corps a l'air trop mince et les nageoires ne sont pas droites.

Mauvais spécimen de *Pterophyllum scalare* (Scalaire)

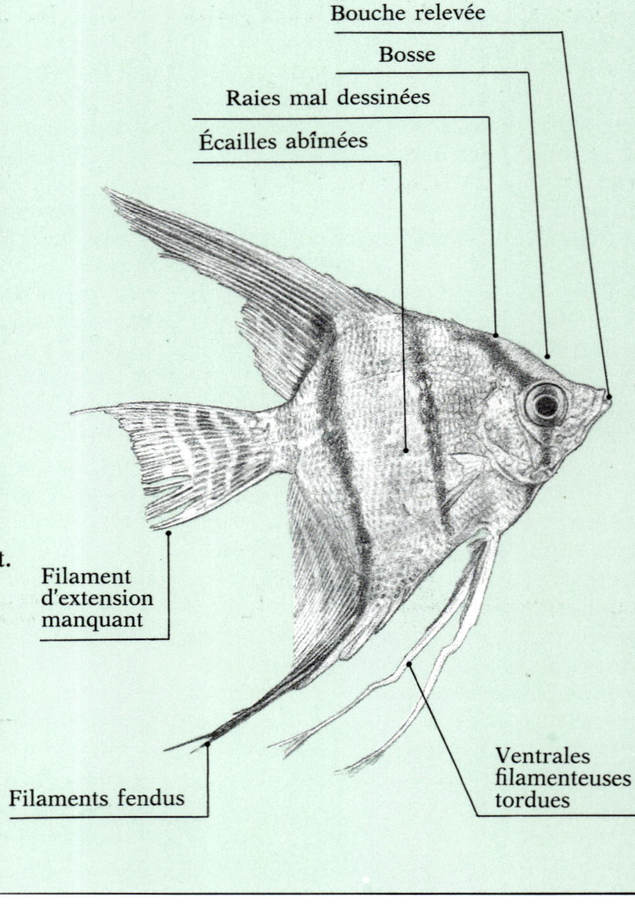

LE CANDIDAT IDÉAL

Le candidat idéal est rare, même si les exposants se vantent d'en posséder des quantités chez eux. Le poisson idéal doit avoir atteint son plein développement, avec de belles nageoires intactes et une bonne coloration. Il doit être vigoureux et en bonne santé, se montrer en confiance les jours de concours et dominer les autres concurrents.

Choisissez dès le départ un bon spécimen. Donnez-lui une alimentation complète et variée, comprenant une nourriture vivante. L'aquarium, bien sûr, doit être parfaitement entretenu.

Un *Pterophyllum scalare* (Scalaire) idéal

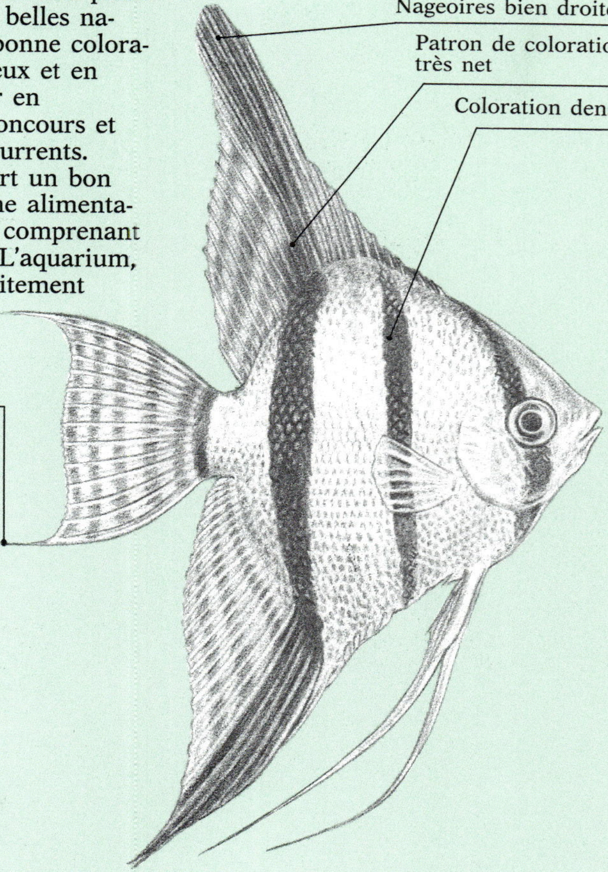

POINTS OBTENUS : 100 (sur 100)

- **Taille : 20 points** (sur 20). Avec ses 110 mm, ce spécimen a atteint sa taille maximale.
- **Corps : 20 points** (sur 20). Ce poisson a une forme parfaite. Ses courbes sont bien pleines et son profil sans défaut.
- **Nageoires : 20 points** (sur 20). Les nageoires sont conformes aux normes ; elles sont bien écartées et les pelviennes sont en parfait état. De plus, ce poisson a de magnifiques extensions à la caudale. L'état impeccable des nageoires semble prouver qu'il a été attrapé à l'aide d'un sac en plastique et non d'une épuisette *(voir p. 215).*
- **Coloration : 20 points** (sur 20). La couleur est conforme aux normes : les raies sont bien noires, avec une bordure qui se détache bien sur le corps argenté du poisson. Le dessin se prolonge sur les nageoires.
- **État et comportement : 20 points** (sur 20). Ce poisson est en bonne santé et son comportement est tout à fait normal. Devant le juge, il s'est montré sans crainte et sans aucune variation de couleurs.

Comment participer à une exposition ?

Pour participer à un concours, inscrivez-vous dans une société d'aquariophilie et demandez les formulaires d'inscription. Lisez le règlement et prenez note de toutes les démarches à entreprendre. Vous devez faire votre demande en temps voulu, la plupart des organisateurs refusant les inscriptions au-delà d'un certain délai, qui se situe souvent plusieurs semaines avant la date de la manifestation. Ensuite, il vous faudra acheminer vos poissons sains et saufs jusqu'au lieu du concours pour les montrer en ayant toutes les chances de récolter des points.

Le choix du candidat

Le bon candidat doit être, bien entendu, en bon état et de bonne taille. Il faut donc qu'il ait été bien nourri et soigné. Nombre d'aquariophiles isolent leurs spécimens afin de les garder en bon état et de les mettre à l'abri du tohu-bohu de la vie communautaire.

Croyant à tort que les gros poissons obtiennent plus de points, certains exposants inscrivent des femelles vivipares gravides. Or le stress provoqué par le transport et l'enfermement dans un petit bac peut amener une mise bas prématurée.

QUELQUES CONSEILS

Voici quelques bons trucs, parfaitement recommandables, que les exposants expérimentés utilisent pour mettre toutes les chances du côté de leur candidat :

• Pour ne pas abîmer un poisson lorsque vous voulez l'attraper, servez-vous d'un sac en plastique transparent plutôt que d'une épuisette. Il est invisible sous l'eau et n'abîmera nullement les écailles, les pelviennes ou les barbillons du poisson. Beaucoup utilisent également des bocaux ou des bouteilles d'eau minérale en plastique tronquées.

• Pour habituer le candidat à la foule qui passe et repasse en le regardant, donnez-lui des « cours », en le plaçant dans un bac vide que vous mettrez dans un lieu de passage.

• Les couleurs d'un poisson dépendent de son état. Essayez donc d'arriver en avance sur les lieux pour qu'il ait tout le temps de s'habituer et de retrouver ses couleurs avant le passage du juge.

• Un poisson doit être présenté dans l'eau à laquelle il est habitué. Emportez donc avec vous une réserve d'eau d'aquarium que vous mettrez dans le bac d'exposition.

• La qualité de l'eau influera sur la coloration du poisson : une pincée de sel dans l'eau du bac permet souvent d'intensifier ses couleurs.

• La température de l'eau modifie le comportement de l'occupant ; vous pouvez l'introduire dans une eau de un ou deux degrés plus chaude qu'à l'ordinaire pour le faire paraître à son avantage.

• Pour encourager un mâle à « se montrer », on peut présenter deux femelles avec lui. Il passera son temps à essayer de les impressionner... et impressionnera peut-être le juge par la même occasion.

Le transport des candidats

Un concours peut souvent impliquer un long trajet. Si vous emportez avec vous des candidats, il vous faut donc mettre au point un système pour les transporter avec un minimum de risques et de conséquences désagréables. Un petit bac ou un seau peut faire l'affaire, à défaut d'une boîte spéciale *(voir p. 29)*.

Les espèces tropicales risquent de prendre froid ; vérifiez bien que le bac utilisé pour le voyage est bien isolé. Beaucoup d'organisateurs mettent de l'eau chaude à la disposition des exposants, ce qui vous permettra d'en ajouter dès l'arrivée pour réchauffer le contenu du bac après le voyage.

Pour transporter un gros poisson, un seau en plastique muni d'un couvercle conviendra parfaitement. Si le trajet dure plus d'une demi-heure, soulevez le couvercle de temps à autre pour aérer et vérifier l'état du passager.

Méthodes de transport
Un candidat au concours s'attrape délicatement, à l'aide d'un sac en plastique et non d'une épuisette.

Aménagement de l'aquarium

Lorsque vous êtes parvenu à bon port, vous devez introduire le poisson dans le bac d'exposition. Transférez-le *avec* l'eau du seau, puis rajoutez-en si nécessaire. Un bac d'exposition doit être complètement vide ; plantes et éléments de décor ne sont autorisés que si vous faites partie de la catégorie « décoration d'aquarium » ou « plantes d'aquarium ».

Gravier et substituts du gravier

Certains règlements autorisent la présence de gravier au fond de l'aquarium d'exposition, mais c'est à vérifier. Avant d'ajouter du gravier, informez-vous. Les organisateurs s'y opposent en particulier parce que les exposants ont la malheureuse habitude de boucher les écoulements en vidant, après le concours, l'intérieur de l'aquarium... sans discernement.

Si vous n'êtes pas autorisé à mettre du gravier, n'oubliez pas d'ajouter un fond sombre, car les poissons ne sont pas à leur avantage sur fond clair. Le mieux, dans ce cas, est de placer le bac sur une feuille sombre qui se verra à travers la vitre. Une feuille de plastique noir, découpée à la taille de l'aquarium, fera l'affaire. Ce petit truc aura également pour avantage d'éviter que la lumière ne se reflète sur le fond de l'aquarium, ce qui donne un côté délavé au poisson.

L'alimentation

Comme les concours ne durent en principe qu'un jour, vous n'aurez pas de problème d'alimentation pour le poisson. Mais un petit jeûne ne leur fera pas de mal le cas échéant. De même, si les festivités s'étalent sur plusieurs jours, il est préférable de ne rien leur donner, ne serait-ce que pour ne pas polluer l'eau du bac.

FIRST

10

LA PHOTOGRAPHIE D'AQUARIUM

Si vous avez un appareil photo approprié et si vous savez vous en servir, vous pouvez l'utiliser pour photographier les poissons. Votre appareil sera très utile pour « tirer le portrait » des poissons intéressants, pour prendre des séries de photos de leur croissance et vous souvenir de l'aménagement de votre aquarium. Vous pouvez aussi enregistrer d'autres aspects du comportement de vos poissons, comme la période du frai.

L'appareil et les objectifs

L'appareil photo le mieux adapté pour photographier les poissons est le reflex 24 × 36 (SLR), pour plusieurs raisons :

- Il vous permet de voir à travers le viseur ce qui apparaîtra directement sur la pellicule.
- Il peut recevoir d'autres objectifs, et vous permettre ainsi d'adapter un téléobjectif pour faire des gros plans.
- Il peut être synchronisé avec un flash électronique *(voir p. 270)*.

La première de ces possibilités est certainement la plus importante. Si vous voulez photographier un aquarium sans prendre aussi le reste de la pièce, le genre reflex, qui vous permet de voir le sujet à travers l'objectif, est indispensable. Un appareil avec un viseur séparé ne vous donnera pas de bons résultats. En effet, ce que vous voyez à travers le viseur ne correspond pas exactement à ce que voit l'objectif, et ce décalage prend d'autant plus d'importance que vous vous rapprochez du sujet. Cet effet est appelé « l'erreur de parallaxe » *(voir ci-dessous)* et provient uniquement de ce que vous regardez dans le cadre du viseur. Ainsi, une photo dans laquelle vous croyez avoir pris vos Guppys préférés peut ne vous montrer que leur queue.

LES APPAREILS ET LA PARALLAXE

Un appareil avec un viseur séparé peut donner des résultats satisfaisants à partir de 1,5 m. A des distances plus réduites, l'image que vous voyez dans le viseur est légèrement différente de celle que reçoit l'objectif et qui est enregistrée sur la pellicule.

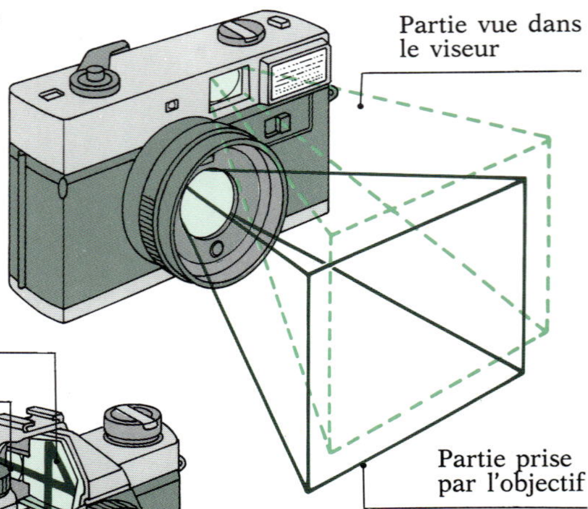

Appareil compact à viseur à cadre
Vous pouvez photographier les grands poissons avec ce type d'appareil et prendre aussi des photos de l'aquarium entier. Mais il est inutilisable pour faire des gros plans.

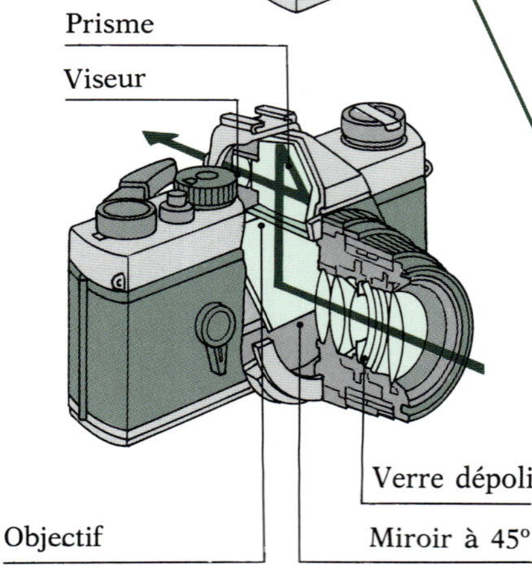

Appareil reflex
Ce genre d'appareil est idéal pour photographier les poissons : il vous permet de voir exactement ce que voit l'objectif ; il reçoit des objectifs supplémentaires pour les gros plans et il est synchronisé avec un flash électronique.

Le support de l'appareil
Si vous ne pouvez pas tenir votre appareil immobile pendant l'exposition, votre photographie sera floue. Pour éviter les problèmes de flou, votre appareil ne devra pas être trop lourd ni trop embarrassant à porter. Le mieux est de le poser sur un trépied ou un support solide de manière à éviter les vibrations. Mais ce n'est pas toujours possible. Une solution de remplacement : posez l'appareil sur un objet proche, comme une table ou un dossier de chaise, en le protégeant d'une chute éventuelle.

Les objectifs
Si vous voulez photographier des poissons comme les grands Barbus ou les Cichlidés (15 cm ou plus), l'objectif standard de 50 mm fourni avec l'appareil conviendra. Mais pour obtenir de bonnes vues des petits spécimens comme les Tétras ou les Rasboras, et pour faire des gros plans, vous aurez besoin d'un téléobjectif ou de tubes-allonges *(voir ci-dessous)*. On peut utiliser aussi des lentilles additionnelles *(voir p. 268)* qui, placées sur l'objectif, augmentent les dimensions de l'image.

Les zooms
Ces objectifs à distance focale variable vous aideront à composer vos photos rapidement et sûrement : ils sont idéals pour des sujets en mouvement comme les poissons. Vous trouverez des zooms très utiles de 100-200 mm ou 135-250 mm.

LES OBJECTIFS

Tubes-allonges
Ces tubes, habituellement vendus par trois, sont insérés, individuellement ou combinés entre eux, entre le boîtier de l'appareil et l'objectif. C'est un moyen bon marché pour faire des gros plans. La qualité sera suffisante sur les bords de l'image, même si vous ne pouvez pas fermer le diaphragme à fond. Il existe aussi des modèles à fermeture automatique de diaphragme.

Téléobjectifs
Un téléobjectif travaille comme un télescope et agrandit une image lointaine. L'avantage de ce type d'objectif est de vous permettre de travailler loin de l'aquarium sans perturber les poissons. Ils ont deux défauts majeurs : une accentuation des vibrations et une plus petite profondeur de champ *(voir p. 269)*. Un 135 mm ou un 200 mm conviennent bien.

Les objectifs macro
Un objectif macro est particulièrement bien indiqué pour faire des gros plans et donner une image de qualité. Avec une distance focale de 50 mm à 90 mm, on obtient de bons résultats. Ce genre d'objectif donne souvent le rapport 1/1 (en réalité, le sujet sera plus petit sur la photo).

L'UTILISATION DES OBJECTIFS

L'emploi d'objectifs différents vous permet de faire varier la taille des poissons sur vos photos.

Les bonnettes à portrait

Ces petits éléments ne peuvent donner des agrandissements de qualité. Ils sont disponibles en plusieurs tailles ; le grossissement va de 0,05 à 1.

Les tubes-allonges

Ces tubes sont variés et peu chers. Le grossissement varie selon les objectifs et la combinaison des tubes employés.

Les objectifs macro

Pouvant donner des images allant jusqu'au rapport 1/2 sans autre accessoire, les objectifs macro produisent des images de bonne qualité mais sont plus coûteux et offrent moins de variété que les bonnettes ou les tubes.

Objectif standard de 55 mm. *Cet objectif donne la meilleure qualité d'image. La mise au point s'arrête à 0,6 m.*

Objectif de 55 mm avec bonnette de 0,7 dioptrie
Cet objectif grossit légèrement mais diminue la qualité de l'image.

Objectif de 55 mm avec bonnette de 3 dioptries
Plus puissant qu'avec 0,7 dioptrie, l'image est plus grande, mais de faible qualité.

Objectif macro de 50 mm utilisé comme standard
Employé de cette façon, il donne une image au 1/10.

Objectif de 50 mm, tirage maximum
Réglé sur sa plus courte mise au point, donne une image dans le rapport 1/2.

Téléobjectif de 135 mm
Une longue focale agrandit l'image mais ne donne qu'une faible profondeur de champ.

Tube-allonge de 8 mm fixé sur objectif standard de 55 mm
Cette combinaison donne des images au 1/7.

Tube-allonge de 14 mm fixé sur objectif standard de 55 mm
On obtient des images dans un rapport de 1/4.

Tube-allonge de 27 mm fixé sur objectif standard de 55 mm
Ce tube, le plus long, donne une image à l'échelle 1/2.

La mise au point

Quand on met au point sur un poisson, surtout dans le cas d'un gros plan, la marge de manœuvre est très petite. Pour que la plus grande partie du poisson soit nette et, inversement, pour laisser dans le flou les éléments d'arrière-plan, il faut savoir comment agissent les ouvertures de diaphragme. C'est important pour les gros plans, car la zone de netteté (profondeur de champ) décroît avec le grossissement de l'image.

Qu'est-ce que le diaphragme ?
Le diaphragme est un orifice qui règle la quantité de lumière qui entre dans l'objectif et atteint la pellicule. Cette ouverture, réglable au moyen d'un diaphragme à iris placé dans l'objectif, est cotée en chiffres (« f stops ») gravés sur la bague du diaphragme.

Ouverture et mise au point
Une petite ouverture (nombre élevé) donnera une grande zone de netteté, connue sous le nom de profondeur de champ. Une grande ouverture (petit nombre) ne réservera qu'une étroite zone de netteté. Si vous désirez employer une petite ouverture pour augmenter la netteté, vous aurez besoin de plus de lumière. Certains sujets demandent peu de lumière et se contentent d'un temps de pose assez lent. Mais c'est impossible avec des poissons en mouvement. En général, pour photographier des poissons vivants dans un aquarium, faire des gros plans et obtenir une profondeur de champ suffisante, vous aurez besoin d'un flash *(voir p. 270)*.

Faites des essais
Pour être certain d'obtenir une image de qualité, éliminez la marge d'erreur en faisant trois prises (un diaphragme au-dessus et au-dessous de l'ouverture déterminée). Ainsi, pour une ouverture de f8, prenez une photo à f5,6, une à f8, et une troisième à f11.

PROFONDEUR DE CHAMP

Quand on fait des gros plans, l'étendue de la profondeur de champ est légèrement différente de part et d'autre de la mise au point et, contrairement à la photographie traditionnelle, n'est pas égale. Dans le tableau ci-dessous, la zone de netteté est donnée en millimètres.

Diaphragme	Grossissement								
	×0,1	**×0,15**	**×0,2**	**×0,25**	**×0,33**	**×0,5**	**×0,75**	**×1**	**×1,5**
f5,6	0,3	0,32	0,34	0,34	0,38	0,42	0,5	0,56	0,7
f8	0,44	0,46	0,48	0,5	0,54	0,6	0,72	0,8	1
f11	0,6	0,63	0,66	0,68	0,74	0,82	0,99	1,1	1,38
f16	0,88	0,92	0,96	1	1,08	1,2	1,44	1,6	2
f22	1,22	1,26	1,32	1,38	1,48	1,64	1,93	2,2	2,74

L'éclairage

L'aquarium possède sa propre source de lumière, située au-dessus, dans la galerie. Ce dispositif ne donne pas toujours une lumière acceptable pour la photo et peut produire des couleurs déséquilibrées (verte si votre lampe est fluorescente, orangée si elle est à incandescence). Il vaut mieux enlever les lampes, la galerie et le verre de protection, et utiliser un flash électronique.

Éviter les réflexions
Quand on photographie un aquarium, la lumière est souvent reflétée par une vitre et provoque des halos dans l'objectif. Pour les éviter, la meilleure solution est de faire un masque de carton noir avec un trou pour l'objectif.

Le flash
De nombreux accessoires peuvent vous aider à obtenir de bons résultats.

UTILISATIONS DU FLASH

Les méthodes décrites ici ne sont pas compliquées, tant que vous utilisez un ou plusieurs flashs synchronisés à votre appareil, chacun étant relié à l'appareil par son propre câble. La quantité de lumière émise par le flash est mesurée par l'obturateur de l'appareil, qui règle automatiquement l'exposition. Mais attention : un fond trop clair ou trop sombre peut « affoler » la cellule ; il faut alors apporter des correctifs. Si vous ne possédez pas de flash synchronisé avec la cellule de l'appareil, vous pouvez obtenir des résultats semblables avec un flash à cellule. Avec ce type de flash, pour obtenir une exposition correcte, la cellule doit être dirigée sur le sujet. Si votre flash n'est pas posé sur l'appareil, vous devrez fixer une cellule sur la griffe porte-accessoires et la connecter avec le ou les flashs et utiliser un déclencheur synchronisé.

Avec trois flashs *Pour la photo ci-dessous, on a dirigé un flash vers le fond et les deux autres de côté, directement dans l'aquarium, sous un angle de 45°* (voir à droite).

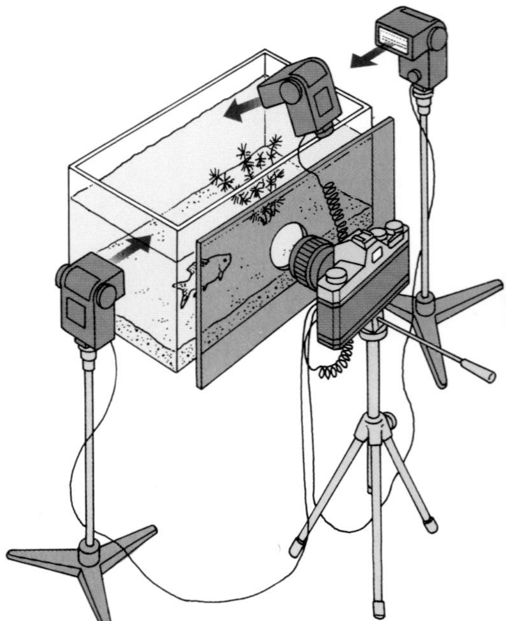

Fiche multiple
Cet accessoire se branche dans la fiche de synchronisation de l'appareil – ou la griffe d'adaptation – et comporte des fiches pour brancher plusieurs flashs. L'utilisation de plusieurs flashs donnera de la profondeur et un meilleur éclairage.

Position zoom
Utilisé avec un téléobjectif, cet accessoire, placé sur le flash, vous garantit que le flux lumineux couvre la partie photographiée par l'objectif.

Lumière réfléchie
Pour obtenir une lumière réfléchie, fixez un support sur une griffe au-dessus de l'appareil, et utilisez une feuille de carton blanc. On l'emploie pour faire rebondir la lumière du flash, technique qui diminue la dureté des ombres et donne une lumière plus douce. Tenez compte du fait que cette méthode de la lumière réfléchie absorbe la moitié de l'intensité lumineuse.

Pour travailler en lumière réfléchie, vous aurez besoin d'un flash à tête pivotante.

Lumière réfléchie *Pour la vue ci-dessous, un flash à tête pivotante a été fixé sur l'appareil et dirigé vers le haut, sur un réflecteur ou un plafond blanc* (voir à droite) *pour réfléchir la lumière dans l'aquarium.*

Un seul flash *Un flash situé devant l'aquarium, placé au-dessus de l'appareil photo, donnera un bon résultat* (voir ci-dessous).

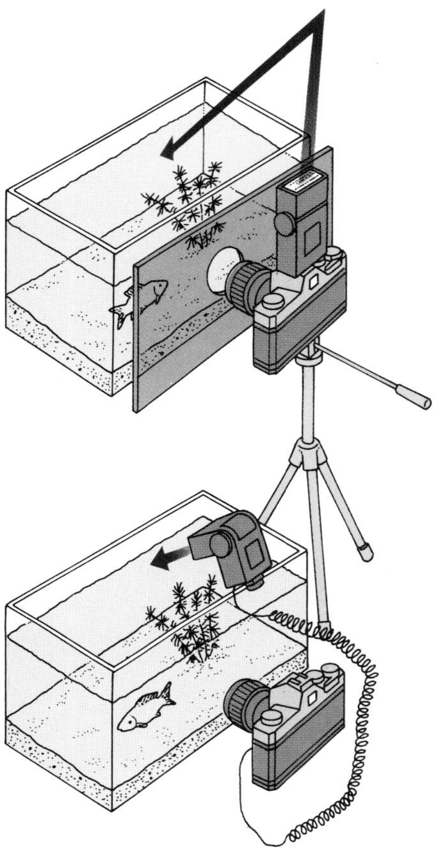

Prendre de bonnes photos

Quand vous photographiez les poissons, mettez toutes les chances de votre côté en faisant quelques préparatifs sommaires. Respectez les règles de composition et prenez garde aux éléments qui constituent le fond.

Les arrière-plans
Une belle photo est souvent gâchée par des éléments inopportuns, comme des supports métalliques apparaissant derrière l'aquarium. Même si vous avez déjà évité ces pièges, la photo peut être « encombrée » à cause d'un fond trop voyant qui détourne l'œil du sujet principal, le poisson. Il est par conséquent important, avant de prendre une photo, de mettre en place un arrière-fond correct et dégagé.

Fonds pour clichés d'identification
Si vous faites des photos dans un but d'identification, une feuille de couleur fixée comme fond au-delà de la vitre arrière de l'aquarium est la meilleure solution. Utilisez des feuilles de différentes couleurs – dont une claire et une sombre. Ainsi, vous pourrez sélectionner la couleur qui s'harmonise le mieux avec le poisson que vous voulez photographier.

Des compositions réussies
- Avec un zoom, vous pouvez cadrer et composer votre sujet sans changer l'appareil de place.
- Pour adoucir une partie du fond, enduisez partiellement de vaseline un filtre UV et fixez-le sur l'objectif.
- Utilisez le dispositif décrit ci-contre pour isoler un poisson dans une petite partie de l'aquarium sans avoir à tenir compte de la profondeur de champ.
- Vous pouvez aussi employer un filtre polarisant pour réduire les réflections sur la vitre.

ERREURS À ÉVITER
- Ne laissez pas la galerie en place pour faire des photos.
- Pour éviter les réflections, ne dirigez pas la lumière du flash dans la vitre de l'aquarium.
- Ne prenez pas de photos à travers une eau trouble ou une vitre sale.
- N'utilisez pas une grande ouverture de diaphragme qui diminuera la profondeur de champ.
- N'oubliez pas, en réglant votre appareil, que vous utilisez un flash (1/60 s max. pour un flash électronique).

« Déformations » anormales
Les arêtes métalliques des aquariums semblent grossir la taille des poissons. Notez bien ce que vous photographiez pour éviter les résultats déplaisants.

Fond désagréable
Avant d'appuyer sur l'obturateur, assurez-vous que rien de la pièce ne soit visible à travers la vitre du fond.

AMÉNAGEZ UN AQUARIUM POUR LA PHOTO

Vous pouvez arranger un petit aquarium spécialement pour la photo ou utiliser l'aquarium habituel. Dans ce dernier cas, vous emploierez un dispositif d'isolation – une vitre ou un aquarium « intérieur » spécial à trois faces – pour empêcher votre sujet de se cacher derrière les plantes ou les rochers.

Aquarium test
Pour photographier les poissons, on peut aménager un petit aquarium avec un simple lit de gravier et une petite plante. Vous pouvez utiliser cet aquarium pour mesurer les poissons (comparer les sujets ou prendre des séries de photos du même poisson à intervalles réguliers). Une règle graduée peut vous donner une échelle des dimensions.

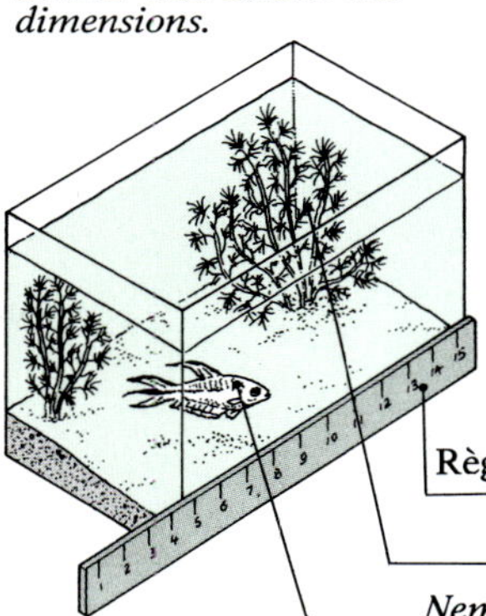

Aquarium de reproduction
Pour photographier le comportement des poissons quand vous installez un aquarium de reproduction (voir p. 248 à 251), *arrangez-vous pour que les œufs soient visibles. Pour vos débuts, prenez des Cichlidés ou des Gouramis qui sont relativement lents, même pendant cette période. Une fois que vous avez repéré les endroits choisis, mettez en place votre appareil. Vous attendrez peut-être une heure ou plus, mais le résultat sera à la mesure de votre effort.*

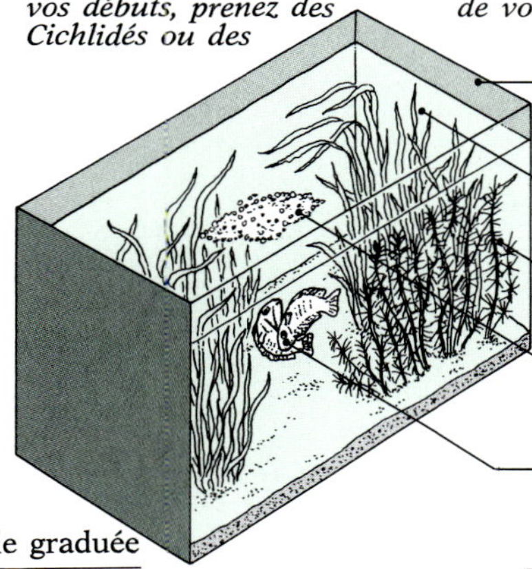

Aquarium d'isolation
Cet appareil va de la simple vitre, placée dans l'aquarium pour isoler les mouvements des poissons dans une zone prédéterminée, à l'aquarium « intérieur » à trois faces, comportant un lit de gravier fixé avec une colle spéciale.

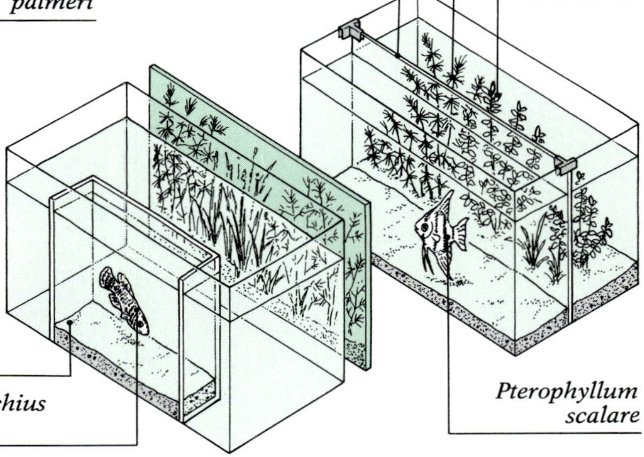

Glossaire

A

Absorption
Accumulation de substances à la surface d'un solide. En aquarium, le milieu filtrant ayant cette capacité peut servir à purifier l'eau.

Acide
Terme utilisé par les aquariophiles pour qualifier un certain état de l'eau. L'eau est considérée comme acide si elle contient des ions hydrogène dissous. Une eau acide peut être riche en gaz carbonique. Opposé à alcalin.

Aération
Action d'introduire de l'air dans l'aquarium pour agiter la surface de l'eau et faciliter le renouvellement de l'oxygène.

Aérobie
Organisme ayant besoin de l'air pour vivre.

Albinos
Manque de pigmentation.

Alcalin
Terme utilisé pour qualifier l'état de l'eau. L'eau est dite alcaline si elle contient des ions hydroxydes (carbonates). Ceux-ci neutralisent l'acidité provoquée par la respiration des plantes et animaux aquatiques. Opposé à acide.

Alevin
Jeune poisson n'ayant pas encore atteint l'âge adulte.

Algues
Plantes aquatiques primitives allant du type unicellulaire microscopique aux grandes algues marines.

Ammoniac
Gaz composé d'azote et d'hydrogène (NH_3).

Anabantidés
Groupe de poissons capables de respirer l'air atmosphérique. *Voir Labyrinthiformes.*

Anale
Nageoire unique, semblable à une godille, sous le corps du poisson.

Annuel
Poisson dont le cycle vital, en liberté, s'effectue en un an. Certains Killies sont des poissons annuels.

Aquarium communautaire
Aquarium dans lequel sont réunies plusieurs espèces de poissons qui peuvent aisément cohabiter.

Aquarium de reproduction
Bac isolé dans lequel un couple ou un banc peut se reproduire.

Aquarium spécifique
Aquarium destiné à ne recevoir qu'une seule espèce.

B

Bac flottant
Petit bac placé dans l'aquarium, à l'intérieur duquel on confine une femelle vivipare gravide pour la mise bas. Le bac étant percé d'ouvertures, le frai peut s'échapper pour se mettre à l'abri.

Banc
Groupe de poissons de la même espèce.

Bactérie nitrobacter
Bactérie qui se développe en aquarium pour transformer les nitrites en nitrates.

Bactérie nitrosomonas
Bactérie qui se développe en aquarium pour transformer l'ammoniac en nitrites.

Ballast
Dispositif comprenant le transformateur des tubes fluorescents.

Barbillons
Appendices filiformes, comparables à des moustaches, entourant la bouche de certains poissons. Ils servent à repérer la nourriture. (Du latin *barbus,* barbe.)

Bouche inférieure
Orientation de la bouche des poissons qui se nourrissent sur le fond.

Bouche orientée vers le haut
Bouche des poissons qui se nourrissent en surface.

Bouche terminale
Orientation de la bouche chez les poissons qui nagent en pleine eau et dont la bouche n'est ni tournée vers le haut ni inférieure.

Boutons de noce
Petites protubérances qui apparaissent en période de reproduction sur le museau, les branchies, le corps et les nageoires pectorales.

Branchies
Organes respiratoires des poissons, qui leur permettent d'extraire

l'oxygène dissous dans l'eau.

Bouturage
Méthode de reproduction des plantes, consistant à replanter une feuille coupée ou le haut d'une tige.

Buisson artificiel
Touffe de fils synthétiques qui, à la place des plantes, peut servir de réceptacle pour le frai pour les espèces disséminant leurs œufs.

C

Calcaire
Eau, roche ou gravier contenant du carbonate de calcium.

Caudale
Nageoire située à l'extrémité postérieure du corps du poisson. Appelée aussi queue.

Chauffage
Petite résistance encastrée dans un tube étanche. Celle-ci peut être combinée avec un thermostat.

Charbon actif
Matériau filtrant qui sert à absorber les produits de déchets dans l'eau.

Cheminée d'air, ou exhausteur
Tube permettant de faire sortir plus vite l'eau propre du milieu filtrant en introduisant des bulles d'air dans l'eau. Plus léger que l'eau, le mélange bulles d'air plus eau monte et sort du filtre.

Chétif
Qualifie un poisson de « mauvaise qualité ». Pour préserver la qualité de l'élevage, il faut éliminer les spécimens défectueux ou malingres.

Colle
Généralement au silicone. Elle permet de réunir entre elles plusieurs plaques de verre.

Couple spontané
Le choix du partenaire est effectué par les poissons eux-mêmes.

Couronne
Point de jonction entre la tige et les racines de la plante.

Couveuse pour Artémias
Petit bac pour élever les *Artemia salina.*

Crustacé
Animal formé de segments portant des appendices, et souvent recouvert d'une carapace dure.

D

Dénitrification
Procédé consistant à retirer l'azote et ses composés.

Densimètre
Instrument flottant servant à mesurer la densité de l'eau salée.

Densité
Rapport entre la masse et le volume.

Dents pharyngales
Dents situées dans la gorge des Cyprinidés.

DH
Degré de mesure de la dureté de l'eau.

Diatomite
Matériau filtrant constitué de débris fossilisés de diatomées (algues unicellulaires protégées d'une double coque siliceuse).

Diffuseur
Bloc poreux posé à l'extrémité du tuyau d'air pour produire un flot de bulles.

Division
Méthode de reproduction où l'organisme d'origine se partage en deux parties indépendantes, ou plus.

Dorsale
Nageoire se trouvant sur le dos du poisson. Généralement unique ; certaines espèces en possèdent deux.

Dureté
Qualité de l'eau qui comprend des minéraux dissous en plus ou moins grande quantité.

E

Écailles
Fines plaques osseuses qui recouvrent la peau du poisson.

Écumeur
Dispositif fonctionnant par la circulation de l'air, servant à éliminer les produits de déchets dans l'eau.

Eau douce
Eau dépourvue de sels. Eau douce s'oppose à eau dure.

Eau froide
Concerne tous les poissons se trouvant dans des bacs non chauffés.

Eau reconstituée
Eau de mer fabriquée à partir de sels synthétiques.

Eau salée
Eau contenant une forte proportion de sels, surtout du chlorure de sodium (NaCl).

Eau saumâtre
Eau d'estuaire contenant une petite proportion d'eau salée et une grande proportion d'eau douce.

Espèce
Groupe d'animaux semblables pouvant se reproduire entre eux et pro-

duire des jeunes féconds. Les espèces proches forment une famille.

F

Famille
Groupement d'êtres vivants réunissant un ensemble de genres présentant des caractères communs.
Fécondation
Association de la laitance du mâle et des ovules de la femelle. Elle est interne chez les vivipares, externe chez les ovipares.
Filaments
Longues extensions fines des nageoires, constituées en général d'un seul rayon.
Filtration
Procédé consistant à retirer de l'eau les déchets pour éviter la pollution.
Filtration biologique
Système utilisant les bactéries pour transformer les composés azotés toxiques en éléments inoffensifs.
Filtration chimique
Processus consistant à retirer, par une réaction chimique, les produits de déchets dissous dans l'aquarium.
Filtration mécanique
Procédé consistant à retirer les produits de déchets suspendus dans l'eau au moyen d'un sas mécanique.
Filtration par flot inversé
Procédé consistant à pomper l'eau sous la garniture de fond de l'aquarium (souvent, du gravier) pour lui faire traverser le filtre biologique (le flot va en sens inverse).
Filtre
Dispositif servant à purifier l'eau.
Filtre biologique
Un filtre-plaque installé sous le gravier et qui fait partie du système de filtration biologique. Appelé aussi filtre sous gravier ou filtre sous sable.
Filtre sous gravier
Voir Filtre biologique
Filtre électrique
Filtre à grand courant d'eau, fonctionnant généralement à l'aide d'une pompe à turbine.
Flot
Nombre de litres à l'heure traités par un filtre. Direction de l'eau.
Fongus, *voir Mousse*
Frai
Œufs ou larves des poissons. Ensemble des activités de ponte chez les poissons.

G

Galerie
Couvercle de l'aquarium contenant l'éclairage.
Genre
Mot scientifique désignant un groupe d'êtres vivants présentant des caractères communs. Un genre regroupe plusieurs espèces.
Gravier
Matériau servant à recouvrir le fond de l'aquarium, composé de petits cailloux ronds.
Gravide
État de gestation chez les vivipares.
Gonopode
Nageoire anale modifiée en organe reproducteur chez les mâles pratiquant la fécondation interne, et servant à féconder la femelle.
Guanine
Produit de déchet que les poissons sécrètent et stockent sous les écailles, responsable des colorations argentées et des irisations bleues ou vertes des poissons d'eau douce quand la lumière s'y réfléchit.

I

Ichtyologie
Partie de la zoologie qui traite des poissons (du grec *ichthys,* poisson).
Incubateur buccal
Poisson dont la femelle abrite dans sa gorge les œufs fécondés.
Invertébré
Animal dépourvu de colonne vertébrale.
Iridescence
Coloration changeante, étincelante.

L

Laitance
Substance liquide fécondante sécrétée par le mâle.
Labyrinthe
Organe supplémentaire des Anabantidés, qui leur permet de respirer l'air atmosphérique.
Labyrinthiforme
Sous-ordre des Anabantidés, ayant la faculté de puiser l'oxygène de l'air.
Ligne latérale
Organe sensoriel, s'ouvrant à l'extérieur par une rangée visible d'écailles percées se trouvant sur le flanc du pois-

son, qui transmet au système nerveux les vibrations.

Lignée
Groupe de poissons ayant hérité d'une caractéristique particulière, comme la coloration.

Longueur du corps
Mesure standard d'un poisson allant de la bouche au pédoncule caudal, non compris la nageoire caudale.

M

Marin
Concerne l'eau de mer, ou l'eau salée.

Mate
Écaille ne reflétant pas la lumière.

Matériau filtrant
Matériau servant à arrêter les matières en suspension dans l'eau quand elles traversent le filtre.

Mélange salé
Mélange lyophilisé spécial servant à fabriquer une eau de mer de synthèse pour aquariums marins.

Métallique
Écaille très réfléchissante.

Mise en condition
Préparation d'un couple adulte avant le frai.

Mousse
Matière organique ouateuse se trouvant parfois sur le corps du poisson. Mycose.

N

Nacrée
Écaille semi-réfléchissante.

Nageoire adipeuse
Petite nageoire supplémentaire qui se trouve chez certains poissons entre la dorsale et la caudale.

Nageoires
« Membres » externes des poissons qui leur donnent mouvement et stabilité. *Voir aussi Anale, Caudale, Dorsale, Pectorales, Pelviennes, Ventrales.*

Nauplies
Artémias tout juste écloses.

Nitrates
Ultime étape de la dégradation des substances organiques par des bactéries dans la filtration biologique.

Nitrites
Composés intermédiaires entre l'ammoniac et les nitrates, apparaissant dans le cours du processus de décomposition des substances organiques.

O

Opercule
Organe pair qui protège les branchies.

Ovipare
Poisson qui se reproduit en pondant des œufs fécondés.

Ovovivipare
Poissons dont la femelle incube des œufs dans ses voies génitales et accouche d'alevins.

Ovules
Œufs non fécondés des poissons.

P

Pectorales
Nageoires paires situées juste derrière les branchies.

Pédoncule caudal
Partie étroite du corps du poisson qui fait la jonction avec la nageoire caudale.

Pelviennes
Nageoires paires situées sous le corps du poisson, juste devant la nageoire anale. Appelées aussi nageoires ventrales.

pH
Mesure exprimant le degré d'acidité ou d'alcalinité de l'eau.

Photosynthèse
Procédé par lequel les plantes assimilent leur nourriture sous l'action de la lumière, consommant le gaz carbonique et libérant de l'oxygène.

Polypes
Animaux vivants dont le squelette constitue les récifs coralliens.

Pompe à air
Un appareil électrique à diaphragme et vibreur qui apporte de l'air dans le bac en permanence.

Pourriture des nageoires
Maladie bactérienne des nageoires.

Q

Quarantaine
Action d'isoler dans un bac séparé tout nouveau venu avant de l'introduire dans l'aquarium collectif, afin d'éliminer les risques de contagion en cas de maladie.

Queue
Voir Caudale.

Queue dédoublée
Caractéristique d'un poisson, Poisson rouge surtout, dont les nageoires caudale et anale sont divisées.

R

Racine
Partie de la plante qui la maintient en place et par laquelle se nourrissent les plantes terrestres et semi-aquatiques.

Rayons
Arêtes qui rigidifient les tissus des nageoires.

Renouvellement de l'eau
Taux auquel l'eau circule dans le filtre. Il indique normalement à quelle vitesse l'eau se renouvelle (nombre de litres à l'heure).

Reproduction
Fécondation, frai.

Reproduction artificielle
Action de faire sortir, manuellement, les ovules et la laitance. Souvent utilisée pour préserver la pureté de la lignée chez les Poissons rouges, dont les nageoires exagérément développées peuvent entraver le processus de reproduction.

Résine
Substance chimique servant à adoucir l'eau.

Réticulé
Dessin des écailles quadrillé, comme un filet.

S

Sable corallien
Coraux en poudre dont les particules ont la dimension des grains de sable.

Salinité
Quantité relative de sels (minéraux) dans l'eau.

Scalpel
Épine érectile située sur le pédoncule caudal de certains poissons de mer.

Sédiment
Dépôt au fond de l'aquarium, comme les feuilles mortes ou les produits de déchets. Appelé aussi détritus.

Sélection
Le fait de préserver, chez une espèce, une coloration pure par une sélection rigoureuse de la reproduction.

Shimmy
Symptôme de maladie chez le poisson qui frissonne et qui nage en ondulant sur place.

Siphon
Dispositif servant à faire passer les liquides d'un niveau à un autre.

Stérile
Inapte à la reproduction ; œufs non fécondés.

Stolons
Excroissances végétales dénudées, ressemblant à des racines et portant des nouvelles plantes.

Substrat
Désigne le matériau se trouvant au fond de l'aquarium. Désigne également le lieu de ponte des poissons qui déposent leurs œufs.

T

Territoire
Secteur que le poisson décide d'occuper au détriment des autres, surtout en période de reproduction.

Test de dureté
Dispositif permettant de vérifier la dureté spécifique (quantité de carbonate de calcium) ou la dureté générale (quantité totale de minéraux) de l'eau, en introduisant un agent chimique dans un échantillon d'eau.

Test de nitrites
Dispositif servant à mesurer le niveau de nitrites dans l'eau. Un agent chimique dans un échantillon d'eau provoque un changement de couleur.

Test du pH
Moyen pour évaluer l'acidité ou l'alcalinité de l'eau en se servant d'un produit chimique et de repères de couleurs.

Thermostat
Dispositif servant à contrôler la chaleur. Peut être associé à un chauffage.

Tropical
Mot servant à désigner tous les poissons nécessitant un aquarium chauffé.

V

Variété
Poisson appartenant à une espèce mais se distinguant des autres par des différences de coloration, de motif ou de nageoires.

Ventrales
Voir Pelviennes.

Vessie natatoire
Organe interne rempli de gaz qui se contracte ou se détend automatiquement pour que le poisson puisse rester en équilibre à n'importe quel niveau.

Vitre de protection
Plaque de verre posée sur l'aquarium pour éviter l'évaporation et empêcher les poissons de s'échapper. Protège aussi les ampoules des éclaboussures et les plantes de la surchauffe.

Vivipare
Espèce dont les femelles accouchent d'alevins capables de nager.

APPENDICE 1 : Classification des poissons

Il suffit en général de savoir à quelle famille le poisson appartient, ainsi que son nom scientifique.

Une *famille* est une catégorie biologique qui regroupe des poissons ayant des caractéristiques communes.

Ainsi, les Characidés sont des poissons d'eau douce tropicale qui ont, pour la plupart, une nageoire adipeuse. La famille se subdivise en *espèces*. Chaque poisson a un nom scientifique comprenant un nom générique et un nom spécifique par lequel il est universellement reconnu. Le genre, qui s'écrit toujours avec une capitale et correspond à un nom de famille, s'applique à un certain nombre de poissons très proches, comme *Corydoras reticulatus*. Il peut arriver que ces noms se modifient pour rester conformes aux nouvelles découvertes sur les poissons.

Le nom du poisson peut évoquer son lieu d'origine, comme *Jordanella floridea* (Poisson-drapeau américain) que l'on trouve en Floride. Ou il peut être dédié à celui qui l'a découvert, comme *Cheirodon axelrodi* (Tétra cardinal), d'après le Dr H. Axelrod. Il peut aussi décrire son apparence, comme *Chaetodon octofasciatus* (Poisson papillon à huit rayures).

APPENDICE 2 : Pièces d'eau

Les pièces d'eau pour poissons d'eau douce froide doivent recevoir du soleil et ne pas être dominées par des arbres. La taille dépend des espèces que vous désirez y faire vivre. Ainsi, la Carpe Koï a besoin d'au moins 1,5 m à 2 m de profondeur pour hiberner, alors que les Poissons rouges vivront dans 60 cm d'eau seulement.

Conditions particulières

Un bassin pour Carpes Koï doit avoir un système de filtration. Votre revendeur habituel peut vous en proposer de différents types. Les plantes faciliteront l'oxygénation de l'eau et amélioreront son aspect. Donnez aussi aux poissons des roches pour leur servir de refuge.

Introduction des nouveaux venus

Attendez que les plantes se soient installées et que l'eau soit « stable » avant d'y mettre les poissons. Laissez-les flotter dans un récipient en attendant que la température à l'intérieur et à l'extérieur se soit égalisée *(voir p. 29)*.

Entretien

Les feuilles qui tombent dans l'eau vont pourrir et dégager des substances toxiques. En revanche, si les feuilles flottent à la surface, elles gênent la circulation de l'air. Étendez donc un filet à la surface du bassin pendant l'automne.

En hiver, une couche de glace peut se former à la surface du bassin. Si l'eau est assez profonde, les poissons pourront circuler sous la couche de glace. Mais si des gaz toxiques sont emmagasinés sous la glace, ils étoufferont. Pratiquez un trou dans la glace pour évacuer les gaz. Ne brisez *jamais* la glace, cela terrifierait les poissons. Un chauffage permettra de faire fondre une partie de la glace.

POISSONS DE BASSINS

Toute l'année. ☐ Poisson rouge. ☐ Carpe Koï. ☐ *Rhodeus sericeus amarus.* ☐ Ide mélanotte. ☐ Rosette. ☐ Carpes herbivores.

Pendant l'été seulement. ☐ Poisson rouge. ☐ Poisson-soleil. ☐ Poisson-soleil nain. ☐ *Lepomis gibbosus.* ☐ *Notropis lutrensis.* ☐ *Umbra pigmaea.* ☐ *Zacco platypus.*

APPENDICE 3 : Faits et chiffres

De nombreuses mesures sont mentionnées dans ce livre. Les indications suivantes vous permettront de faire les calculs dont vous pourrez avoir besoin.

Mesures de l'aquarium
Les principales dimensions d'un aquarium sont données par la longueur, le poids et le volume.

Longueur. Elle est donnée en mètres ou centimètres.

Poids. Il est mesuré en kilogrammes. Le poids de l'eau d'un aquarium est égal au volume mesuré en litres, mais gardez en mémoire que l'eau est plus légère au-dessus et en dessous de 4° C ; c'est la raison pour laquelle un bassin commence à geler à partir de la surface et non du fond.

Volume. Il est mesuré en litres, et obtenu en multipliant la profondeur par la surface. Pour les aquariums rectangulaires, la surface équivaut à la longueur multipliée par la largeur, et le volume est par conséquent : longueur × largeur × hauteur. Pour les aquariums qui ont une surface irrégulière, vous décomposez cette surface en figures régulières (rectangles, cercles ou triangles), vous calculez chacune d'elles, puis vous additionnez les volumes ainsi obtenus. Pour calculer la surface d'un triangle, multipliez sa base par sa hauteur. Pour calculer la surface d'un cercle, multiliez son rayon par 3,1416.

Mesures de l'eau
Ces mesures sont la température, la dureté, et l'acidité/alcalinité.

Température. Elle est donnée en degrés Celsius.

Alcalinité/acidité. On utilise le pH pour les mesurer. Le pH donne le degré d'acidité ou d'alcalinité de l'eau. L'échelle va de 0 à 14, de la plus forte acidité à la plus forte alcalinité.

- Le pH de l'eau destinée à l'aquarium d'eau douce doit se situer entre 6,5 et 7,5.
- Le pH de l'aquarium d'eau de mer doit se situer entre 7,9 et 8,5.

FONDS D'AQUARIUM

Pour rendre votre aquarium plus attrayant, en lui donnant une sensation de profondeur, disposez un arrière-fond décoratif en relief. Construit comme les trois côtés d'une boîte et fixé à l'*extérieur* de l'aquarium, il peut être vu au travers. Un fond peut aussi être mis à l'intérieur, mais faites attention de ne pas coincer les poissons derrière lui. Un éclairage latéral mettra mieux en valeur vos dioramas et vos poissons. Vous pouvez utiliser la lumière naturelle ou un projecteur fixé à l'angle de votre aquarium.

Ce graphique montre le volume et le poids de l'eau que les aquariums de différentes dimensions peuvent contenir, ainsi que la longueur totale de poissons (en excluant les nageoires caudales) que chaque aquarium peut abriter. Aucun poisson

Dimensions (L × l × h)	**Volume**
45 × 25 × 25 cm	28,5 litres
60 × 38 × 30 cm	68,4 litres
90 × 38 × 30 cm	102,6 litres
120 × 38 × 30 cm	136 litres

- L'eau est neutre lorsque son pH est de 7.
- Le pH de l'eau du robinet est presque toujours de 7 à 7,2, mais il faut faire un test de dureté avant de l'utiliser.
- On peut mesurer le pH avec du papier sensible ou des réactifs liquides.

Eau douce-eau dure
La dureté d'une eau dépend de la quantité de sels dissous – calcium ou magnésium – qu'elle contient.

- L'échelle de dureté de l'eau s'étend de 0° DH, eau idéalement pure, à 60° DH, eau inutilisable.
- Au-dessus de 30° DH, l'eau ne convient plus en aquariophilie.
- On mesure le DH avec des réactifs liquides.

DURETÉ DE L'EAU

Eau	Poissons
EAU DOUCE Très douce 0-6° DH	Characidés, Barbus, Killies, Discus
Douce-moyenne Dureté 7-15° DH	Corydoras, Loches, Poissons rouges, Gouramis, la plupart des Cichlidés
Dure 15° DH+	Cichlidés des lacs africains, vivipares, Poissons arc-en-ciel
EAUX SAUMÂTRES 1 cm^3 de sel pour 5 litres et plus	Monodactyles, Mollies, Poissons arc-en-ciel
EAU DE MER 1 023 de densité	Tous les poissons des eaux salées froides et tropicales, invertébrés

CAPACITÉ DES AQUARIUMS

d'eau de mer n'est mentionné pour les petits aquariums, 90 cm étant la dimension minimale recommandée (les petits aquariums peuvent accueillir des invertébrés d'eau de mer froide). Pour les autres aquariums, le poids en kilos est égal au volume en litres ; chaque centimètre de poisson nécessite 30 cm^2 de surface d'eau pour un système tropical d'eau douce ; 75 cm^2 dans un système à eau froide ; et 120 cm^2 dans un système tropical d'eau de mer.

Poids d'eau	Longueur totale des poissons d'eau douce tropicale	Longueur totale des poissons d'eau douce froide	Longueur totale des poissons d'eau de mer tropicale
28,5 kg	38 cm	15 cm	---
68,4 kg	60 cm	24 cm	---
102,6 kg	90 cm	36 cm	23 cm
136 kg	120 cm	48 cm	30 cm

Index

Les chiffres en caractères gras renvoient au Guide des espèces

A

Abudefduf oxyodon, 30, **96**
***Acanthopthalmus kuhli,* 78**
***Acanthurus leucosternon,* 103**
Acara, 53
Acara maroni, 54
Acclimatation, 28-29, 178, 182-183, 234
Achat, des poissons, 26-27, 28, 29, 258-261
Acidité, de l'eau, 145, 174, 280-281
Acorus gramineus, 159, 163
Acropora pulchra, 191
Actinia equina, 192, 196, 197
Advection, 137
Aequidens curviceps, 53
***Aequideus maronii,* 54**
Aération, 121-123, 274
aquarium d'eau douce, 83, 91, 216
aquarium d'eau de mer, 95, 188, 194
Aérobie, 274
Albinos, 274
Alcalinité de l'eau, 145, 274, 280-281
Alevins, 205, 209, 242, 251, 253, 274
alimentation, 209
élevage, 253
naissance, 251
Algues, 150-151, 206, 217, 219
Alimentation, 199-209, 263
méthodes 14-15, 31, 36, 45, 73, 84, 91, 98, 200-201, 208
suralimentation, 146-147, 207, 214, 219
Aliments, 201, 206
manufacturés, 202
préparés, 202, 203
surgelés-lyophilisés, 203
Amaigrissement, 228-229
Ambulia, 168
Ammoniaque, 274
Annuel, poisson, 70, 274
***Amphiprion ocellaris,* 97,** 142, 191
Amphiprion sebae, 191
Anabantidés, 19, 34, 60-65, 246, 274, 276
Anatomie, 13-21, 200
Anémone, 109, 142, 191, 192, 196, 197
Ange de mer flammé, 98
Anostome strié, 45
***Anostomus anostomus,* 45**
Anubias lanceolata, 178
Aphyosemion gardneri, 15, **70,** 141
***Apistogramma ramirezi,* 54**
***Aplocheilus dayi,* 71**
Apogon nematopterus, 28, **104**
Apogon pyjama, 104
Aponogeton, 159
Aponogeton crispus, 178
Aponogeton madagascariensis, 163, 179
Aquarium :
achat, 118-120
aération et filtration, 121-129
aménagement, 153-197, 256, 259, 263
capacité, 280-281
chauffage, 130-135, 216
choix, 115-116
communautaire, 34, 274
construction, 117
coût, 9-11
décoration, 173-197
déménagement, 120
dimensions, 280-281
d'eau de mer froide, 192-197
d'eau de mer tropicale, 9, 186-191
d'eau douce froide, 180-185
d'eau douce tropicale, 174-179
éclairage, 120, 148-151, 160, 215-217, 253
d'élevage, 248-250
entretien, 216-219
espace pour les poissons, 116
d'exposition, 263
filtration, 124-129
fonds, 280
garniture, 155
hôpital, 219, 235, 273
installation, 11, 118,-120
d'occasion, 119, 193
de reproduction, 248-249, 273
spécifique, 34, 274
types, 115-117
vitrage, 118-119
vitre de protection, 150-151, 176, 189, 217
Voir aussi Eau, Photographie, Plantes, Poissons
Arbalétrier, 103
Ardoise, 157, 184
Argulus (pou des poissons), 232
Artémia, 203, 206, 207, 209
Asagi, 90
Asphyxie, 224
***Asterias rubens,* 111,** 192
***Astyanax mexicanus,* 46**
Athérine, 80
Athérinidés, 80
Audition, 21
Autopsie, 234
Axelrod, 47, 279

B

Bac, *voir* Aquarium
Bacopa monnieria, 159, 163, 173
Bactéries, 227, 229, 274
Balistapus undulatus, 18, **104**
Baliste ondulé, 18, **104**
Ballast, 150, 274
Barbillons, 36, 73, 78, 89, 274
Barbus, 36, 138, 139, 238, 239
Barbus à tête pourpre, 37, 178
***Barbus conchonius,* 36,** 178, 239, 248
Barbus de Cuming, 37
***Barbus cumingi,* 37**
Barbus insulaire, 38
Barbus nigrofasciatus, 37, 178
Barbus oligolepis, 38
Barbus rosé, 36, 178, 239
Barbus de Schwanenfeld, 38
***Barbus schwanenfeldi,* 38**
Barbus de Sumatra, 31, **39**
Barbus tetrazona, 31, 38, **39,** 139, 248
***Barbus titteya,* 39**
Basalte, 157
Bassins, 89, 279
***Belontia signata,* 60**
***Betodia geayi,* 80**
***Betta splendens,* 61,** 141, 242, 243
Bigorneau, 197
Black-Molly, 67
Blennie, 109, 197
Blennie gattorugine, 110, 192, 197
Blennie mordocet, 192
***Blennius gatturogine,* 110,** 192, 197
Blennius pholis, 192
***Bodianus rufus,* 105**
Boîtier de connexion, 177
Bolbitis heudelotii, 178
Botia macracantha, 31, 78, **79,** 139
***Botia sidthimunki,* 79**
Botia-clown, 31, **79**
Bouche, des poissons, 14, 15, 200, 274
Boutons de noce, 84, 85, 86, 87, 88, 89, 90
Bouturage, 162, 274
Bouvière, 91, **93**
***Brachydanio albolineatus,* 40,** 139
***Brachydanio frankei,* 40**
Brachydanio rerio, 31, **41,** 179, 248
Branchies, 14, 224, 227, 232, 274
Bristol Shubunkin, 85
***Brochis splendens,* 73**
Buccin, 197
Buccinum undatum, 197
Buissons de reproduction, 246-251, 275

C

Cabomba, 159, 169
Cabomba aquatica, 164, 239
Cabomba caroliniana, 178
Calcaire, 275

Camouflage, 16, *voir aussi* Couleurs
Carassius, 84
Cardinal, 28, **42**
Carnegiella strigata, 14, **46,** 140
Carpes, 89-90, 279
Casque rouge, 18, **86**
Céleste, 88
Centrarchidés, 241, 243
Centropyge loriculus, 98
Ceratophyllum, 159, 248
Ceratophyllum demersum, 164
Chaetodon, 142
Chaetodon lunula, **100,** 142
Chaetodon octofasciatus, **101,** 279
Champignons, 227, 277
Characidés, 34, 45-52, 138, 239, 279
Charbon actif, 122, 275
Chauffage, 25, 130-135, 175, 187, 216, 275
Cheirodon axelrodi, **47,** 279
Chelmon à bec médiocre, 101
Chelmon à long bec, 102
Chelmon rostratus, **101,** 142
Cheminée d'air, 124, 193, 275
Chetodon à huit bandes, 101
Chetodon rayé, 100
Chetodontinés, 34, 98-102
Chilodonella (peau visqueuse), 232
Chilodus punctatus, 47, 140
Chirurgien bleu poudré, 103
Chondrococcus columnaris (maladie de la colonne), 233
Cichlasoma, 53
Cichlasoma festivum, **55**
Cichlasoma meeki, **55**
Cichlidé à gorge rouge, 55
Cichlide doré, 56, 220
Cichlidés, 34, 53-59, 138, 154, 241, 242, 243, 252
reproduction, 241-243, 245, 252-253
Clown, 97
Clown commun, 191
Cobitidés, 34, 78-79
Cocher, 102
Cœur-saignant, 31, **49**
Colisa chuna, **61**
Colisa labiosa, **62**
Colisa lalia, 31, **62,** 178, 243, 249
Collecte, des poissons, 28, 192
Coloration, 27, *voir aussi* Couleurs
Combattant, 30, 60, **61**
Combiné thermostat-résistance, 131, 132, 133-134, 135, 278
Comète, 18, **85**
Compatibilité, des poissons, 30, 172
Comportement, 27, 28, 30, 259
Comtesse, 99
Condensation, 137
Constructeurs de nids, poissons, 60, 243, 246, 249, 251
Convalescence, 234
Copella arnoldi, **48,** 241
Coquillages, 155, 157
Corail, 24, 154, 155, 188, 190-191
Cornifle nageant, 164
Corps, des poissons, 14-15, 19-20, 27, 258
Corydoras, 19, 73, **74,** 140, 147, 154, 241
Corydoras aeneus, 14, **74,** 179
Corydoras bronzé, 179
Corydoras julii, **74,** 140, 179
Corydoras-léopard, 74, 179
Corydoras melanistius, **75**
Corydoras reticulatus, 31, **75,** 279
Corydoras reticulé, 31, **75**
Costia (peau visqueuse), 227, 232
Couleurs, des poissons, 16, 19, 27, 258-259, 262
Couple, 245, 246, 275
Cours d'eau, 137, 138, 143
Coût, des poissons, 25, 26-27, 28, 29
Couteau, 197
Crenicara filamentosa, **56**
Crevette, 192, 197, 203
Cryptocaryon (points blancs, forme marine), 230
Cryptocoryne blassii, 159, 164, 179, 242
Ctenopoma acutirostre, **63,** 141
Ctenopoma ansorgei, **63,** 141
Cyclochaeta (peau visqueuse), 232
Cyclops, 204
Cyprinidés, 34, 36-44
Cyprins dorés, 6
Cyprinus carpio, 89

D

Dactylogyrose, 221, 224, 231
Dactylogyrus, 227, 231
Danio, 36, 138, 139, 239
Danio albo, **40**
Danio malabar, 15, 41
Danio malabaricus, 15, **41**
Danio perlé arc-en-ciel, 40
Danio rerio, 31, **41,** 179
Danio rosé, 40
Danio-truite, 40
Dascyllus albisella, **97,** 191
Dascyllus aruanus, 191
Dascyllus melanurus, 191
Dascyllus trimaculatus, 191
Décor, de l'aquarium, 157, 173-197
Demi-bec lutteur, 66
Demoiselle, 96-97
Demoiselle bleue, 191
Demoiselle à queue blanche, 191
Demoiselle rayée noir et blanc avec queue noire, 191
Demoiselle à trois taches, 191
Dénitrification, 146, 275
Densimètre, 147
Densité, 95, 147, 189, 218, 275
Dentelle de Madagascar, 163, 179
Dents pharyngales, 36, 275
Dermogenys, 244
Dermogenys pusillus, **66**
DH, 145-146, 275, 280-281
Diagnostics, 220-225
Dianema urostriata, **76**
Diatomite, 126, 275
Diffuseur, 123, 175, 179, 194, 217, 275
Discus, 14, 53, **59,** 147
Disperseurs d'œufs, poissons, 239, 247, 248, 251-252
Dodinium ocellatum, 222
Doitsu, 89
Dureté, 145
Dureté, de l'eau, 145, 146, 275, 280-281
Dyptique bordé, 205

E

Eau, 136-147
aération, 121-123
changement, 215, 217-218
chauffage, 130-135, 216
composition, 122
densité, 147, 189, 218, 275
DH, 145-146, 275, 280-281
douce, 137, 275, 280-281
douce froide, 159, 173, 180-185
douce tropicale, 172, 173, 174-179
dureté, 145-146, 275, 280-281
filtration, 124-129
et habitat des poissons, 138-142
de mer, 144, 181
de mer froide, 109, 173, 192-197
de mer tropicale, 9, 173, 174-179
nitrates et nitrites, 129, 146, 158, 186, 219, 277
pH, 145, 217, 218, 277, 280-281
de pluie, 144, 146
qualité, 216
reconstituée, 24, 34, 144, 147, 188, 194, 218, 275
saumâtre, 138, 275, 281
surface, 115-116, 122, 280
température, 134, 280
Écailles, 16, 84, 89, 275
Echinodorus, 159, 165, 249
Echinodorus grandiflorus, 165, 243
Éclairage, 25, 120, 148-151, 160, 177, 215-217, 253, *voir aussi* Photographie

Éclosion, des œufs, 251-252
Écumeur de protéines, 125
Egeria, 159
Egeria densa, 165, 185
Elassoma evergladei, **91**
Eleocharis, 159, 249
Eleocharis acicularis, 165
Élevage, 30, 237-253
Elodea, 159, 165
Elodea canadensis, 166, 184
Elodea crispa, 167
Enfouisseurs d'œufs, poissons, 240, 249, 251, 252
Engrais, 161
Enneacanthus chaetodon, **92**
Ensis ensis, 197
Entretien, *voir* Aquarium
Epalzeorhynchus Kallopterus, **44,** 139
Épuisette, 214-215
Équilibre, 228, *voir aussi* Vessie natatoire
Espèces, 33-111, 279
Étoile de mer, **111,** 192
Etroplus maculatus, **56,** 220, 249
Euthanasie, 234
Euxiphipops navarchus, **99**
Évaporation, 137
Excrétion, 19
Exophtalmie, 221, 228
Expositions, 255-263

F

Famille, 275, 279
Fantail, 18, **86**
Faux néon, **42**
Fécondation, 238, 244, 276
Femme de ménage, **74**
Filaments, 18, 260, 261, 276
Filtration, 25, 121-122, 123, 124-125, 129, 146-147, 155, 160, 276
Filtres, 122, 124-129, 276
- à air, 124-125
- construction, 193
- électriques, 126-127
- nettoyage, 216-217
- sous gravier ou biologiques, 128-129, 156, 160, 174, 186, 193, 216-217, 276

Fleuves, 143
Fontinalis, 159
Fontinalis antipyretica, 166
Forcipiger longirostris, **102**
Fouilleur, **74,** 179
Frai, *voir* Reproduction

G

Galerie, 149, 177, 276
Genre, 276, 279
Gestation, 251-252
Gin-Rin, 89
Gobius scorpoides, 192
Gonopode, 244, 276
Gourami, 20, 60, 141, 242, 253
Gourami embrasseur, **64**
Gourami à grosses lèvres, **62**
Gourami miel, **61**
Gourami mosaïque, **65**
Gourami nain, **62,** 178
Gourami perlé, **65**
Goût, 20
Gramma loreto, **105**
Gramma royal, **105**
Granit, 157
Gravier, 155-156, 174, 180, 193, 263, 276
Grès :
- dur, 157
- tendre, 157

Guanine, 19, 155, 276
Guppy, 31, 66, **67,** 179, 244
Gyrodactylose, 225, 227, 231

H

Habitat, 138-142
- d'eau douce, 138
- d'eau saumâtre, 138
- marins, 138

Hachette volante, **46**
Hariwaki, **89**
Helostoma temmincki, **64**
Hemigrammus rhodostomus, **48**
Heniochus acuminatus, **102**
Hippocampe, 103
- jaune, **106**
- océanique, **106**

Hippocampus kuda, **106**
Holacanthe amiral, **99**
Holacanthus tricolor, **99,** 220
Hydres, 205
Hydrilla, 159
Hydrilla verticillata, 166
Hydropisie, 220, 221, 228, 229
Hygrophila, 159, 249
Hygrophila difformis, 167, 179
Hygrophila polysperma, 167
Hyphessobrycon innesi, 52
Hyphessobrycon erythrositigma, 31, **49**
Hyphessobrycon pulchripinnis, **49**
Hypostomus, 19, **76**

I

Ichthyophthirius (points blancs), 221, 222, 227, 230
Ichtybodo (peau visqueuse), 232
Ichtyologie, 276
Ide mélanotte, 279
Incubateurs buccaux, poissons, 242, 243, 246, 251, 252, 276
Intoxications, 214
Iridescence, 276
Isolement, des poissons, 234, 235

J

Jordanella floridae, **71,** 279
Jordanelle de Floride, **71,** 279
Julidochromis, 53, 154
Julidochromis marlieri, **57**

K

Killies, 34, 70-72, 138, 240, 252
Kin-Rin, 89
Kissing Gourami, **64**
Kohaku, **89**
Koï, 6, 34, 83, **89-90,** 247, 249, 279
Koï bicolore, **89**
Koï doré, **90**
Koï tricolore, **90**
Kribensis, 241, 253
Krill, 203
Kryptopterus bicirrhus, **77**
Kuhli, **78**

L

Labeo bicolor, **44**
Labeotropheus, 249
Labeotropheus trewavasae, **57,** 242
Labres, 103
Labridés, 19
Labroides dimidiatus, **106,** 142
Labyrinthe, 19, 60, 276
Lacs, 138, 143
Lagarosiphon, 159
Lagarosiphon madagasericuse, 167
Laitance, 276
Lamprologus, 154
Lamprologus brichardi, 18, **58**
Larves :
- de libellule, 205
- de moucheron, 204
- de moustique, 203, 204

Leander serratus, 197
Leeri, **65**
Lemna, 159
Lemna minor, 168
Lepomis gibbosus, **92,** 279
Lernaea (maladie du parasite ancré), 232
Libellule, 205
Liège, 157
Ligne latérale, 21, 46, 276
Limnophila, 159
Limnophila aquatica, 168
Littorina littorea, 197
Loche-clown, **79**
Longévité, 30
Ludwigia, 159, 163
Ludwigia repens, 168
Lysimata, 192

M

Macrognathus aculeatus, **81**
Macropode, **64**
Macropodus opercularis, **64**
Maladie de la colonne, 223, 233
Maladie de la mousse, 233
Maladie du parasite ancré, 221, 223, 232
Maladie du poisson de corail, 231
Maladie du velours, 222, 231
Maladies, 226-233
Marais, 165
Marécages tropicaux, 138

***Mastacembelus argus*, 81**
***Matsuba*, 89**
***Melanotaenia*, 82**
***Melanotaenia nigrans*, 82**
***Micralestes interruptus*, 50**
***Microsorium*, 159**
***Microsorium pteropus*, 169**
***Millepora complanata*, 190**
Minerai de fer, 157
***Moenkhausia pittieri*, 50**
Molly, 66, 138, 244
Mongrel Koï, 90
Monodactyle, 82
Monodactylidés, 80, 82, 138
***Monodactylus argenteus*, 82**
Mousse, voir Saprolégniose
Mycobactériose, 229
***Myrio*, 185**
***Myriophyllum*, 72, 159**
***Myriophyllum aquaticum*, 169,185**

N

Nage, 26
anormale, 224
niveaux, 14-15, 31, 34, 36, 45, 66, 70, 73, 96, 98, 259
Nageoires, 17-18, 19, 258
Nageurs :
de fond, 14
de pleine eau, 14
de surface, 14
voir aussi Nage
***Najas*, 72, 159**
***Najas guadelupensis*, 169**
***Nannostomus*, 140**
***Nannostomus unifasciatus*, 51**, 140
Nauplies, 209
Navigation, 21
***Nematobrycon palmeri*, 18, 51**
Néon, 52
Néon cardinalis, 47
Néon rouge, 47
Nettoyeurs, 73
Nez rouge, 48
Nishiki Koï, 89
Nitrates et Nitrites, 129, 146, 158, 186, 219, 277
***Nomaphila*, 159**
***Nomaphila stricta*, 170**
***Nothobranchius rachovi*, 72**, 240, 249
Notonecte, 205
***Notropis lutrensis*, 93**, 279
Nourriture, 25
aquatique, 204
industrielle, 209
non aquatique, 205
vivante, 204, 205, 206, 207, 209
Voir aussi Alimentation

O

Odorat, 20
Œil :
affections, 221, 228
anatomie, 20-21
Œufs, *voir* Fécondation, Reproduction
***Onagraria*, 167**
Oodinium limneticum (maladie du velours), 222, 231
Oodinium ocellatum (maladie du poisson de corail), 224, 231
Oolithes, 155, 157
Opercule, 277
Opistognathe à tête jaune, 107
***Opistognathus aurifrons*, 107**, 142
Oranda « Tête-de-lion », 87
Ovipares, 34, 80, 81, 238, 245, 246, 277
Ovovivipares, 244, 277
Ovules, 277
Oxygène, *voir* Aération

P

***Pachypanchax playfairi*, 72**, 220
Paracheirodon innesi, 52, 140
Parade nuptiale, 60
Parasites, 212, 227, 230-232, 236
Parasitose, 222
***Patella vulgata*, 196**
Patelle, 196
Paupières, 19, 21
Paysage aquatique, 154, 155, 157
Peau :
affections, 222-223, 227, 231
anatomie, 16
visqueuse, 232
Pelmato, 58
***Pelvicachromis*, 249**
***Pelvicachromis pulcher*, 58**, 141, 241
Perche arc-en-ciel, 92
Perche-soleil, 91, **92**
pH, 145, 146, 217, 218, 280-281
Phénaco, 50
Photographie, 265-272
Photosynthèse, 277
Pièces d'eau, 279
Piranha, 45
Piranha rouge, 52
***Pistia*, 159**
***Pistia stratiotes*, 170**
Plantes, 24, 154-155, 158-171, 250, 257, 259
artificielles, 162
bouturage, 162, 274
couronne, 275
éclairage, 148, 151, 158, 160
entretien, 217, 219
filtration par les, 129
flottantes, 162
nourriture, 161
plantation, 162
à racines, 160-161, 176
Plaques osseuses, 16, 73
Platy, 66, 138, 178, 244
reproduction, 244-245
Platy hybride, 69
Platy varié hybride, 69
Pleco, 76
***Poecilia hybrides*, 67**
***Poecilia reticulata*,** 31, **67**, 179, 244, 249
Poecilia velifera, 68
Points blancs, 221, 222, 230
Poisson :
affections et maladies, 220-235
alimentation, 199-202
anatomie, 13-21
choix, 23-34, 258-261
classification, 279
compatibilité, 30, 172
d'eau douce froide, 83-94
d'eau douce tropicale, 35-82
d'eau de mer froide, 109-111
d'eau de mer tropicale, 95-108
espèces, 33-111
expositions, 255-263
habitats, 138-142
nage, niveaux de, 14-15, 31, 34, 36, 45, 66, 70, 73, 96, 98, 259
photographies, 265-273
reproduction, 237-253
transport, 29, 194, 263
Poisson d'anémone, 96-97
Poisson-ange, 98-102
reproduction, 247
Poisson-ange empereur, 16, **100**
Poisson-ange liseré de bleu, 99
Poisson-ange tricolore, 99, 220
Poisson-ciseaux, 43
Poisson-clown, 96, **97**
Poisson-chirurgien, 103
Poisson-crayon, 45
Poisson-demoiselle à trois taches, 97
Poisson-disque, 59
Poisson-drapeau américain, 279
Poisson-gâchette, 103
Poisson-hachette, 45, 140
Poisson-hachette rayé, 46
Poisson-lune, 82
Poisson-mandarin, 108
Poisson-nettoyeur, 106
Poisson-papillon, 98-102
Poisson « nu », 16
Poisson-papillon à long nez, 101
Poisson papillon à huit rayures, 279
Poisson-paradis, 64
Poisson rouge, 6, 18, 24, **83-88**, 184-185, 236, 256, 279
reproduction, 243, 253
Poisson de Tan, 42
Poisson de verre, 73, **77**
Poissons annuels, 70, 274
Poissons-chats, 19, 34, 73-77, 141, 241, 243
reproduction, 241, 243
Poissons-chats suceurs, 20
Poisson-scorpion, 18, 103, **107**
Poisson-soleil, 279
Poisson-soleil nain, 91, 279
Pollution, 216
Pomacanthinés, 34, 98-102
***Pomacanthus*, 98**
***Pomacanthus imperator*, 100**, 142
Pomacentridés, 34, 96-97

Pomacentrus caeruleus, 191
Pomotis à bandes noires, 92
Pompadour, 59
Pompe :
à air, 123, 175
entretien, 217
à piston et rotative, 123
à vibreur et diaphragme, 123
Pondeurs sur substrat, poissons, 241, 249, 252
Ponte, 251
Porte-enseigne, 108
Porte-épée, 18, 66, 138, 179, 244
Porte-épée hybride, 68
Potamogeton, 159
Potamogeton crispus, 170
Poteron, 110, 192
Pou des poissons, 232
Pourriture des nageoires, 233
Précipitations, 137
Prédateurs, 205
Pterois volitans, 18, **107**
Pterophyllum scalare, 31, 53, **59,** 140, 178, 247, 249, 260, 261
Puces d'eau, 203, 204

Q

Quarantaine, 214, 219, 277
Quartz, 157
Queue, 17, *voir aussi* Anatomie
Queue-de-voile, 18, 84, **86**

R

Rasbora, 36, **42,** 138, 139, 178, 179, 239, 241
Rasbora heteromorpha, **42,** 178, 179
Rasbora maculata, **43**
Rasbora pygmée, 43
Rasbora tacheté, 43
Rasbora trilineata, **43,** 139
Rasbora-verre, 43
Rayons, 18, 278
Récifs coraliens, 142, 143
Régime, 200, 201, 209
Repas, 207, 209, *voir aussi* Alimentation
Reproduction, 25, 30, 147, 237-253
artificielle, 247
Requin noir à queue rouge, 44
Résistances, 131
Respiration, 19
Réticulé, 278
Rhodeus sericeus amarus, **93,** 245, 247, 279
Rhodostomus, 48
Rivières, 138-140
Roches, 155, 157, 175
artificielles, 157
calcaires, 157
solubles, 157
Rosette, 279

S

Sable, 156
corallien, 155, 278
Sagittaire, 171
Sagittaria, 159, 249
Sagittaria graminea, 171
Salinité, 189, 278
Sangsues, 205
Santé, 211-234
Saprolégniose, 221, 223, 233
Scalaire, 31, 53, **59,** 140, 178, 247, 248, 260, 261
Scalaire marbré, 178
Scalpel, 103, 278
Sédiment, 278
Sélection, 278
critères, 26-28, 260-261
Sergent-major à bandes bleues, 30, **96**
Serpula, 192
Serpula vermicularis, **111**
Serrasalmus nattereri, **52**
Shimmy, 225
Shubunkin, 85
Silure transparent, 77
Silure de verre indien, 77
Siphon, 278
Sommeil, 19
Stolon, 278
Stress, 211, 214-216, 222-223, 235
Substrat, 278
Suralimentation, *voir* Alimentation
Symphysodon, 14
Symphysodon discus, **59**
Synchiropus splendidus, **108**
Synodontis, 73, **77**
Synodontis nigriventris, **77,** 141

T

Taelia felina, **192,** 110
Taille, des poissons, 28, 34, 258
Taisho Sanke, 90
Tanichthys albonubes, **42**
Télescope noir, 87
Température, 34, 134, 216, 280
Territoire, 278, *voir aussi* Comportement
Tests, *voir* DH, pH, Nitrates et nitrites
Tête-de-lion, 87, **88**
Tête-en-bas, 47
Tétra, 45, 154
Tétra cardinal, 279
Tétra cavernicole, 46
Tétra-citron, 49
Tétra du Congo, 50
Tétra-empereur, 18, **51**
Tétra-néon, 52
Thermomètre, 134, 176, 179, 182, 190, 216
à cadran, 134
à cristaux liquides, 134
Thermostats, 131, 132, 133-134, 135, 175, 278
Torrents de montagne, 143
Transpiration, 137
Transport, 29, 194, 263
Trichodina (peau visqueuse), 232
Trichogaster leeri, **65,** 246
Trichopsis pumilus, **65,** 243
Trous d'eau, 143
Tuberculose pisciaire, 229
Tubifex, 203, 204, 207
Tubipora musica, 191

U

Ulcérations, 223
Umbra pygmaea, **94,** 279
Umbre, 91, **94**
Uranoscope, 88

V

Vacances, 207
Vairon américain, 93
Vallisneria, 159, 244, 249
Vallisneria gigantea, 171, 185, 243
Vallisneria spiralis, 179, 185
Ventre-en-l'air, 73, **77**
Vers, 203, 204, 205, 206
Vers à panache, 109, **111,** 142, 192
Vesicularia, 159
Vessie natatoire, 21, 278
affections, 221, 224, 228
Vesticularia dubyana, 171
Vieille espagnole, 105
Vivipares, 34, 66-69, 245, 247, 249, 250, 252, 253, 278
reproduction, 238, 244-247, 250-253
Vue, 20

X

Xiphophorus, 179
Xiphophorus helleri, 18
Xiphophorus hybrides, **68**
Xiphophorus maculatus, 178
Xiphophorus maculatus hybrides, **69**
Xiphophorus variatus, 179
Xiphophorus variatus hybrides, **69**

Y

Yeux-au-ciel, 88

Z

Zacco platypus, **94,** 279
Zanclus cornutus, **108**

Crédits photographiques et illustrations

Illustrateurs
David Ashby, Andrew Macdonald, Kuo Kang Chen.

Crédits photographiques
Heather Angel : pp. 8 (bas gauche), 9 (haut droite), 40 (haut), 48 (haut), 81 (haut), 111 (bas)
The Bridgeman Art Library/British Museum : p. 6 (bas gauche)
Ron Boardman/Bruce Coleman Ltd. : p. 111 (haut)
Jane Burton/Bruce Coleman Ltd. : pp. 9 (haut gauche), 12, 21, 32, 42 (haut), 52 (haut), 55 (bas), 59 (bas), 64 (haut et bas gauche), 66, 68 (bas), 72 (bas), 74 (haut), 78, 85 (bas), 101 (bas), 110 (bas), 192.
Alain Compost/Bruce Coleman Ltd. : p. 35
Éric Crichton : pp. 2-3, 22, 152, 162, 174-5, 176-7, 178-9, 180-1, 182-3, 184-5, 186-7, 188-9, 190-1, 193, 194-5, 196-7, 210, 235, 254, 264, 268, 270-1 et couverture
Stephen Dalton/NHPA : p. 611
Thomas Dobbie : pp. 202-3
Martin Dohrn/Bruce Coleman Ltd. : p. 109
Mary Evans Picture Library : pp. 6 (droite), 7
Laurence Gould/Planet Earth Pictures : p. 105 (haut)
J.M. Labat/Ardea London : p. 92 (bas)
Jan-Eric Larsson : pp. 1, 40 (bas), 45, 56 (bas), 69 (bas), 70 (bas), 71 (bas), 72 (haut), 77 (bas), 80, 86 (haut), 91, 98, 99 (bas), 100 (haut), 102 (haut), 103, 104 (haut), 105 (bas), 108 (bas), 213, 221 (haut gauche), 221 (bas gauche), 226 et couverture
Lacz Lemoine/NHPA : pp. 41 (bas), 42 (bas), 51 (bas), 67 (bas), 77 (haut), 79 (haut gauche), 84 (bas), 106 (haut) et couverture
Ken Lucas/Planet Earth Pictures : p. 97 (bas)
Harold Metcalf/NHPA : p. 102 (bas)
P. Morris/Ardea London : pp. 16, 93 (bas), 97 (haut), 99 (haut), 108 (haut)
Arend van den Nieuwenhuizen : pp. 67 (haut), 71 (haut), 86 (bas), 92 (haut), 100 (bas), 101 (haut), 236, 253 (bas)
M. Timothy O'Keefe/Bruce Coleman Ltd. : p. 95
Dick Mills : pp. 93 (haut), 94 (bas), 107 (haut et bas), 272 (haut et bas)
Paulo Oliveira/Planet Earth Pictures : pp. 38 (haut), 62 (droite), 64 (droite), 221 (bas centre droite)
Vincent Oliver : p. 90 (bas)
Laurence E. Perkins : p. 88 (haut et bas)
Christian Petron/Planet Earth Pictures : p. 110 (haut)
Hans Reinhard : pp. 37 (bas), 38 (bas), 39 (bas), 41 (haut), 43 (haut), 44 (haut et bas), 46 (bas), 47 (haut), 48 (bas), 49 (bas), 51 (haut), 52 (bas), 54 (haut et bas), 61 (droite), 68 (haut), 69 (haut), 76 (bas), 81 (bas), 85 (haut), 87 (bas), 89, 90 (haut), 94 (haut)
Hans Reinhard/Bruce Coleman Ltd. : pp. 36, 39 (haut), 49 (haut), 55 (haut), 57 (bas), 60, 62 (gauche), 63 (droite), 65 (gauche), 82 (haut)
David D. Sands : pp. 73, 74 (bas), 75 (haut)
Mike Sandford : pp. 43 (bas), 46 (haut), 50 (haut et bas), 53, 58 (bas), 59 (haut), 63 (haut et centre gauche), 75 (bas), 76 (haut), 87 (haut)
Peter Scott : p. 221 (haut droite, centre gauche, bas droite)
Peter Scoones/Planet Earth Pictures : p. 104 (bas)
John Shaw/Bruce Coleman Ltd. : p. 83
Spectrum Colour Library : p. 198
Stapeley Water Gardens Ltd. : p. 10
William Tomey : pp. 9 (bas droite), 11, 37 (haut), 47 (bas), 56 (haut), 57 (haut), 58 (haut), 65 (droite), 79 (droite), 82 (bas), 96 (bas), 112, 220, 221 (haut centre droite)
Bill Wood/NHPA : p. 106 (bas)

Photocomposition MAURY, Malesherbes.
Impression WING KING TONG.
Dépôt légal : octobre 1986. N° d'éditeur : 17197.
Imprimé à Hong Kong (Printed in Hong Kong) - 512211 F mars 1993.